关系的哲学本性

The Metaphysics of Relation

罗伯中　著

湘潭大學出版社

目　录

导论：当代西方关系理论的研究状况与意义

一直以来，哲学家们都认为关系问题具有十分重要的哲学意义。古希腊哲学家毕达哥拉斯就提出了“对成”观念，中国古代的哲学家也提出了“万物莫不有对”的思想。到了今天，“万事万物无不处于关系之中”“没有关系的孤立的事物是不存在的”和“联系是普遍的”这样的观念已经深入人心。如今，关系研究有逻辑学、宇宙论、系统科学等研究方式，但只有关系的哲学本性研究才是对关系本身特性的研究。

关系的哲学本性研究有一个发展过程。哲学研究一开始是对“本原”“存在”的研究，“关系”研究是存在研究发展到一定阶段的现象；在不同时代，哲学家们对同一类型关系的理解也完全不同；在不同民族、文化中关系的哲学研究也呈现出完全不同的风格，如在中国哲学的关系研究更多与齐物、逍遥等生命观念联系在一起，而西方存在论中的关系研究更多是与语言的研究联系在一起。此哲学问题在 12 ~ 13 世纪也出现过一次研究高峰，不过，与 12 ~ 13 世纪的关系问题争论相比较，19、20 世纪之交的争论有其独特之处。首先，它受到价值判断的影响要小得多。除了少数哲学家（如詹姆斯等）外，大部分的哲学家在争论的过程中都比较自觉地坚守价值中立的立场，而 12 ~ 13 世纪的关系争论的原因就是如何理解上帝与世界的关系这样纯粹信仰的问题；其次，就结果而言，12 ~ 13 世纪的关系争论主要依据的是亚里士多德的形式逻辑，但是这场争论本身并没有对科学的发展产生积极的影响，而19、20世纪之交的关系问题的研究受关系逻辑的影响，哲学家们自觉地运用关系逻辑去对抗亚里士多德的形式逻辑。

目前学界对此主题进行深度研究的相关著作值得关注的，有如下三本书：第一本是 Mark G. Henninger 的 *Relations: Medieval Theories* 1250 – 1325，这是一部全面介绍中世纪关系理论的专著，由于中世纪的相关材料目前的英文和中文译本都不充足，所以本书对中世纪关系理论的介绍大部分取材于这本书。该书作者广泛地搜集了中世纪关系理论的材料，并且除了阿奎那等极少作家外，大部分哲学家的材料基本上是他独自翻译完成的。不过，他认为，19、20世纪之交关系问题的争论，哲学意义远远小于12~13世纪的那场争论，在他看来，19、20世纪之交的这场争论并没有触及形而上学本性的讨论。在笔者看来，此观点是值得商榷的。正因为19、20世纪之交的关系问题的争论超越了形而上学的本性问题，这才是突破传统形而上学哲学的地方，这不是一个缺点，相反，它蕴含着哲学的一种巨变。其他两本关系理论研究的著作都是涉及19、20世纪之交的新黑格尔主义与分析哲学关于内在关系与外在关系的争论，主要是围绕布拉德雷和罗素展开的，一是 Rolf – Peter Horstmann 在1984年出版的 *Ontologie und Relationen: Hegel, Bradley, Russell und die Kontroverse uber interne und externe Beziehungen*①，二是 Stenward Candlish 在2007年出版的 *The Russel/Bradley Dispute and its Significance for Twentieth*

① Rolf – Peter Horstmann, *Ontologie und Relationen: Hegel, Bradley, Russell und die Kontroverse uber interne und externe Beziehungen*, Bodenheim: Athenaeum Verlagen., 1984.

*Century Philosophy*①。R. Horstman 对黑格尔、布拉德雷和罗素三者的关系理论进行了讨论。该书的长处就在于准确地揭示出罗素对黑格尔哲学的误解，批评了罗素将黑格尔和布拉德雷等同起来的轻率做法。但是，该书作者对罗素外在关系理论作了不适当的夸张，他没有从罗素的类型论的立场上理解他的关系理论，甚至有将罗素的外在关系理论等同于实在论的外在关系理论。虽然罗素自称为“外在关系论者”，但是他并不否认，作为函项的关系对殊相的范围有着一定的限制等，他并不是在一切的场合下都与内在关系论唱对台戏。

由于关系问题在形而上学的研究中具有基础性地位，各种学术会议也常常以此为主题进行讨论。2012 年 10 月 3—5 日，伦敦大学哲学研究所就专门召开过一次以“The Metaphysics of Relations”的学术研讨会。会上 Jeff Brower（Purdue University）发表了“Aristotelian vs. Contemporary Perspectives on Relations”，Maureen Donnelly（SUNY at Buffalo）发表了“Positionalism Revisited”，Mauro Dorato（University of Rome）发表了“The Metaphysics of Rovelli's Relational Interpretation of Quantum Mechanics”，John Heil（Washington University in St. Louis）发表了“Causal Relations”，Jonathan Lowe（University of Durham）发表了“There Are（Probably）No Relations”，Fraser MacBride（University of Cambridge）发表了“How Involved do you want to be in a Non－symmetric Relationship?”，Stephen Mumford（University of Nottingham）发表了“Relations All the Way Down?”，Jonathan Schaffer（Rutgers University）发表了“Monistic Structural Realism，Peter

① Stenward Candlish，*The Russel/Bradley Dispute and its Significance for Twentieth Century Philosophy*，Hampshire：Palgrave Macmillan，2007.

Simons", Trinity College Dublin) 发表了"External Relations, Causal Coincidence and Contingency"等与关系本性密切相关的论文。

国内学者也经常讨论现代哲学史上的关系主题，但这些讨论以知识论、科学哲学或宇宙论的方式为主。金岳霖先生在二十世纪二三十年代就开始对关系有过研究，提出了一种试图超越内在关系论和外在关系论的混合性的、总体上倾向于外在关系的关系理论，他的关系研究是其知识论的一部分，受知识论范式的支配。中国社会科学院研究员罗嘉昌先生在二十世纪八九十年代出版了《从物质实体到关系实在》一书，从"科学哲学"角度上提出过"关系存在论"的观点，该书主要是从二十世纪上半叶的物理学革命对传统物质实体观的颠覆出发讨论关系问题，也兼顾了二十世纪对关系的实在论介绍。大约在同一时期，海外华人学者唐力权提出了一种试图超越关系论的场有蕴徼论，试图建立一种哲学的新模式，这是一种宇宙论模式的关系理论。此外，2010 年章龙飞先生出版了《存在即关系》，该书从关系理论角度介绍了宇宙大爆炸、生命组织的形成、时空之谜到数学危机等问题，章龙飞先生的讨论与各种具体科学门类相关，不属于哲学的范围，也不讨论关系本身的性质问题，充其量是关系理论的应用性理论而已，我们就不再讨论了。目前最重要的是回顾形而上学史上对关系问题的研究历程，还原各派关系理论的真实面貌，在此基础上提出我们自己的看法。

本书主要讨论的是 19、20 世纪之交的西方哲学对关系问题的研究。这个时期的关系问题研究在当代西方哲学具有重大影响，在当时的西方哲学界，几乎所有重要的哲学家都卷入了这一场争论。布拉德雷、罗素和詹姆斯都将关系理论作为他们的整个哲学体系的基础，他们都认为如果否定了他们的关系理论，那就等于否定了他们的哲学。研究 19、20 世纪之交西方哲学界关于关系问题的争论具有重要的意义。

首先，它可以帮助我们更清楚地看出各派哲学的问题域、内在结构和特点，从而让我们克服哲学研究过程中的相对主义倾向。它们都共同面临关系逻辑、相对论、量子力学等自然科学对关系问题的普遍重视，它们需要吸纳整个理论界对关系问题的新观点，也需要对各门学科在使用关系范畴时的混乱现象作出自己的回应。如果从哲学理论体系的整体性上进行比较，各种哲学体系各有特点，它们体系的复杂性会遮蔽其理论的缺陷，但如果我们对他们解决共同哲学难题的思路进行比较，我们不难发现这些理论有各自的优缺点。

其次，它可以使我们清楚地认识到后黑格尔时期的哲学对传统哲学的真正突破。我们通常强调传统哲学向现代哲学转变就是哲学研究的核心从实体转变为关系，然而，如果不了解 19、20 世纪之交的关系理论争论的具体语境，“从实体转变为关系”的命题就会非常抽象，甚至会误导人们走向相对主义甚至虚无主义。只有认识到这种转变过程不仅是对亚里士多德传统哲学进行批判的过程，而且各种关系理论也存在一种非常复杂、非常深刻的差异，他们与存在理论之间的关系绝非非此即彼的关系，“从实体转变为关系”仅仅是“关键词的转变”“兴趣的转变”，而并不意味着存在理论被关系理论取代了，不是真理的客观维度被取消了。这个转变过程是不同理论追求真理的过程，是认识的进一步深化和前进过程，它丝毫不意味着相对主义、关系主义大行其道的时代来临了。

第一章　关系理论：传统西方形而上学史中的一条裂缝

第一节　古典关系理论的萌芽：前亚里士多德时期

古希腊罗马时期，各地文化迅速交流和碰撞，为了能够理解不同地区的生活经验，人们开始探索一种能被普遍接受的理论。在追求普遍性哲学的过程中，对世界经验的普遍性要求总会与特定地区的生活经验产生矛盾，这样，普遍性和特殊性、绝对性和相对性就会成为哲学研究的焦点。“是”（或“存在”）与“关系”是两个回避不了的重要问题，文明程度越高，这两个问题就显得越重要。

一、前苏格拉底哲学家们对关系范畴的讨论

毕达哥拉斯、赫拉克利特、巴门尼德和德谟克利特等哲学家的思想中都包含着关系思想的萌芽。按照亚里士多德的说法，毕达哥拉斯构造了一个以“对成”概念为核心的二元论思想体系。这种“对成”的概念使毕达哥拉斯的门徒们演绎出了“有限”与“无限”、“奇”与“偶”、“一”与“众”等 10 对范畴。①

① 亚里士多德：《形而上学》，吴寿彭译，商务印书馆，1959 年，p. 12 – 16。标准版边码 986a15 – 987a29。

这些范畴是他们解释世界的根据，具体事物的本性就是这些“对成”的数之间的比例关系。

毕达哥拉斯学派的“对成”思想在赫拉克利特的“对立面统一”的思想中得到了发展，但赫拉克利特否定了他们的“数”的思想。赫拉克利特将“对立面统一”的辩证法发挥得淋漓尽致。他说：“生与死，睡与醒，少与老，是同一的，因为前者改变就成为后者，后者改变就成为前者。”① 赫拉克利特认为关系都是从属于“一”，从属于逻各斯。赫拉克利特“对立面统一”思想认为对立要素都不是独立实体。正如凯瑟琳·奥斯本所说，虽然赫拉克利特提到的一些对立面是实质性的名词（如昼、夜、冬、夏、饥、饱等），或者是表示事物关系、属性或者价值的形容词（如上、下、好、坏、纯净、不纯净、曲、直等），但是它们“都不是物质性的实体”，他说：“按名词划定的一组并不比按形容词划定的一组更加绝对或者客观：把时间分为白天或夜晚，或者把月份分成冬天或夏天，表明了某种针对那些事项相对于我们自己的行为和相对于我们生活的意义的反应或态度。”②

众所周知，巴门尼德用“存在”作为世界本源，“存在”的“一”取代了自然要素的“多”，从而真正地开启了“存在论”的传统。存在是“一”，它否定任何生灭变化，也否定任何关系，关系只能是非存在世界中的存在。他认为，一切的意见都以一种矛盾的二元本体为前提的，要表达一个完整的意义，必须同时使用两个主词，即“存在”和“非存在”。在他看来，意见世界就是一个关系的世界。

---

① 苗力田：《古希腊哲学》，中国人民大学出版社，1989 年，p. 42。

② 凯瑟琳·奥斯本：“赫拉克利特”，参见泰勒：《从开端到柏拉图》，中国人民大学出版社，2003 年，p. 116。

在德谟克利特的哲学中，这种处于萌芽状态的关系概念得到了进一步发展。与毕达哥拉斯、赫拉克利特和巴门尼德不同，德谟克利特将这种萌芽状态的关系概念与存在概念结合起来了。他将原子称为存在，而虚空是非存在。原子之间的不同，即不同的存在之间的差别，主要是“形状、次序与位置”，他用A和N的差别称为形状的差别，而AN和NA的差别称为次序的差别，I和H的差别则是位置的差别。这三种差别中，第二种就是后来所说的关系的差别。在德谟克利特的哲学中，关系是存在的基本内容之一。

无论毕达哥拉斯、赫拉克利特和巴门尼德，还是德谟克利特，关系都始终不是他们思考的主题，他们也没有专门论述过关系的特点和意义，他们的思想只能当作关系哲学思想的萌芽。

二、柏拉图对关系范畴的思考

一般人认为柏拉图哲学中没有关系理论，在笔者看来，虽然柏拉图没有亚里士多德那样的完整而具体的关系理论，但他是最早将关系明确作为思考对象的哲学家。按照柏拉图研究者的看法，他的思想分为早期、中期和晚期三个阶段。我们认为在他的中期和晚期思想中包含了一些关系思想。

在他的中期作品《斐多》中，柏拉图认为，如果要对某个主词进行谓述，那么这个主词所指称的对象必须拥有这个谓述所指称的理念（“型”①）本身。他认为，大家也都同意存在着各种“型”，与这些型同名的其他事物之所以得名的原因在于它们

① 王晓朝先生的原译本译为“型”，笔者根据通常的做法将之表述为“理念”。这种改动只是因为方便，而无深意。

分有“型”。[①] 他对高和矮、大和小等表达关系的理念进行了详细的讨论。我们只讨论他关于“高与矮”的例子。首先，他借苏格拉底之名说：“任何事物比其他事物高的原因只是因为高本身，也就是说由于高，任何事物比其他事物矮的原因只是因为矮本身，也就是说由于矮本身。”[②] 柏拉图坚持一个事物之所以用某种谓词谓述，是因为他能够分有谓述所指称的“理念”，而不是因为这个事物本身。“西米亚斯比苏格拉底高”是一个正确的命题，它正确地表达了西米亚斯比苏格拉底高这个事实。这是因为西米亚斯分有了“高”的理念。“西米亚斯比苏格拉底高的真正原因肯定不是因为他是西米亚斯，而是因为他拥有一种高的属性。同样他比苏格拉底高的原因也不是因为苏格拉底是苏格拉底，而是因为与西米亚斯的高相比，苏格拉底拥有矮这种属性。”[③]

但是，“西米亚斯比苏格拉底高，但比斐多矮”也是一个正确的命题。按照上面的理念论，当然西米亚斯既是高的，也是矮的。柏拉图的结论就是，对于具体事物来说，他产生于对立的关系之中，而就这些对立面本身只能分有或摹仿自身的理念而产生。柏拉图这样总结苏格拉底与西米亚斯的谈话：“我们以前说的是，事物从它们的对立面中产生，我们现在说的是，对立面本身绝不会变成与其自身相对立的事物，无论这个对立面存在于我们身上，还是存在于真实世界中。因此，我的朋友，我们原先谈

---

① 柏拉图：《斐多》，见《柏拉图全集》（第 1 卷），人民出版社，2002 年，p. 112。标准版 103E。

② 柏拉图：《斐多》，见《柏拉图全集》（第 1 卷），人民出版社，2002 年，p. 110。标准版 101A。

③ 柏拉图：《斐多》，见《柏拉图全集》（第 1 卷），人民出版社，2002 年，p. 112。标准版 102B－C。

论的是拥有对立性质的事物，用这些性质的名字称呼它们；但是现在我们正在谈论这些性质本身，由于哲学性质出现在某些事物中，这些事物才由此得名。”① 他又说：“对立面本身看来并不相互接纳，但就任何事物来说，它们自己虽然不是对立面，但总是在它们中间拥有对立，这些对立同样也不接纳它们中存在的对立的理念，而是当它的对立逼近时，它就停止存在，或者在对立到达前退隐。”②

在他的中期作品《理想国》中，柏拉图也坚持了同样的观点。“由相对的术语来限定的那些事物总是与某些相关的事物联系在一起，而就某个事物本身来说，严格地说来它仅仅与其自身相关。”③ 柏拉图在这里谈的“相对的术语”就是指表示关系的术语，如大和小、多和少、轻和重、朋友，主人和奴隶等。这样，柏拉图肯定了赫拉克利特关于具体事物皆从“对立关系”中产生的观点，认为现象世界既存在又不存在，同时批评了赫拉克利特将现象的“既存在又不存在”的本性推广到包括理念在内的一切事物的想法。

在柏拉图的晚年著作中，他进一步深化了理念论。在《斐多》中，只有具体事物才是由于对立的关系而产生的，而谓述这些具体事物的谓词所指称的理念并不是从关系中产生的，它们是由于自身而存在的。而在晚年的《巴门尼德斯》中，他对“理念凭自身而存在”这一点产生了怀疑。因为如果理念仅仅凭

---

① 柏拉图：《斐多》，见《柏拉图全集》（第 1 卷），人民出版社，2002 年，p. 114。标准版 103B – C。

② 柏拉图：《斐多》，见《柏拉图全集》（第 1 卷），人民出版社，2002 年，p. 114。标准版 104B – C。

③ 柏拉图：《理想国》，见《柏拉图全集》（第 2 卷），人民出版社，2003 年，p. 415 – 416。标准版 438A – B。

它们自身而存在，那么有人就会认为这些理念“根本无法认识”[①]。柏拉图做出重大的理论让步，承认理念也是存在于关系之中，但是理念只能处于理念的关系之中，而不是处于事物的关系之中。柏拉图以主奴关系为例说明这一点。“假如我们中某人是主人，或者是另一个人的奴隶。如果他是奴隶，那么他当然不是主人这个理念本身，亦即主人的本质是奴隶；如果他是主人，那么他也不是奴隶的理念本身，亦即奴隶的本质的主人；而是作为一个人，他是另一个人的主人或者奴隶，而主人这个理念是奴隶这个理念的主人，奴隶这个理念是主人这个理念的奴隶。我们这个世界里的意义与另一个世界里的事物的意义无关，这些理念也不会与我们有某种关系而具有它们的意义，而是如我所说，那个世界的事物因其相互之间的关系而产生意义，就像我们这个世界上的事物一样。”[②] 这样，柏拉图就将理念论发展到了极致，但其结果也是严重的。因为上述结论似乎暗示着神圣的理念世界与我们所处的具体事物的世界是不相关的，凡人不可能认识神圣的理念，似乎神圣的理念也不可能统治我们的世界。不过柏拉图否认这个理解，他认为，要认识神圣理念世界与我们所处的具体事物世界的关联，必须要有一种特殊的认识工具，没有这种认识工具，普通人确实无法了解神圣理念及其与我们所处的具体世界的关联。这种工具，在柏拉图看来就是辩证法。每个要认识理念世界的人都必须接受辩证法的“预备性训练”。

柏拉图提出了理念世界和具体事物的世界的区分，这对于解决巴门尼德和赫拉克利特之间的矛盾有一定的帮助。但是，他将

---

① 柏拉图：《巴门尼德斯》，见《柏拉图全集》（第2卷），人民出版社，2003年，p. 765。标准版133B－C。

② 柏拉图：《巴门尼德斯》，见《柏拉图全集》（第2卷），人民出版社，2003年，p. 766。标准版133C－134A。

所有可以当作谓词的词语都当作了理念，对它们不作任何区别。在中期的对话中，表示通名、属性和关系等的词语都当作了“属性”的理念，认为理解它们的含义都只能直接领会它们自身；而在晚期的作品中，表示通名、属性和关系的词语都当成了关系概念，认为如果要领会这些词语的含义就必须联系别的相关概念。

第二节　古典关系理论的形成：关系理论的第一次繁荣

一、亚里士多德：古典关系理论的奠基人

学术界通常认为，亚里士多德是关系理论的奠基人。亚里士多德对关系的论述分散在《范畴篇》《驳智者》《正位篇》以及《形而上学》《物理学》之中。《驳智者》《正位篇》是纯粹的逻辑学著作，《形而上学》和《物理学》则是哲学著作，而《范畴篇》虽然是《工具论》的第一部分，但是它的主要倾向是形而上学。正如我们前面“导论”中所说的那样，关系理论本身有多方面的内容，如逻辑学的关系理论和哲学的关系理论等。所以我们可以说《驳智者》《正位篇》包含的逻辑的关系理论；[①] 而《范畴篇》《形而上学》《物理学》包含的则是哲学的关系理论。这两种不同形式的关系理论都是亚里士多德所创立的。但就哲学的关系理论而言，亚里士多德的关键思想主要集中在《范畴篇》的“第 7 部分”和《形而上学》的“第 5 卷第 15 章”。

亚里士多德关系理论的第一个关键性的工作就是将关系作为

---

① 张家龙先生在《亚里士多德的关系理论探究》（《哲学研究》，1996 年第 1 期）专门研究过亚里士多德的关系逻辑。

十大范畴之一，通过范畴的特性来阐述关系的特性。范畴学说是亚里士多德首先创立的，范畴表示的就是最高的类。柏拉图在进行哲学分析的时候，将词语与理念联系起来，认为词语就是表示某种相对应的理念。亚里士多德搜集了所有这些词语，然后对它们进行归类。按照范畴的运用规律，亚里士多德研究了各种存在物的具体特征。亚里士多德将这些代表不同事物的词项区分为10种范畴。“人们谈论的非复合的事物，它们的任何一个要么表示实体、要么表示数量、要么性质、要么关系（relative）、要么位置、要么时间、要么姿态、要么状态、要么活动、要么遭受。”① 在这10种范畴中，只有实体能独立存在，其他9种范畴只能依存于实体而存在。这是他范畴理论的核心观点。

亚里士多德的范畴思想一个显著特点是，他将主谓判断作为一切命题的基本形式，他认为其他形式的陈述语句都可以转化为这种形式。这种形式的命题和我们熟悉的自然语言中的命题比较接近，所以在语法上我们通常会把他当作一种标准语言的判断形式。亚里士多德范畴理论的另一个非常突出的特点是，他将词项与对象事物直接对应起来，他甚至直接将词项当作“事物”，这样范畴就是各种语词的最大的类，也是对象事物的最大的类，在这些事物中，只有实体才是独立存在的，其他范畴所指示的对象是依存于实体而存在的。从现代哲学的观点看，亚里士多德没有对符号和符号表达的对象明确地区分开来。② 但这却是古代存在

① Barnes, Jonathan, *the complete works of Aristotle*, The Revised Translation, Ed. by J. Barnes, 2 vols. Princeton, Princeton University Press, 1995, p. 4；参见亚里士多德：《范畴篇 解释篇》，方书春译，商务印书馆，1959年，第11页。译文有改动。国内的翻译都将这段引文中的“事物”误译为“词语”。

② 涅尔在评论《范畴篇》时花费了许多篇幅说明亚里士多德并非清晰区分在符号和符号所表示的东西、语词和非常广泛的意义上的事物之间。请参见涅尔：《逻辑学的发展》，张家龙等译，商务印书馆，1985年，p. 34，p. 35 – 36。

论的一种典型特征。这反映了古代世界与现代世界的语言观的根本不同。

亚里士多德将“关系”当作十大范畴之一，但是他谈论的关系是一种相对性的事物，用英语来表达是 relative，而不是 relation。但是，我们现在使用表达关系的词语都是 relation 或者 respect。relation 是一个有歧义的词，现代的一些争论是由于这种歧义产生的。例如在“A 是 B 的父亲”这样一个事实中，亚里士多德使用的“关系”（relative）表示的是“……的父亲”，而现在 relation 所表达的关系，既可以指这种“……的父亲”，也可以表示 A 和 B 之间的父子关系。[①] 在斯多葛派以后的哲学家就都采用“relation”一词来表示“关系”了。现代哲学也基本上是这样，只有少数哲学家例外，他们坚持“A 是 B 的父亲”和“B 是 A 的儿子”表达的是同一种关系。如果未加特别说明，我们一般不会讨论这种意义上的关系，不过中世纪哲学家理查德是一个例外。

另外，亚里士多德的范畴表中表示时间关系、地点关系、主动关系和被动关系等的时间、地点、活动和遭受等范畴与关系范畴严格区分开。“我在北京”并不表明我与北京的某种关系，“在北京”表示的是位置，而不是关系。

从总体上看，亚里士多德对关系范畴的说明主要从语言学的角度出发，在与事实不符的时候，他会对原来的说明作出一定的调整。首先他从语言学的角度，对关系进行了规定。他说道：“如果有些事物的本质恰恰是它属于其他事物，或者是与其他事

① 方书春先生翻译的《范畴篇 解释篇》和李匡武先生翻译的《工具论》都将 relative 译为了“关系”，汪子嵩等先生著的《希腊哲学史》（第 3 卷）对亚里士多德的关系理论的论述也没有将二者区分开来。

物相比较，或者是以某种特定方式与其他事物相关，我们就称这样的事物为关系。"[①] 在希腊语中，"所属于某物"和"与某物相比较"通常用所属格（即第二格）来表示，而"以某种特定方式与其他事物相关"是所与格（即第三格）表示。如"奴隶"指的是"主人的奴隶"（"主人的奴隶"在希腊语中用第二格表示），"大的"是指"与某物相比较是大的"（"与某物相比较"在希腊语中用第二格表示），"相像"是说"与某物相像"（在希腊语中用第三格表示）。

但亚里士多德很快发现，这种语法学的标准不能用来表示关系物的本性，如"习惯""感觉"和"知识"等。它们的意义也必须凭借别的东西的关系才能说明，"习惯"是"某件事的习惯"，"知识"是"某件事的知识"等，但它们在希腊语中并不是用第二格表示。[②]另外，任何实体的部分与整体之间是一种所属关系，在希腊语中这种关系用第二格表示，如"张三的脑袋"，"脑袋"作为部分属于"张三"的整体。但是，亚里士多德认为实体，无论是第一实体还是第二实体，以及实体的部分都不是"关系"，也就是说任何实体都不是相对的。[③] 所以，他调整了首先提出的"关系"定义。他为原先的定义补充了一个标

---

① Barnes, Jonathan, *the complete works of Aristotle*, The Revised Translation, Ed. by J. Barnes, 2 vols. Princeton, Princeton University Press, 1995, p. 10；这一段文字非常难于翻译，亚里士多德原文的表达兼顾了语法和语义两个方面，但是汉语的翻译基本上不可能做到这一点。方书春先生的翻译主要考虑了这一段话的语法，但是没有考虑其语义。参见亚里士多德：《范畴篇 解释篇》，方书春译，商务印书馆，1959年，第23页。译文有较大的改动。

② Fabio Morales, Relational Attributes in Aristotle, Phronesis, Vol. 39, No. 3 (1994), p. 255 –274.

③ Ackrill 认为，亚里士多德关于脑袋作为身体的一部分的观点不能用作关系的论证。由于篇幅原因，我们不讨论这个问题。参见 Ackrill, J. L., 1963, *Aristotle' s "Categories" and "De Interpretatione"*, Oxford, Clarendon Press. p. 101。

准，这就是："如果一个人确切地知道一个东西是相对的，他也就会确切地知道这个东西与什么东西相关。真的，这可以说是自明的：因为一个人知道某物是相对的东西，并且假定我们所谓相对的东西是指那些与他物的关系乃是其存在的一个必需的条件的东西，那么，他就会知道此某物与什么东西有关。因为，如果他不知道此物与什么东西有关，他就不会知道此物是否是相对的东西。"① 这样，亚里士多德对"关系"的讨论就由语言学转变为存在论，这个存在论的讨论是一种补充，它并不是一种独立标准。

在《形而上学》第5卷第15章第1节中，根据关系的不同含义，亚里士多德将不同的关系分为三类：量的关系、能力关系和认识关系。"如下事物都是关系：（1）如'一倍'是与'一半'相关的，'三倍'与'三分之一'相关的，一般说来，包含某物几倍从而超过某物的事物是与被这个事物包含的并超过的为这个事物的几分之一的这个某物是相关的；（2）如能加热的事物与能被加热的事物是相关的，能切割的事物是与能被切割的事物是相关的，一般说来，能动之物是与被动之物相关的；（3）如可度量之物与量度是相关的，可知之物是与知识相关的，可感之物是与感觉相关的。"②

亚里士多德对关系的区分与他对关系的定义相关。亚里士多德的关系分类思想综合了《范畴篇》中语法学和存在论两个要

---

① 亚里士多德：《范畴篇 解释篇》，方书春译，商务印书馆，1959年，p. 29－30。

② Barnes，Jonathan，*the complete works of Aristlotle*，The Revised Translation，Ed. by J. Barnes，2 vols. Princeton，Princeton University Press，1995，p. 1612；参见亚里士多德：《形而上学》，吴寿彭译，商务印书馆，1959年，p. 107。译文有较大的改动。

素。他不再用一个简单的“第二格”和“第四格”的说法，而是将“第二格”转化为（1）中的量的关系和（2）中的能力关系。第四格的标准则变得更明晰，它主要考虑与人的认识相关的认识对象，如可感之物等。（3）显然与（1）和（2）不同，这一类关系所连接的对象是独立实存的，其独立实存性并不取决于认识关系是否发生。

亚里士多德在《形而上学》中继续坚持《范畴篇》中实体与偶性的思想。“关系”不是“实体”，它只能依存于实体而存在，而不能独立存在。不过亚里士多德的理由不再是《范畴篇》中的“可定义性”，而变成了“可变性”。他说：“关系不是实体和实际事物，其标志是，关系并不像数量、质量、位置、本体（entity）等一样有增减、改换、移动和生灭，只有它没有相应的生成和毁灭或者运动。关系没有变化，因为只有关系不发生变化，在与某事物相比较的事物在量上有变化的条件下，该事物才会一会儿‘更大’，一会儿‘更小’，一会儿‘相等’。”① 混淆实体与关系就会导致相对主义，关注现象的相对主义就是不能区分“感觉”与“被感觉之物”（即感性现象），关系与实体，他们将一切事物都看作关系，认为这样一切都既存在，也不存在，他们从根本上否定矛盾律。

在《形而上学》的第4卷第6章，亚里士多德通过对可感之物和感觉之间关系展示了这些相对论者的思想根源：“但是，如果并不是所有的事物都是相对的（relative，相关的），而是有些事物凭其自身而实存，那么就并不是每一个显现出来的事物都

---

① Barnes, Jonathan, *the complete works of Aristotle*, The Revised Translation, Ed. by J. Barnes, 2 vols. Princeton, Princeton University Press, 1995, p. 1719 – 1720；参见亚里士多德：《形而上学》，吴寿彭译，商务印书馆，1959年，p. 297 – 298。标准版边码1088a28 – 34。译文有较大改动。

真，因为显现出来的事物总是显现于某人，这样说他要把对他而言为真的事物都当成真的，他就把一切事物相对化了。”①

亚里士多德还是最早认为关系不改变关系项的哲学家。根据上述实体与偶性的区别，关系不是实体，所以关系的变化并不引起实体的变化。在《物理学》的第5卷第2章中，亚里士多德旗帜鲜明地说关系并不随着与之相连的另一方的变化而变化。亚里士多德说：“就实体而言，没有运动，因为在存在的事物中实体没有东西与之相对。就关系而言，也没有运动，因为可能相关的一方发生了变化，但准确地说，另外一方根本不变化，这样在这些情况下，运动也是偶然的。”② 亚里士多德的这种思想成了后来中世纪哲学中捍卫上帝永恒不动的哲学依据。

亚里士多德奠定了关系理论的基础，斯多葛派哲学则将其提升为哲学基本问题之一，从而引起人们的普遍重视。它们在发展亚里士多德形式逻辑的过程中将关系理论体系化了。

斯多葛派关系理论的出发点是：他们进一步简化和发展了亚里士多德的“范畴表”。我们知道，亚里士多德将“人们谈论的非复合事物”分为10个范畴。斯多葛派将这10个范畴减为4个，即“基质（to hypokeimenon，substrate or substance）、物性（或者形式）（property or form）、偶性（或者一定状态的存在）（to pos hexon，variety or being in a certain state）、关系种种（或者相关倾向）（to pros ti pos hexon，variety of relation or relative dispo-

---

① Barnes，Jonathan，*the complete works of Aristotle*，TheRevised Translation，Ed. by J. Barnes，2 vols. Princeton，Princeton University Press，1995，p. 1596；参见亚里士多德：《形而上学》，吴寿彭译，商务印书馆，1959年，p. 79－80。标准版边码1011a16－20。译文有较大改动。

② 参见亚里士多德：《物理学》，张竹明译，商务印书馆，1982年，p. 143。标准版边码225b10－13。译文有较大改动。

sition)”。[1] 斯多葛派哲学与亚里士多德哲学不同在于：亚里士多德认为实体并不依赖于任何其他范畴，而其他 9 种范畴都依附于实体。另外，要清楚地表达一个实体，也不需要将这 9 个范畴都表达出来。这 9 个范畴相互并列，没有高低次序。但斯多葛派不同：首先，他们所说的“基质”并不是亚里士多德学说中的“实体”，而只是相当于亚里士多德学说中“实体”的“质料”概念；而亚里士多德哲学中“实体”中“形式”的概念在斯多葛派哲学中变成了“物性（或者形式）”概念，亚里士多德范畴学说中除实体范畴之外的其他 9 个范畴，在斯多葛派哲学中都可以由“偶性（或者一定状态的存在）”代替，包括我们在亚里士多德哲学讨论中关注的关系范畴也是一种“偶性”。另外，斯多葛派第一次将关系范畴放在最高的地位。他们认为，四个范畴中，后面任一个范畴都包含了前面的所有范畴，如后面三个范畴表示的对象都包含基质。关系范畴表示的对象既包含基质，也包含物性和偶性。如果有人要清楚地表达一个实体，那么他必须将其他三个范畴都要表达出来，即先要说明它是一个实体，然后要说明它具有一些什么性质，它处于何种状态之中，最后还要说明它与其他事物的关系。[2]

在斯多葛派哲学中，“关系”范畴是一个相当宽泛的概念。他们没有共相的关系概念，只有具体的个别关系，如左右关系、

---

① 关于这一部分的论述，读者请参见 E. Zeller, The Stoic, *Epicurean, and Sceptic*, London, Longmans Green, 1892, p. 97 – 109; H. von Arnim, ed. stoicorum Veterum Fragmenta, V2. Leipzig, 1903 – 1905. p. 395 – 404. 国内学者范明生先生和王来法先生对早期斯多葛派的研究提到了斯多葛派的关系思想。，参见范明生：《晚期希腊哲学和基督教神学——东西方文化的汇合》，上海人民出版社，1993 年，p. 73；王来法：《前期斯多亚学派研究》，浙江大学出版社，2004 年，p. 94 – 102。

② R. D. Hick, *Stoic and Epicurean*, New York, Longman ' s Green &co. , 1910. p. 56 – 57.

父子关系。他们认为任何事物都不能孤立存在，人也只能依靠自然生存，与自己、他人、社会和世界和谐相处。另外，与亚里士多德不同，他们认为所有的关系都是主观的，并不拥有外在于心灵的实存。①

二、中世纪哲学：关系理论第一次百家争鸣

从总体上看，中世纪哲学总是与神学联系在一起，作为哲学一部分的关系理论也同样与神学紧密相关，这是中世纪哲学的一般特点。但是，在具体不同时期，哲学与神学结合的具体情况不完全相同，就关系理论而言，中世纪的关系理论分为两个时期。第一个时期是阿维森那等人传入亚里士多德主义以前的关系理论。在这个阶段，神学的启示占压倒性的地位，而哲学的论证活动常常淹没在神学之中。奥古斯丁的关系思想就是这种关系理论的典型形式。第二个时期是亚里士多德主义传入以后的时期。哲学虽然仍然与神学密切相关，但是哲学已经取得了相对独立的位置。在“理性为了信仰”的旗帜下，许多哲学家非常活跃。在这个阶段中出现了关系问题的哲学研究的第一个高峰。在这个阶段，阿拉伯的穆塔伽林学派（Mutakallimuen）的关系思想传入欧洲，穆塔伽林学派认为关系是主观的，② 外在于心灵的实体必然导致无限倒退。他们的思想在中世纪许多哲学家中产生了共鸣，对穆塔伽林学派所提出来的独立关系必然导致关系无限后退的问题从此就成了关系讨论中的重要内容。我们将对这一阶段的

① Mark G. Henninger, Relations: Medieval Theories 1250 – 1325, Oxford, Clarendon Press, 1989, p. 9.

② J. Weiberg, *Concept of Relation*: *Some Observations on its History*, in *Abstraction*, *Relation*, *and Induction*: *Three Essays in the History of Thought*, Madison and Milwaukee, 1965, p. 89 – 91.

关系理论进行重点的介绍。

将关系理论与神学论证结合起来的最著名的代表是奥古斯丁，在他的关系思想中，哲学的成分相对说来非常少，也缺乏创造性，我们只是简单地提及他在《论三位一体》中的思想。在《论三位一体》的第5卷（“语言和逻辑问题：实体与关系”）的第1章和第3章中，他在考察父与子、生产与受生等关系以后得到结论：“尽管作为圣父异于作为圣子，却不存在实体的差异，因为他们之被如此称呼，不是实体上的，而是在关系上的；而这种关系不是限定，因为它是不可变的。”① 上帝作为圣父是非受生者，而圣子是受生者，但是他们的关系不能从实体的角度把他们理解为两个实体，而只能理解为一个实体，受生和非受生的对立在三位一体的语言范式下被统一起来。“正如受生并非就其自身而言，而是说他出自一个生产者，非受生也并非就其自身而言，而只是说他不是出自一个生产者。每种意思均属所谓的关系谓词。在关系上说的就不是在实体上说的。所以，尽管受生异于非受生，却不是指实体相异，因为恰如‘子’相对于‘父’，‘受生者’也必相对于‘生产者’，‘并非受生者’也必是相对于‘并非生产者’而言的。”② 由此可见，奥古斯丁的关系理论完全是从神学出发，为神学服务，论证的方法也是神学的。他的关系思想在关系理论发展史中影响极小。

中世纪第二阶段的关系理论是本章的重点之一。这一个阶段出现了12～13世纪的关系问题的大讨论。这场争论持续时间长，卷入的哲学家多，对哲学和神学的影响大。在这场关系问题的大

① 奥古斯丁：《论三位一体》，世纪出版集团，上海人民出版社，2005年，p. 163。

② 奥古斯丁：《论三位一体》，世纪出版集团，上海人民出版社，2005年，p. 166。

讨论中，我们可以看到20世纪之交的关系问题的讨论中的绝大部分命题都已经有了初步的讨论。芝加哥的Loyola大学的Mark G. Henninger教授对这一段哲学有着详尽的研究，"*Relations：Medieval Theories* 1250－1325"一书可以说是研究这一段历史中的关系哲学的最出色的哲学史著作。由于这一段历史中大多数材料还是拉丁文著作，翻译为英文的作品相当少，本书所涉及的阿奎那（Thomas Aquinas，1224－1274）、根特的亨利（Henry of Ghent，生卒不详）、米底维纳的理查德（Richard of Mediavilla，1245/9－1302/7）、司各脱（John Duns Scotus，1265－1308）、哈克莱的亨利（Henry of Harclay，1270－1317）、奥卡姆（William of Ockham，1285－1347/9）、奥勒理（Peter Aureoli，1280－1322）的原始材料，若未经特别说明，都是来源于"*Relations：Medieval Theories* 1250－1325"一书。

（一）阿奎那：关系是存在和ratio

众所周知，阿奎那在阐释亚里士多德哲学的同时也创造性地发展了亚里士多德哲学。在范畴理论上，阿奎那发展了亚里士多德的《范畴篇》，他不像亚里士多德只强调各种范畴的存在方面，他还引入了范畴的ratio的概念。他认为除了实体以外的9个范畴都有存在和"ratio"两个方面。这9个范畴的偶性存在内存于实体中，关系偶性也在实体中。不过，阿奎那这里强调的处于实体当中的相关物只是实在关系中的相关物，而不是理智关系中的相关物。ratio所表示的就是理智按照任何名称的意义所理解的东西。[①] 阿奎那用它表示概念事物的绝对本性，它不考虑概念是在理智之中，还是在理智之外。由于概念的绝对本性，每一

① Thomas Aquinas，*In I Sent.* d. 2，q. 1，a. 3，corp. Mark G. Henninger，*Relations：Medieval Theories* 1250－1325，Oxford，Clarendon Press，1989，p. 14.

个概念事物与概念得以区分开来。

人们常常用某物概念的定义来表示该物的 ratio；而亚里士多德哲学中的这 9 个范畴作为最高的属，它们也不能像普通事物那样用“种”加“属差”的方法进行定义，所以它们的 ratio 只能依据实体来表示。如“质”的 ratio 就是实体的性质，“量”的 ratio 就是实体的量度，等等。但是，阿奎那认为，“关系”范畴的 ratio 与质、量等范畴不同。质、量等范畴及其种种样式虽然可以不考虑他们是否是外在于心灵还是内在于心灵，但是他们都只能内在于实体之中。而关系不同，它并不蕴涵主词所代表的实体，相反它与其他实体相关，或者趋向于其他实体。[①] 这样，阿奎那认为，关系的偶然存在和与其他实体的相关性都是必然的，结合起来才充分地构成一个实在的关系（real relations）。[②]

阿奎那对关系理论的一些基本术语进行了规定。在一个关系命题中，命题的主词所表示的对象就是关系的“主体”（subject），而关系所连接的另一个不是主词，第二格、第三格或者第四格的词所表示的对象也不是主体，他通常将它称为关系的“另一端”，将关系所涉及的主词的性质等称为关系的“基础”。根据亚里士多德在《形而上学》中对关系的分类思想，阿奎那将亚里士多德的三类关系中的第一类和第二类归结为“实在关系”（real relations），将第三类归结为“理性关系”（relations of reason）。实在关系由外在于心灵的实在关系的主体的基础引起，也依存于这个实在主体的基础（foundation）；而理性关系由心灵的活动引起，依存于心灵活动。实在关系所依存于主体的基础，

---

① Thomas Aquinas, *In I Sent.* d. 26, q. 2, a. 3, corp. Mark G. Henninger, *Relations: Medieval Theories* 1250 – 1325, Oxford, Clarendon Press, 1989, p. 16.

② Thomas Aquinas, *In I Sent.* d. 26, q. 2, a. 1, ad3. Mark G. Henninger, *Relations: Medieval Theories* 1250 – 1325, Oxford, Clarendon Press, 1989, p. 17.

阿奎那挪用了亚里士多德在《形而上学》中三类关系中前两类关系的论述，认为这些实在关系的基础就是：（1）主体的量或者量的依附物；（2）能动作用和被动作用或者能动或者被动的潜能。不过，阿奎那将亚里士多德的“量”和“量的附着物”作了广义的理解，将各种比较关系作为量的关系，而“性质”被当作了“量”的附着物，如两支粉笔的相似性关系就是由于它们的白色性质这种量的附着物而引起的。①

阿奎那与亚里士多德一样，也认为关系所连接的关系项的改变不会引起关系主体的变化。他认为，某物只有在该物出现变化的情况下才有变化，而关系的另一端的变化只表示关系的 Ratio 有了变化，而关系所在主体的偶性并没有变化，所以关系的主体不可能发生变化。“某人由于他自身的变化而与我大小相等，而我不会因此而改变，因为相等性一开始就以某种形式存在于我之内，正是在我之内有这种相等性关系的‘根’，它才有实在的存在。由于我有某种数量，所有人如果也拥有同样的数量，他就和我们相等。所以，如果某人一开始就有那个数量，对于他，相等性的‘根’就确定下来了。因为别人的变化，我与别人相等了，这个事实对于我来说并没有改变什么。”② 阿奎那将这种关系思想用到上帝与世界的关系上，他认为上帝虽然与世界相关联，世界总是在变化，但是上帝并不随之改变。

（二）根特的亨利：关系是存在的样态

国内学术界对根特的亨利相对比较陌生。在中世纪后半期，

---

① Mark G. Henninger, *Relations: Medieval Theories* 1250 – 1325, Oxford, Clarendon Press, 1989, p. 18.

② Thomas Aquinas, *In V Phys.*, *lect.* 3. Mark G. Henninger, *Relations: Medieval Theories* 1250 – 1325, Oxford, Clarendon Press, 1989, p. 20.

他坚持奥古斯丁的哲学和神学传统，反对占统治地位的阿维罗伊主义和亚里士多德主义。他大胆地开创出一种新的形而上学体系，其关系理论也在中世纪独树一帜，开启了中世纪哲学的“本质主义的转向”①。

为了了解亨利的关系理论，我们必须介绍他的存在理论和范畴理论。存在的学说是亨利哲学的出发点。他对“存在”的界定是通过对虚无的界定来实现的。他认为，存在就是“非纯粹的虚无”。“纯粹的虚无”意味着不管在理智中还是在理智之外都不存在任何事物，也不可能存在事物；而“非纯粹虚无”就是存在。② 在最宽泛的意义上，他将理智概念的存在与外在于心灵的实在区分开来。他认为实在的主体不仅能够在意识中实存，而且也能够外在于心灵而存在。而亨利的“物”（thing）就是指作为本性的或者绝对本质的东西。③“实在物”（real thing）就包括所有现实事物和可能事物。实在存在（real being）区分为“必然的实在”和“偶然实在”。④ 只有神是必然的实在，所有被造物都是偶然的实在。神根据自身的形象创造万物，万物是神形象的摹本，而神和万物之间的摹写关系的基础是神圣的理念。万物对神圣理念不能有任何影响，万物与神之间的关系也是理性的关系。被造物与神之间理性关系的本质是被造物中的“本质存在”与“神圣理念”之间的关系。亨利通过“本质存在”概

① Mark G. Henninger, *Relations*: *Medieval Theories* 1250 – 1325, Oxford, Clarendon Press, 1989, p. 41.

② Henry of Ghent, *Quodlibet*. Ⅶ, q. 2. Mark G. Henninger, *Relations*: *Medieval Theories* 1250 – 1325, Oxford, Clarendon Press, 1989, p. 43.

③ Henry of Ghent, *Quodlibet*. Ⅴ, q. 6. Mark G. Henninger, *Relations*: *Medieval Theories* 1250 – 1325, Oxford, Clarendon Press, 1989, p. 43.

④ Henry of Ghent, *Quodlibet*. Ⅶ, q. 2. Mark G. Henninger, *Relations*: *Medieval Theories* 1250 – 1325, Oxford, Clarendon Press, 1989, p. 44.

念表达了事物既依存于神，又不同于神和神圣理念，本质存在是自在的，与任何其他事物无关。被造物不管是不是在现实的时间中实存，它都本质性地实存。在创造的过程中，神选择性地实现这些本质，从而这些本质就存在于现实事物之中。

亨利反对阿奎那对实存与本质的区分，他认为，对事物的本质与实存的区分只是意向区分，而不是实在的区分，也不是理性的区分。他提出的意向的区分的标准是，如果 a 与 b 在实在上相同，但是 a 概念不包含 b 概念，b 概念也不 a 概念，那么 a 与 b 就只是意向性上被区分开。[①] 亨利的意向性区分的思想是他的范畴思想和关系思想的基础。

在范畴理论中，亨利也对每一个范畴的“res”和“ratio”两方面进行了区分，前者指的是“实在物”，即绝对本质；后者指范畴的特定主体的实存样式。对范畴“ratio”的方面，亨利与阿奎那思想有所不同，亨利认为只有主体范畴存在于自身中，而其他九个范畴所表示的偶性都只能内在于它者之中。在这九个偶性范畴中，只有数量和性质凭自身而绝对地内在于它者，而其他七个范畴都可以称作关系范畴，它们都因为与它者相关而附着于它者。[②] 所以，十个范畴中只有前三个范畴才能有相对应的“物”（thing）；后面七个范畴都只能从前面三种范畴中获得实在性，它们本身并不表示任何“物”。

亨利认为，关系与关系基础的“物”是同一的，只是“物”

① Henry of Ghent, *Quodlibetl.* Ⅶ, q. 2. Mark G. Henninger, *Relations: Medieval Theories* 1250 – 1325, Oxford, Clarendon Press, 1989, p. 47.

② Henry of Ghent, *Quodlibet.* Ⅴ, q. 2. Mark G. Henninger, *Relations: Medieval Theories* 1250 – 1325, Oxford, Clarendon Press, 1989, p. 49.

作为关系基础，以绝对样式和相对样式的形式而实存。[①] 如白性是内存于另一物（如苏格拉底）的实在物，如果柏拉图变白了，那么苏格拉底就与柏拉图有了相似性关系。这种实在关系只是苏格拉底的偶性，它并不改变苏格拉底本身，但是白性的性质却多了一种实存的样式，原先一直存在于苏格拉底之中的白性是作为一种绝对的偶性而实存的，现在，白性多了一种相关性的存在方式。亨利认为，关系与关系的基础的区别只是意向性的区别，二者是同一个实在。这个结论与亨利对意向性区别的定义是一致的。从严格的角度看，关系不是“物”，只是物的存在的方式。由于亨利认为关系不是物，所以他认为穆塔伽林学派关于关系无限后退的问题是完全可以避免的。

（三）米底维纳的理查德：关系作为绝对偶性的“物”

虽然理查德接受阿奎那关于“上帝不随被造物变化而变化”的观点，但是，他认为这个观点不能用于被造物之间的关系。他说：“当说到‘在实在关系中，在另一事物变化的情况时，关系主体不发生’时，我说的是，这些说法对于绝对物而言，它不发生变化，这是正确的；但是对于相对之物而言，它不变化，这就不对了，因为后来在主体中的关系并没有预先出现在主体中。”[②] 他反对阿奎那关于变化的标准，他认为某个基础发生了变化，那么该物就发生了变化；如果其他事物的基础或者基础本身发生了变化，那么该物也发生了变化，因为该物获得或者失去

---

① Mark G. Henninger, *Relations: Medieval Theories* 1250－1325, Oxford, Clarendon Press, 1989, p. 52.

② Richard of Mediavilla, *Sentences*, d. 30, a. 1, q. 4. Mark G. Henninger, *Relations: Medieval Theories* 1250－1325, Oxford, Clarendon Press, 1989, p. 60.

了一个相关的事物。[①] 不仅如此，理查德称实在关系是一种“物”。可能他没有阅读过亨利的作品，他根本就没有考虑过亨利提到的那些对于“关系是物”的观点的反驳。

理查德明确否认关系是内在于主体基础，他认为关系是两个关系项之间的物，它有别于主体而存在。理查德将关系定义为两个关系项之间的物，而不是亚里士多德以来哲学家们强调的相关物的关系（relative），这一点也显示出他独特的眼光。他说道：“那些只考虑关系的一个关系项的人，他们没有发现，关系不是设定了一些内在于关系项中的绝对事物，而是设定了别的东西。反过来他们将注意力转移到另一个关系项，他们也不会发现，关系设定了有别于内在于关系项中绝对事物的其他某些东西。对于他们来说，两个关系项之间的关系好像除了设定绝对物外，并不设定任何东西。这些人希望能找到关系的本性和关系的起因，他们都在寻求绝对物的本性和起因，所以他们都走错了方向。如果他们考虑某一个唯一的事物，他们就会发现关系设定了有别于他们基础的某种东西，关系也就不再是关系，而是某种绝对的偶性。当人们只考虑一个关系项的时候，他们就不会发现有别于关系基础的关系；如果他们同时考虑两个关系项，他们就会发现关系设定了一些有别于其基础的东西，即两个关系项的某种条件。”[②] 在他看来，将关系项中的关系基础当作关系本身，还会使得关系的数量成倍地增加，如两兄弟本来之间只有一种兄弟关系，如果将兄弟关系看成是在两个人中的“兄”和“弟”两个

---

① Mark G. Henninger, *Relations*: *Medieval Theories* 1250 – 1325, Oxford, Clarendon Press, 1989, p. 60.

② Richard of Mediavilla, *Quodlibet*, Ⅰ, q. 9. Mark G. Henninger, *Relations*: *Medieval Theories* 1250 – 1325, Oxford, Clarendon Press, 1989, p. 64.

关系项，那么一个关系就会变成为两个关系。①

理查德还用一个例子来说明他的关系思想。如，我们从不同的角度去看待某个特定的对象，我们就会得到该对象的众多不同形象。理查德认为，只有事物才能引起不同的实在形象的变化。该事物肯定不能是对象，因为它总是同一的。所以，对象与各种形象之间的关系才是引起各种形象变化的原因。这种关系外在于我们的心灵而独立存在，所以，理查德称之为事物。

理查德的关系理论脱离了通常的命题表达范围，不仅在古代，而且在当代，他的关系理论都缺少同路人。他的主张只在少数绝对主义者范围内获得了共鸣。究其原因，主要是理查德追求的这种关系在逻辑形式上难于表达。但是他的理论的一个巨大优点在于，它能在坚持关系存在的同时减少关系的数量。

（四）司各脱：关系是独立于理智但非绝对实存的“物”

司各脱的关系思想比较复杂，其主要精神与亚里士多德和阿奎那是一致的。他主张：“实在的关系的不是主体，也不是两个关系项之间的居间体（interval），不能像在一个主体中那样存在于两个主体之中，它存在于一个关系项中，并且趋向于另一个关系项。”② 为了让实在关系的讨论不受神学的干扰，他将范畴性关系（categorical relation）与超越性关系（transcendental relation）区分开来，将一般的实在关系归入到范畴性关系之中，而神学中被造物与创造物之间关系、三位一体中三个位格的关系等就属于超越性关系。

---

① Richard of Mediavilla, *Sentences*, d. 19, a. 1, q. 3. Mark G. Henninger, *Relations: Medieval Theories* 1250 – 1325, Oxford, Clarendon Press, 1989, p. 65.

② John Duns Scotus, *Questions super Libros Metaphysicorum Aristotlis* V, q. 11, n. 6. Mark G. Henninger, *Relations: Medieval Theories* 1250 – 1325, Oxford, Clarendon Press, 1989, p. 68.

对一般的范畴性关系，他与理查德一样称这些关系为事物。但他的理解与理查德不同，他是从实在关系与其基础可以分离的角度称关系为事物。在实在性上，范畴性关系区别于其基础。他对范畴性关系与其基础的分离进行了详尽的论证。将他的论证简化起来就是，（1）如果 a 与 b 同一，那么说 a 实存而 b 不实存就是矛盾的；（2）在一些关系 R 及其基础 F 的事例中，F 实存而 R 不实存，这并不矛盾；结论就是：（3）在一些关系 R 及其基础 F 的事例中，R 与 F 不同一。[①] 司各脱通过（1）严格地定义了“实在区分”的具体含义，为以后其他哲学家讨论关系问题奠定了一个很好的基础。而（2）是可以由许多例子得到充分说明的，也是许多当时大多数哲学家承认的。虽然司各脱认为关系与其基础相分离，但是他认为关系并不能像其他绝对偶性一样可以独立实存。相反，关系偶性与绝对偶性在地位上是不同的。绝对偶性可以无关系而实存，但是关系绝不可能没有基础。实在基础的实存是实在关系实存的必要条件。由此，司各脱认为实在的范畴性关系必须具备三个条件，即：“首先，有一个实在的基础，当然是在事物之中的外在于心灵实在的基础；其次，关系项是实在的，并且在实在上不同的；第三，外在于心灵的实在无须理智或者外在力量的作用就存在于关系项中。”[②]

司各脱认为，超越性关系是超越了范畴，或者说他表述的是与十类范畴不相关的一切存在。这些超越性关系与其基础形式上相异，实在上相同。他对“超越性关系在实在上与其基础同一”的论证是这样的：“（1）如果 b 完全内在于 a，并且 a 不能脱离

---

① Mark G. Henninger, *Relations: Medieval Theories* 1250 – 1325, Oxford, Clarendon Press, 1989, p. 71.

② John Duns Scotus, *Quodlibet*, q. 6, n. 33. Mark G. Henninger, *Relations: Medieval Theories* 1250 – 1325, Oxford, Clarendon Press, 1989, p. 69.

b 而实存，那么 b 在实在上就与 a 相同；（2）与神相关的关系完全内在于石头中，石头也不能离开与神的关系而实存；所以结论就是（3）这个关系在实在上就与石头相同。”① 这段三段论中的小前提是接受基督教的人基本上都能够接受的，所以它无须说明；而大前提是需要进一步说明的，司各脱补充了一个三段论来说明这个大前提。他对大前提的论证过程是：“（1）如果 a 不能脱离 b 而实存，那么只能有三种情况，①b 在本性上先在（priori）于 a，或者②b 在本性上同时伴随着 a，或者③b 与 a 在实在上是同一的；（2）但是如果 b 完全内在于 a，那么就①和②就都不可能；所以结论（3）如果 b 完全内在于 a，而 a 不可能脱离 b 而实存，那么 b 就在实在上与 a 相同。”② 司各脱对超越性关系与其基础在形式上的相异论证比较简单，主要利用了定义差异的标准。“x 与 y 在形式上不同或者相异，当且仅当（a）x 与 y 存在，或者在实在上在一个事物中存在；（b）如果 x 与 y 能够被定义，x 的定义中部包含 y，y 的定义也不包含 x；或者 x 与 y 不能被定义，那么 x 的定义中部包含 y 并且 y 的定义也不包含 x。”③ 因为绝对之物的 ratio 与关系的 ratio 二者互不包含，石头的主体及其属性与他对上帝的关系的定义不能相互包含，所以，它们在形式上是分离的。

司各脱的思想与根特的亨利的思想是针锋相对的，他持实在论立场，反对将关系当作理智物的任何观点，坚决地捍卫“关

① John Duns Scotus, *ordinatio*, Ⅱ, d. 1, q. 5, n. 261 – 262. Mark G. Henninger, *Relations: Medieval Theories* 1250 – 1325, Oxford, Clarendon Press, 1989, p. 79.

② John Duns Scotus, *ordinatio*, Ⅱ, d. 1, q. 5, n. 262. Mark G. Henninger, *Relations: Medieval Theories* 1250 – 1325, Oxford, Clarendon Press, 1989, p. 80.

③ John Duns Scotus, *ordinatio*, Ⅰ, d. 8, q. 4, n. 193. Mark G. Henninger, *Relations: Medieval Theories* 1250 – 1325, Oxford, Clarendon Press, 1989, p. 82.

系是外在于心灵而实存”的亚里士多德传统。在亚里士多德传统看来，如果关系是依赖于心灵而实存的，那么宇宙的秩序就完全破坏了。司各脱重新提到了亚里士多德在《形而上学》中的立场，他们认为，如果关系是主观的，那么“宇宙的主体就会联结不起来”①。另外，数学涉及诸多关系，如果关系是主观的，那么数学就没有客观性，所有数学知识就都被破坏了。另外，如果所有关系都是依赖于理智而存在，那么世上也就没有任何实在的联结了，但这些都有悖于常识。

司各脱认为，虽然关系区别于其基础而存在，但是这并不会导致穆塔伽林学派所强调的“关系无限后退”。之所以不会出现“关系无限后退”的问题是因为关系内在于主体中，即：关系 R 等同于它物与它本身的基础 F 之间的关系 R′，所以 R 通过自身与 F 联系起来，而不需要与之分离的第三者，从而也就不存在无限后退的问题。他的论证过程具体来说就是：（1）在没有基础 F 的情况下，关系 R 无矛盾地实存，这是不可能的；（2）如果 R 和 F 实存，那么与 F 相关的另一个关系 R′实存于 R 之中；所以，（3）在没有 R′的情况下，关系 R 无矛盾地实存，这是不可能的；司各脱得到结论（4）R 和 R′在实在上是同一的。②（1）和（2）的基本根据是范畴性关系作为相关性偶性不同于绝对性偶性。结论中隐藏的“同一”的标准是他在论证“超越性关系与其基础同一”的过程中详细阐述了的。从这可以看出，司各脱对无限后退问题的回答主要针对的是关系 R 和 R′在实在上是否是同一性的问题，而在穆塔伽林学派关系无限后退的问题

---

① John Duns Scotus, *ordinatio*, Ⅱ, d. 1, q. 5, n. 224. Mark G. Henninger, *Relations: Medieval Theories* 1250 – 1325, Oxford, Clarendon Press, 1989, p. 85.

② Mark G. Henninger, *Relations: Medieval Theories* 1250 – 1325, Oxford, Clarendon Press, 1989, p. 90.

针对的不仅仅是实在是否无限后退，而且也包含形式或者或理念是否无限后退的问题，并且这个问题的焦点主要是后者而不是前者。如果 R 和 R′不是同一种关系，那么它们即使在实在上是同一，在理念或者形式上引出的无限后退也说明关系是荒谬的。

司各脱将关系称为“物”。不过他对物的理解与亨利和理查德等不相同。他认为“物”有很多含义：首先，它表示无矛盾实存，无论它是内在于心灵还是外在于心灵；其次，表示具有外在于理智的实存或者能够具有这种实存；第三，表示绝对物，如主体，量或者质。第四，表示主体。①在这些含义中，司各脱把关系叫作“物”，是用“物”的第二种含义，即关系是外在于理智的、相对的、而不是绝对的实存。所以，他的“关系是物”的命题含义非常宽泛，他强调的是关系外在于心灵的性质。

（五）哈克莱的亨利：关系是条件

哈克莱的亨利（为了区分“根特的亨利”下面我们称此“亨利”为“哈克莱”）的思想比较复杂，分为前后两个时期。他前期是一名司各脱主义者，其思想与司各脱相近。但是他很快认识到，将关系当作与其基础相分离的物，就会像理查德和司各脱那样认为关系的改变必然会导致主体的改变，而这种观点与神永恒不变的观念相冲突。所以在后期，他放弃了司各脱主义，逐渐形成了自己的思想。由于他早期的关系思想与司各脱的关系思想基本相同，所以我们只介绍他对前期关系思想的反省以及他后期的关系思想。

他对司各脱主义的关系理论的反省主要有两个方面，一是对“关系与其基础相分离”的思想的反思，二是重新提出“关系必

① Mark G. Henninger, *Relations: Medieval Theories* 1250 – 1325, Oxford, Clarendon Press, 1989, p. 93 – 94.

然导致关系无限倒退”的思想。

对于司各脱提出的关系与其基础相分离的论证，哈克莱也承认，即使白色相似性关系 R 不存在，白色的 a 事物仍然存在；如果这对白色事物 a 成立，它就一定对于另一个白色事物 b 也成立；但是，两个白色的事物存在，那么这两个白色的事物就必定相似；如果这两个白色事物的相似性关系不存在，那么两个白色的事物也不可能同时存在。[①] 哈克莱的这种思想是很具有说服力的。他从一个事物的可能性（possibility）拓展为两个事物同时存在的共可能性（compossibility），从而证明了关系虽然不依存于某一个关系项的基础，但是他必定依存于两个关系项的基础，从而证明了关系必定依存于关系项，也证明了司各脱关于关系是可以脱离基础的说法是错误的。

哈克莱接受了穆塔伽林学派关系无限后退的观点。他在他们的基础上对这个问题进行了阐述。他认为，如果实在关系是外在于心灵的、与其基础分离而存在并且内在于其基础之中，那必将会带来两个方面的问题。一方面，它导致基础的无限后退；另一方面是导致关系的无限后退。这两个无限后退都会导致无限的现实实在与关系项同时实存。这当然是荒谬的。如两个不同的事物 a 和 b，实在论者认为，必定有某个相异的关系 R 事物存在，它在实在上与 a 不同，并且存在于 a 之中。但是哈克莱认为，既然 R 在实在上与 a 不同，那么 R 与 a 也有一种相异的关系，即 R′也必定实存，R′也必定与 R 不同，并且内在于R，这样就导致了关系的无限后退。所以，人们要么接受这种无限后退，但这是荒谬的；要么就必须承认，某一事物与另一事物相关联，不是通过

① Henry of Harclay, *Question*, n. 18. Mark G. Henninger, *Relations: Medieval Theories* 1250 – 1325, Oxford, Clarendon Press, 1989, p. 104.

第三者，而是通过它自身。[1] 哈克莱的“关系无限后退”的论证建立在相异关系的基础上，但是，相异关系、相同关系、相似关系是否是实在关系呢？它们在什么意义上是一种关系？这些问题在中世纪哲学中没有引起足够重视。另外，哈克莱的论证主要是说明实在关系必定会引起无限多实在关系，但是司各脱通过他的论证已经驳斥了关系在实在上无限后退的观点。

在对司各脱关系理论进行批判的基础上，哈克莱重新说明了范畴性的实在关系。他认为，事物 a 和 b 只有具备下列条件才能具有实在关系，即（1）a 和 b 在实在上是外在于心灵的不同的事物；（2）a 由于 R 与 b 关联起来，必定在 a 中有一个基础；（3）a 关联于 b 的倾向中有一个非内在的条件。[2] 他认为没有必要设定一个内在于 a 但又在实在上不同于 a 的第三者，而只需要设定一个外在于心灵的 a 与 b 相关联的条件。

哈克莱举了“苏格拉底被一头牛看见了”的例子。在这个例子中，苏格拉底是被感觉物，牛是感觉者，二者之间的关系是亚里士多德在《形而上学》中所说的第三种关系。在哈克莱以前的哲学界，人们一般都将亚里士多德的第三种关系类型当作是理性关系，并由此论证神与万物由于理性关系而保持不变的特性。而哈克莱用牛作为感知者，显然就是要否认亚里士多德的第三种关系的理智关系性质；但是他同样可以论证苏格拉底的不变的特性。将这个例子推广到神与万物之间的关系上，说明神与万物的关系不是理智关系，而是实在关系，但是在这种实在关系中，神同样是不变的。苏格拉底和牛都是存在于心灵之外。但

---

① Henry of Harclay, *Question*, n. 30. Mark G. Henninger, *Relations: Medieval Theories* 1250 – 1325, Oxford, Clarendon Press, 1989, p. 110.

② Mark G. Henninger, *Relations: Medieval Theories* 1250 – 1325, Oxford, Clarendon Press, 1989, p. 112.

是，在苏格拉底被牛看到了这个事件中，苏格拉底与牛是通过特定的条件关联起来的。被牛看到的苏格拉底的形象和苏格拉底作为绝对物是不相同。但是，不管是牛所见到的苏格拉底形象，还是苏格拉底本身的绝对物，二者的存在都不依赖于理智。其次，作为主体的苏格拉底本身，它并不依存于牛，也不依存于它在牛眼睛中的形象，他本身也并不必然地被牛看到。所以，虽然“被看”的关系独立于理智而存在，但它并不指称一个内在或者外在于苏格拉底的物，由于关系并不指称物，被牛看到之前的苏格拉底和被牛看到之后的苏格拉底之间没有什么变化。①

哈克莱用“苏格拉底被牛看到”的例子否认了关系具有内在于某物的内存性（in - ness），相反关系只具有趋向于他物的“相向性”（toward - ness）。哈克莱有时在宽泛意义上称这种相向性为物，表示这种相向性独立于理智。但是更多的时候，哈克莱否认关系是“物”，他认为关系表示一种条件、环境、场合或者联结性等。他说道：“我要说的是，关系指称的仅仅是条件、并发事件或者联结性等。所以关系并不在其基础中设定任何东西，也不是理智创造出来的东西。所以，当只有一个性质的时候，我将它叫作‘白性’；然而，当在实在中伴随这个白性，还有另一个‘白性’的性质时，相同的那个就可以叫作‘相似性’。当白性有另一个白性伴随的时候，说一个白性区别于相似性，与绝对地说白性区别于白性，二者之间没有什么不同。所以，联结性是一种关系。然而白性与相似性并不相同，相反十分不同，因为联结性和并发性事件的条件就其本性上与白性不同。

① Henry of Harclay, *Question*, n. 51. 参见 Mark G. Henninger, *Relations: Medieval Theories* 1250 - 1325, Oxford, Clarendon Press, 1989, p. 114.

我要说的是关系和联结性、并发性是一样的。”①

哈克莱关系思想有一定的含混性，一方面他认为关系是条件，另一方面从他对相似关系的分析看，相似性关系并不是条件，而是相似性暗示了白性。如果将关系作为一种性质的蕴涵，这种思想就与奥卡姆关系思想相近了。

（六）奥卡姆：关系词表示蕴涵

奥卡姆的关系思想是当代关系理论研究中的研究焦点之一。除了 Mark G. Henninger 做过专门的研究外，我们知道 G. Martin、P. Doncoeur、H. Grieve 及其奥卡姆研究专家 M. Adams 都对他的关系理论有过专门研究②。由于他的关系理论比较复杂，我们只准备讨论他对司各脱等人的批判和他对实在关系的理解两个方面。

1. 奥卡姆对司各脱关系理论的批判

奥卡姆对司各脱的批判主要集中在司各脱的无限后退的反驳、关系与其基础相分离的论证等关键问题上。

奥卡姆对司各脱关于关系无限后退的反驳的批判是简单而清晰的。他驳斥了司各脱认为在关系无限后退的过程中 R 和 R′相同的观点，证明了 R 和 R′不同，根据穆塔伽林学派的关系无限后退的观点，R 和 R′不同就说明关系是存在。他对“R 和 R′不同”的论证如下：（1）不同的关系项意味着不同的关系；（2）

---

① Henry of Harclay, *Question*, n. 52. Mark G. Henninger, *Relations: Medieval Theories* 1250 – 1325, Oxford, Clarendon Press, 1989, p. 116.

② 就笔者所收集的文章而言，有：（1）M. Adams, ‘Relations, Inherence and Subsistence: or, Was Ockham a Nestorian in Christology’. *Noûs*, Vol. 16, No. 1, 1982 A. P. A. Western Division Meetings (Mar., 1982), *p.* 62 – 75;（2）G. Martin, ‘Ist Ockhams Relationstheorie Nominalismus?’ *Franziskanische Studien* 32 (1950) *p.* 5 – 25;（3）H. Grieve, ‘Zur Relationslehre Wilhelms von Ockham’, *Franziskanische Studien* 49 (1967), p. 248 – 258。

相似性关系R中，一个关系项是a，另一个关系项是b；（3）在另一种关系R′中，一个关系项是R，另一个关系项是在a中的基础F；（4）b与在a中的基础F是不同的；（5）所以R和R′是不同的；（6）R和R′在实在上是不同的关系。① 当然，我们应该注意到，司各脱其实承认“不同的关系项意味着不同的关系”这条原则，司各脱的问题是紧紧抓住“实在同一”，在他看来，R和R′虽然在形式上不同，但是在实在上是同一的，因为他引入了先在性、同时性和同一性等概念，他认为两个关系在先在性和同时性不同，但是他认为R和R′在实在性上是同一的。而奥卡姆完全否认这种实在同一的论证，在他看来，在所有的被造物上，将形式的不同与实在的不同区分开来没有任何意义，他们即使偶尔在实在上同一，它们也仍然是不同的，仍然会导致无限后退的问题。所以，他认为从（5）到（6）过渡是不言而喻的。

在批判司各脱的关系与其基础的分离论证中，奥卡姆采用了哈克莱的共可能性的概念。他的论证是：“（1）神能够制造出在实在上不同于他、在本性上后在于他自身的绝对物：（2）神能制造出没有相似关系的两个白色的东西；（3）但是这两个白色的东西仍然会相似；所以，（4）相似性不是在实在上与其基础上相区分的外在于心灵的事物。”②

针对司各脱的关于关系与其基础相分离而存在的观点，奥卡姆认为司各脱的大前提当然是正确的，即如果a和b同一，那么如果a实存而b不实存，那就是矛盾的。但是奥卡姆认为司各脱的小前提（即有些事物没有关系其基础也实存）不成立，所以

---

① Mark G. Henninger, *Relations*: *Medieval Theories* 1250 – 1325, Oxford, Clarendon Press, 1989, p. 121 – 122.

② Ockham, *ordinatio* Ⅰ, d. 30, q. 1. Mark G. Henninger, *Relations*: *Medieval Theories* 1250 – 1325, Oxford, Clarendon Press, 1989, p. 125.

司各脱的结论（即关系可以与其基础分离而实存）也不成立。

2. 奥卡姆对“实在关系”的重新解释

针对司各脱的实在论，奥卡姆认为实在关系只是灵魂的意向性或者概念。① 奥卡姆认为，与绝对事物相异的并且存在于绝对事物之中的关系事物是不存在的，关系词项也并不指称任何外在于心灵的、与关系项不同的事物，它们只是蕴涵和指称两个关系项而已。关系词项直接地指称一个关系项而蕴涵着另一个关系项。比如复合关系，“复合”不是指称 a 和 b 的形式或者质料，而是指称二者，并且表示没有一个有形体的媒介物存在于二者之间。②

不过，尽管他认为实在的关系只是灵魂的意向性或者概念，反对司各脱的实在论立场，但是他并不是理智主义者，他认为蕴涵不是理智的产物，关系语句的真假值独立于理智。他说道：“与认为实在关系是绝对物的看法相反，有种观点认为关系只在理智中。这种观点是不可想象的。按照这种观点，实在关系只存在于理智之中，如果不是理智的作用或者在理智中引起了某物，事物就没有真实的实在关系；而如果不是由于理智的作用，苏格拉底就不会与柏拉图相似，而如果没有理智的作用，苏格拉底也就不能作为一个主体被言说或者谓述。事实上，理智正如对‘苏格拉底是白的’不能带来什么一样，对‘苏格拉底与柏拉图相似’也不能带来什么作用。”③ 这一段文字清楚地表明他既不

① Mark G. Henninger, *Relations: Medieval Theories* 1250 – 1325, Oxford, Clarendon Press, 1989, p. 127.

② Ockham, *ordinatio* Ⅰ, d. 30, q. 1. Mark G. Henninger, *Relations: Medieval Theories* 1250 – 1325, Oxford, Clarendon Press, 1989, p. 128.

③ Ockham, *ordinatio* Ⅰ, d. 30, q. 1. Mark G. Henninger, *Relations: Medieval Theories* 1250 – 1325, Oxford, Clarendon Press, 1989, p. 131.

属于实在论者，也不属于理智主义者。

奥卡姆从语言的真假值角度思考关系的本性。他以“苏格拉底与柏拉图相似”的相似关系为例来说明这种思想。“苏格拉底与柏拉图只是因为绝对的东西而相似，其他的一切不管是外在于心灵的实在还是内在于理智的东西都应该被排除。绝对物存在于外在于心灵的实在中。然而，由于外在于心灵的实在中有绝对之物存在，理智能够通过很多方法表达它们：按照一种方法，可以严格地说苏格拉底是白色的，这样就会有一个精确的绝对概念；按照另一种方法，同样可以说柏拉图是白色的；按照第三种方法，可以说苏格拉底和柏拉图都是白色的。最后这种说法可以通过关系概念或者意向说出来，即‘就白色而言，苏格拉底与柏拉图相似’，因为‘苏格拉底和柏拉图都是白色的’和‘就白色而言，苏格拉底与柏拉图相似’两个命题所暗示出来的都是一样的。”① 在奥卡姆看来，关系虽然不是实在的，但它是客观的。不能由于否定它的实在性就否定它的客观性。

奥卡姆反对司各脱等人关于关系与其基础分离的观点，但是他并不像根特的亨利那样认为关系与其基础是同一的。他在关于“关系词项是蕴涵词项”的思想上重新解释了关系与其基础的关系。他从“白性 - 相似性”与“民族 - 人”两对关系的类比来说明这个问题。“按照完全同一性的原理来说，白性并不包含相似性或者非相似性，因为白性既不是相似性，也不是非相似性。但是我认为，相似性是一个表示拿到一起的众多白色事物的关系概念，或者说它就是这些拿到一起来的具体事物。正如一个民族就是指众多的人，但任何个人都不是一个民族，相似性是众多白

① Ockham, *ordinatio* Ⅰ, d. 30, q. 1. Mark G. Henninger, *Relations: Medieval Theories* 1250 – 1325, Oxford, Clarendon Press, 1989, p. 131.

色的事物，但任何一个白色的事物都是不是相似性。”[①] 奥卡姆自始至终坚持，只有绝对事物存在，此外无物存在，所以关系不是绝对物。反过来，绝对事物也不是关系，因为关系词项都是既可以做“属”（如“相似性是一种关系”中的“相似性”），也可以做“种”（“这种白色事物与那种白色事物相似”中的“相似”），它在何种条件下表示“属”，在何种条件下表示“种”，这需要理智的参与和选择。但是它所蕴涵的绝对事物是在种的意义上被蕴涵，所以关系并不是其基础。

词项的指称和蕴涵两个方面总是联系在一起。在关系词项发生变化的情况下，关系词项的蕴涵性一面发生了变化，关系词项的指称却不发生变化，但是关系词项作为指称和蕴涵的统一体就不再适应于原来的对象。所以，奥卡姆认为，关系词项发生了变化的，关系词所修饰的主体不发生变化。

（七）彼得·奥勒理：关系是概念

奥勒理是一位既反对唯名论、也反对实在论的思想家。他强调意志等心理因素的作用，他的概念主义也打上了浓重的心理学烙印。在关系理论上，他的突出特色就是强调实在关系依赖于心灵而存在。我们首先讨论他对前辈关于关系独立于心灵而存在观点的批判，再讨论他对实在关系的思想。

1. 奥勒理对“关系依赖于心灵而存在”的证明

他对关系依存于心灵有很多证明，我们只讨论其中比较重要的几种。

第一，他认为，关系是简单的、不可分的，如果关系不是存在与心灵中，它就无法达到（reach）两个分离的关系项。他说

① Ockham, *Quodlibet* Ⅵ, q. 15. Mark G. Henninger, *Relations: Medieval Theories 1250－1325*, Oxford, Clarendon Press, 1989, p. 131.

道："很明显，关系达到了两个不同的事物，一个是它的基础，另一个是它的关系项。然而，如果关系是不可分的、简单的，那么它就不可能存在于有别于心灵的事物之中，它只可能存在于理智的思虑当中。"① 从这个论证中，可以看出，奥勒理否定了阿奎那和根特的亨利等人坚持的关系具有内在于某物的存在和相向于另一物的存在两个方面，而只把它当作一种简单物；其次，奥勒理的理论中只有特殊物实存，其他形态的物只能存在于心灵之内。

第二，他认为自然界没有中间体（interval），所以关系作为中间体不能存在于自然中，只能存在于理智中。"被设想为存在于两个事物之间的中间体的实在关系，看来不能存在于心灵的实在之外，只能存在于理智中。不仅因为自然中没有那样的中间体，而且也因为那样的中介或者中间体不能像在主体中那样存在于任何一个关系项之中，只能存在于两者之间。很显然，那里没有任何东西能作为关系的主体。所以，中间体必定只能客观地存在于理智中。"② 在这里，我们也可以看到，奥勒理所理解的关系不是像"父亲"或者"儿子"那样的相关性的关系，它们可以存在于一个主体中；他理解的关系是类似于理查德所说的那种"父子关系"。但他把这种关系与关系项看作不同类型的事物，因为这种事物不可能存在于自然界中，它只能存在于理智中。他由此也相信关系与关系的基础和关系项都不相同，能够与它们分离存在。他的缺陷就在于认为在自然界只存在具体实在物的殊相，没有看到共相与殊相是两种不同的类型。

---

① Peter Aureoli, *Scriptum super Primum Sententiarum*, d. 30. Mark G. Henninger, *Relations*: *Medieval Theories* 1250 – 1325, Oxford, Clarendon Press, 1989, p. 152.

② Peter Aureoli, *Scriptum super Primum Sententiarum*, d. 30. Mark G. Henninger, *Relations*: *Medieval Theories* 1250 – 1325, Oxford, Clarendon Press, 1989, p. 154.

第三，在他看来，认为关系可以脱离理智而存在的观点会导致很多荒谬的结论。他以相等、不相等的关系为例说明："如果相等在现实中是一种事物的话，那么在一个主体中就会有数不清的实在。因为一个人与海中的所有沙子、所有树叶、全部的花和其他数不清的事物都不相等，那么一个人中就会有数不清的不相等关系的事物。所以，如果任何关系都是现实中的事物的话，那么一个人身上就会有数不清的实在。"[①] 奥勒理关于驳斥关系外在于心灵的论据还有很多，他很喜欢用"关系无限后退"的论证否定关系的外部存在。由于篇幅原因，在此不再赘述。

2. 奥勒理关于"关系具有对象的实存"的思想

虽然奥勒理认为关系内在于心灵，但是他也认为，关系不是人类理智主观的产物，相反，关系也是客观存在的。所以我们在理解他的"关系内在于理智中"的观点时，一定要理解他关于关系客观性思想。

奥勒理思想是从一种类似认知心理学的认识论的思想开始的。他认为，由于我们的感觉作用，个别的对象在我们的感官中造成一些相同类型的相似印象，这些相同类型的相似印象在理智中会产生相应的"种"的印象。与感觉不同，理智是能动的，它有理智活动，它能够在这些同一种类型印象的基础上形成普遍概念。这些普遍的概念离不开理智活动，所以，它只能存在于灵魂中。由于这些普遍概念基于印象，所以个别对象都拥有这些概念的潜在性。但是这些统一性的概念不是现实存在的，这种普遍的统一性只有在概念中存在。奥勒理认为，应该将理智和感觉的把握行为（the act of apprehension）与这些行为的对象区分开来。

① Peter Aureoli, *Scriptum super Primum Sententiarum*, d. 31. Mark G. Henninger, *Relations: Medieval Theories* 1250 – 1325, Oxford, Clarendon Press, 1989, p. 156.

这些理智和感觉的把握行为与个别对象一样都是实在存在的，“而这些行为的对象只具有非实在的实存，它们只是作为把握的对象而实存的，所以可以说它们是对象性地（objectively）或者意向地实存的。”① 他用了柏拉图使用过的一个例子来试图说明这一点。他说我们在快速挥舞棍子的时候，我们就会看到一个圆圈。但是他认为这个圆圈并不是在空气中的实在实存的东西，“它也不是在棍子中的实在，因为棍子是直的；最后它也不实在地实存于眼睛中或者视觉行为中，因为它是出现在空气中，而眼睛和视觉行为并不在空气中。”② 所以，奥勒理认为这样的圆圈并不实在的存在，它只是作为视觉的对象而具有对象性的实存。

奥勒理认为上述概念的对象性实存的观点对于关系也同样适用。他说到，关系是一种条件，“它离开了理智的或者感觉的把握外，就在事物中没有存在，但是它在灵魂中的有对象性的存在，这样，在事物中就只有其基础和关系项，而在这些事物之间的联结和条件都来源于认知的灵魂。”③ 与传统哲学家一样，奥勒理承认关系的必要条件是它在主体中的基础以及另一个相关项的存在；但是另一方面，他认为仅仅有关系的基础和相关项，关系并不必然存在，关系的存在必然要理智参与作用。例如许多人认识到了两个白色的事物，但是他们可能根本就不知道二者之间的相似关系；如果要知道二者是相似的，人们就必须在把握了两个白色的事物的基础上对它们进行比较，在比较的过程中把握它

① Mark G. Henninger, *Relations: Medieval Theories* 1250－1325, Oxford, Clarendon Press, 1989, p. 156.

② Mark G. Henninger, Relations: Medieval Theories 1250－1325, Oxford, Clarendon Press, 1989, p. 161.

③ Peter Aureoli, *Scriptum super Primum Sententiarum*, d. 30. Mark G. Henninger, *Relations: Medieval Theories* 1250－1325, Oxford, Clarendon Press, 1989, p. 163.

们在颜色方面的相同与相异。如果不将注意力集中到颜色方面，这种相似性关系就不存在了。总之，奥勒理在这里反复强调的是要将对象性的东西与实在的东西区分（objective/ real）开来。

与普遍性的概念一样，奥勒理认为关系虽然在现实中没有实在的存在，但是这并不意味着它是单纯想象力或者感觉或者理智的产物，而没有外在于心灵的任何实在与之对应。与亚里士多德一样，他区分现实的与潜在的（actual /potential）两种不同存在形态。关系有潜在的、外在于心灵的实存，它们通过灵魂的活动变为现实；另外，外在于心灵的个别特殊对象也有能力刺激感官或者理智形成特定的关系。在现实中，感性或者理智的活动过程通常都不容易察觉，所以通常人们会误认为关系外在于心灵而存在。他以白色的相似性关系为例："没有理智或感觉的把握，在现实的两个白性之间并没有比白性和黑性之间更有一致性。……然而，撇开理智和感觉的把握，说两种白性之间比白性和黑性之间更相似，这是就说它们具有相近的潜能，它们使得认知能力在现实中必然具有那种无差别的把握，这种把握就叫作相似性。"①奥勒理对关系的现实和潜能的区别，使他对实在关系和理性关系的区分有了新的视角。在他看来，实在关系就是那些在心灵之外的实在中具有潜能的关系，心灵之外的实在能够刺激和驱使心灵进行活动，而理性的关系就不会有这种情况。

我们知道，司各脱等人认为关系一定是不依赖于心灵而存在，他们的主要出发点是认为只有关系是客观的，宇宙的秩序才能得到保障。奥勒理不承认脱离于心灵的关系存在，但是他认为，独立于心灵的事物在潜能上具有、而不是在现实上具有关

---

① Peter Aureoli, *Scriptum super Primum Sententiarum*, d. 31. Mark G. Henninger, *Relations*: *Medieval Theories* 1250 – 1325, Oxford, Clarendon Press, 1989, p. 168.

系。这一点使奥勒理既不从根本上否定宇宙具有秩序，也不是无条件承认宇宙的秩序。他认为宇宙的秩序只是潜在的，只有通过心灵的活动，宇宙才能现实地具有真正的秩序。“我们已经说过，如果没有理智的话，秩序化的宇宙（ordered universe）就不会存在（be）；现在我们要说，如果撇开一切理智活动，就与秩序相关的潜能而言，秩序化的宇宙实存着，这样理智被驱使去形成秩序。所以宇宙就其基础而言是有秩序的，然而如果没有心灵的把握，它就没有现实的、正式的秩序。”① 这种观点无疑比司各脱等人的观点更加符合神学的要求。

三、莱布尼茨：古典关系理论的终结者

自从罗素出版了《对莱布尼茨哲学的批评性解释》以来，莱布尼茨的关系理论就一直是西方哲学界的研究热点。至今为止，现在专门研究莱布尼茨关系理论的文章就有十多篇。② 现在，大多数学者都不同意罗素在《对莱布尼茨哲学的批评性解释》中所宣布的结论，即莱布尼茨认为关系都可以还原为主体的属性，而两个事物之间的关系在事实上并不存在，他们只存在

---

① Peter Aureoli, *Scriptum super Primum Sententiarum*, d. 30. Mark G. Henninger, *Relations*: *Medieval Theories* 1250 - 1325, Oxford, Clarendon Press, 1989, p. 169.

② 要全部找到和阅读这些文章毫无疑问是不可能的。笔者找到的文章仅仅是这样几篇文章：（1）Burdick, H.：‘What Was Leibniz’ s Problem about Relation?’, *Synthese* 88.（2）D’ Agostino, F. B.： ‘Leibniz on Compossobility and Relational Predicates’, *Philosophical Quarterly* 26, 125 - 138.（3）Wong, D.：‘Leibniz’ s Theory of Relations’, *Philosophical Review* 89, 241 - 256, 1980.（4）Hector - Neri Castaneda, Leibniz’ s 1686 Views on Individual Substances, Existence, and Relations, The Journal of Philosophy, Vol. 72, No. 19, Seventy - Second Annual Meeting American Philosophical Association, Eastern Division (Nov., 1975), p. 687 - 690.（5）Ari Maunu：‘Leibnizian Soft Reduction of Extrinsic Denominations and Relations’, *Synthese* 139：134 - 164, 2004. 此外还有著作罗素：《对莱布尼茨哲学的批评性解释》，商务印书馆，2000 年。

于人类的理智之中。学者一般认为，在莱布尼茨的哲学中，关系与实体的基本性质密切相关，但是并不能完全还原为这些实体的性质。我们根据现在学术界主流的看法来整理莱布尼茨的关系理论。

莱布尼茨关系理论的首要特点就是他认为关系是观念性的，独立的关系只能存在于心灵之中。他明确地说："我相信您不会承认一种同时存在于两个主体中的偶性。我对关系的判断是，在大卫中的父性（paternity）是一回事，而在所罗门中的子性（sonship）又是另外一回事，但是两个人都共同拥有的关系（即父子关系）仅仅是心灵的东西，它的基础只是作为个体的样式而已。"① 在莱布尼茨与克拉克的通信中，莱布尼茨通过线段的长短的事例进一步阐述了这种思想。他认为两根不同的线段 L 和 M，我们通常认为这两根线段之间存在着一种比例关系。但是莱布尼茨认为从两根线段中抽象出来的比例关系，它不考虑何者为关系主体，何者为关系的客体，不考虑何者在先，何者在后，这种完全脱离线段的关系是不存在的，真正存在的只是在 L 线段中的较长的属性和 M 线段中较短的属性。② 由此可见，莱布尼茨强调的关系的主观性是与关系的抽象性联系在一起的。

莱布尼茨对父子关系和线段的比例关系的分析表明，他虽然否认抽象的关系的实在性，但是他承认主体的相关属性的实在性。例如，他肯定存在于大卫中的父性。这种父性肯定与"大卫是白的"这个真命题中所表达的存在于大卫中的白性是不同的，因为前者是一种相关属性，而后者是一种绝对属性。由此可见，莱布尼茨要求对抽象的关系进行还原，并不是像罗素和赫舍

① Leibniz：*Philosophical Papers and Letters*，Dordrecht，1969，p. 609.

② Leibniz：*The Leibniz - Clarke Correspondence*，Manchester，1956，p. 71.

（Nicholas Rescher）所想象的那样将抽象的关系还原为绝对的性质[1]，而是将关系还原为相关属性。在莱布尼茨看来，有的关系谓词可以还原为绝对性质的谓词，如“彼得相似于保罗”这个判断可以还原为“现在彼得是 A，现在保罗也是 A”；另外一些关系判断可以还原为相关性谓词的主谓判断，如“帕里斯爱海伦”这个关系判断可以还原为“帕里斯爱，并且在同一事件中，海伦被爱”（Paris loves，and by that very fact Helen is loved）。[2] Ari Maunu 将这种允许关系谓词还原为具有相关属性谓词的还原称之为“软还原”，而将罗素和赫舍等人宣称只能将关系谓词还原为绝对属性谓词的还原称之为“硬还原”。Hintikka，D. Wong，Ishiguro 和 Ari Maunu 等人认为莱布尼茨的关系的还原是软还原。

莱布尼茨将关系判断还原为主谓判断的思想包含着他对作为外在名称的关系词与内在名称的非关系词之间关系的认识，他认为关系词必须以非关系词为基础。莱布尼茨在谈到数量与位置关系时，说：“数量或位置关系的范畴本身并不构成内在的非关系名称，并且它们需要从性质范畴，或者其他内在的偶性名称那里获得其基础。”[3] 他的一段名言更是明显表达这种思想：“不存在任何外在的名称，如果某个印度人自身之内没有发生任何变化的话，即使他的妻子在欧洲去世了，那么他也不会变为鳏夫。”[4] 在他看来，不存在绝对的外在关系，宇宙中一切事物都是相联系

---

① 罗素：《对莱布尼茨哲学的批评性解释》，商务印书馆，2000 年，p. 13 - 16。Rescher：‘*Philosophy of Leibniz*’，Englewood Cliffs，1967. p. 72 - 75。

② Leibniz：*Logical Papers*，New York，1966. p. 13 - 14.

③ Leibniz：*Opuscules et fragments inedits*，Paris，1903. p. 9. Wong，D.：‘Leibniz’s Theory of Relations’，Philosophical Review 89，1980，p. 245.

④ Leibniz：*Philosophical Papers and Letters*，Dordrecht，1969，p. 365.

的，所以从根本上说，世界上根本就没有外在关系。他在《人类理解新论》中说："就形而上学的严格意义说，是没有纯属外在的名称的，因为一切事物都有实在的联系。"①

莱布尼茨为了追求完全的形式上的完美性，力图将亚里士多德的主谓判断的形式贯彻到底，结果他只能相信"宇宙和谐论"，用一种信仰的方式去维持他的结论。事实上，他也看到了亚里士多德主谓判断的形式逻辑的问题，根据亚里士多德的形式逻辑，人都有父亲，耶稣是人，那么耶稣也有父亲，他认为这个推论与他的信仰不相符。他一辈子都在努力建立一种普遍逻辑来解决这些问题，但是由于他跳不出亚里士多德的主谓判断的框架，他的努力不可能真正地成功。他的关系理论最终要求一种信仰来维护其合理性，这说明这种关系理论依据的主谓判断的基本分析方式已经到达了行将崩溃的边缘。近代哲学都是对这种亚里士多德开创的、以主谓判断核心的、内行将崩溃的形而上学框架进行改良和调整，而这种改良和调整总有其极限，最终只能被一种新的范式的哲学取代掉。

第三节　古典关系理论的认识论改造：近代关系理论

相对于中世纪，近代关系研究并不引人注目。但他们从认识论的角度改造了亚里士多德传统中以主谓判断为核心的存在论哲学，从而改变了关系理论。但是从总体上看，它没有突破以主谓判断为核心的哲学范式，只是对亚里士多德传统哲学的一种改良，而非范式上彻底的革命。

---

① 莱布尼茨：《人类理解新论》，陈修斋译，商务印书馆，1982 年，p. 231。

一、近代英国哲学对关系理论的改造

英国近代哲学的主流是哲学心理学，他们与亚里士多德传统最大不同在于，他们认为各种语词不是直接表示事物（thing），而是表示“观念”（idea）。这些观念是否对应于物，这需要对观念进行具体分析。如果说德国古典哲学考虑的是“观念表示事物”的先在条件，那么英国哲学心理学考虑的是“观念表示事物”的现实条件。具体到关系理论，哲学心理学研究的关系词所表达的关系“观念”，而不是关系的逻辑形式。

在英国哲学心理学传统中，很多哲学家都讨论过关系问题，他们的关系理论各不相同。所以要系统整理他们的关系理论非常困难。Marian C. Madden 在他的硕士学位论文《The Problem of Relations in Classical British Psychology》中对这一段的关系学说史进行了初步整理，其中很多核心观点也出现在后来发表的正式期刊论文“William James and the problem of Relations”中。我们可以按照这篇文章提示的线索讨论英国哲学心理学的种种关系理论。

Marian C. Madden 将英国近代哲学家分为 4 类，即严谨的元素论者（careful elementarists）、不严谨的元素论者 careless elementarists）、行为心理学者（act psychologists）和上述立场的中间立场哲学家。① 我们基本上接受他的这种分类，但是他将洛克等人称为行为心理学家很牵强，他们比较重视分析心灵行为在形成观念时的作用，所以我们将 Madden 称为“行为心理学者”的哲学家改称为“心灵行为论者”；另外，我们按照 4 派哲学界在

① Marian C. Madden, Edward H. Madden, 'William James and the problem of Relations', Transactions of the Charles S. Peirce Society, Fall1978, Vol. 14 Issue 4, p. 229 – 235.

哲学史上的出场顺序介绍他们的关系理论，而不是像 Madden 那样随意安排他们的顺序。

（一）心灵行为论者的关系理论：关系是由于心灵行为而产生的

洛克是这派哲学的杰出代表。与亚里士多德直接将语言中语词直接与物对应起来不同的是，洛克将语词与观念联系起来。在亚里士多德哲学中，“苏格拉底是白的”命题中的“苏格拉底”和“白性”都表示物，一个物是主体，而另一个物是偶性，后者存在于前者之中；而在洛克等人的哲学中，“苏格拉底”和“白的”两个词只对应于观念，是心灵的能动作用将二者联结起来。洛克认为，除了简单的观念来源于对感性事物的感觉和内省，复杂观念都是人类心灵活动的结果。他说道：“那些观念只是由于感觉和反省得来的简单观念，它们不是人心自己造成的，而且人心所有的任何观念，亦无一不是由此组成。不过人心在接受简单观念的方面，虽然是完全被动的，不过在另一方面它亦能施用自己的力量，利用简单观念为材料、为基础，亦构成其他观念。”①

关系的观念是一种复杂观念，关系的观念是人类心灵活动的结果。在《人类理解论》的“论关系”一章中，洛克明确指出：“人心在思考一个事物时，如果把它同别的事物在一块考究，并且在两物之间来回观察，这就叫做关系（relation or respect）。”②洛克的关系理论的基本范式与亚里士多德的基本范式基本相同，差别在于亚里士多德关系学说中“主体”和“事物”，洛克称为“主体的观念”和“观念”，关系的改变并不引起主体的观念的

① 洛克：《人类理解论》，关文运译，商务印书馆，1959 年，p. 130。
② 洛克：《人类理解论》，关文运译，商务印书馆，1959 年，p. 292。

变化。他对简单观念的处理与亚里士多德在《范畴篇》中对简单词项与物之间的关系的处理是完全相同的，所以，洛克是亚里士多德传统的温和改革派。

而相比之下，休谟否定了任何实在实体，我们称之为激烈的改革派。休谟在两个方面继承了洛克的关系思想，一是关系是由简单观念之间的联结构成的，二是这些联结的简单观念之间具有“某种结合的线索 、某种能联结的性质”。但是，虽然休谟仍然使用“心灵”这个词汇，但是他不再是在亚里士多德和洛克意义上的心灵，不是只具有能动作用的主体，他认为，心灵在形成简单观念的联结时，不是纯粹主动的，也不是纯粹被动的。关系的本质特征是心灵从一个观念转向另一个观念，而实在的关系是一个观念能够自然地引起另一个观念。休谟将实在的关系分为三种类型：即类似关系、时空接近和因果关系。他认为，“一种观念自然引起另一观念”中的“自然引起”是根据两个原则形成的，一是想象力的原则，另一个就是习惯。“我想无须证明，这些性质在观念之间产生一种联结，并在一个观念出现时自然引起另一个观念。显然在我们思维的过程中，在我们观念的经常的转变中，我们的想象很容易地从一个观念转到任何另一个和它类似的观念，而且单是这种性质就足以成为想象的充分的联系和联结的原则。同样明显的是，由于感官在变更它们的对象时必须作有规律的变更，根据对象的互相接近的次序加以接受，所以想象也必须引长期习惯之力获得同样的思想方法，并在想它的对象时依次经过空间和时间的各个部分。”①

休谟认为因果关系比类似关系和时空接近的关系更为广泛，是最广泛的关系，这种因果关系将父子关系，各种利益关系、法

① 休谟：《人性论》，关文运译，商务印书馆，1980 年，p. 22 – 23。

律的义务关系，甚至水和火、冷和热的关系等都包括在内。对这些具体的关系我们不再赘述，我们只补充一点的就是，与前面所叙述的众多思想家不同的是，休谟认为差异不是一种关系，他认为："差异是关系的否定，而不是任何实在的或积极的东西。"[①]

（二）严谨的元素论者的关系理论

Madden 将哈特莱（Hartley）和伍德（Wundt）当作这一种理论的典型代表。由于我们不熟悉这几个哲学家的材料，我们只能根据 Madden 对他们思想的描述来总结他们的关系思想。[②] 他们认为，关系可以还原为更加基础的感性元素。他们按照原子论的观点，认为物理对象的属性通过中间介质投射到感官上引起感觉，再由神经系统传导到中央神经系统。这种原子论是近代的原子论，而不是德谟克利特的原子论。德谟克利特的原子论认为，原子和原子的不同组合方式共同构成不同的事物，而原子的不同组合方式具有与原子同样的存在论意义。但是，近代的原子论者认为关系的本性必须到原子本身中去寻找。在伍德看来，关系可以归结为元素的不同性质，他认为，带有关系的元素既具有感性的因素，也具有情感的因素，情感性因素使知觉在把握这些元素的过程中将注意力转移到相关性的方面去，但是注意力并不是一种新的知觉要素，这种关系也不是与基本元素不同的元素。

（三）不严谨的元素论者及其批评者

Madden 认为詹姆斯·密尔的元素论就是很不严谨的。因为詹姆斯·密尔认为，具有关系的两个对象与简单的两个对象之间没有任何区别，而关系只存在于人的感觉之中。他在论述相似性

---

① 休谟：《人性论》，关文运译，商务印书馆，1980 年，p. 27。

② Marian C. Madden, Edward H. Madden, 'William James and the problem of Relations', Transactions of the Charles S. Peirce Society, Fall1978, Vol. 14 Issue 4, p. 229.

和差别的关系时说："从一片红变化到另一片红，这是由于感觉。而这片红的差异性只是存在于我对它的感受中，即存在于我的感觉中。"① 他又说道："从一片红到另一片红，再到另一片红，等等，这是一个纯粹感觉的系列；从红到绿、到蓝、到味道、到气味、到听觉、触觉，这是另一个纯粹感觉的系列；这两个不是相同的系列，而是不同的系列，他们存在于如此这般的感受中；如果不是因为这些感受——这些被认为不同的感受——是两个不同的事物，这两个系列的感受就不会有差别，他们就是一个相同的事物。"②

（四）上述理论的中间立场

Madden 认为布朗和斯宾塞的关系理论是上述各种立场的调和者，不过，Robert Giuffrida 认为昌西·赖特（Chauncey Wright）也是这一派哲学家的重要代表。③ 他们既否认关系是感性元素或者感性元素的变形，也否认关系是心灵活动的结果。他们认为关系中既有感性的因素，也有心灵的因素。布朗说道："心灵有一种原始的倾向或者易感性（susceptibility），由于心灵的这种倾向，在知觉不同对象时，我们无需其他心灵过程的参与

---

① James Mill, *Analysis of the Phenomena of the Human Mind*, London, 1878, Vol. Ⅱ, p. 16. Marian C. Madden, Edward H. Madden, 'William James and the problem of Relations', Transactions of the Charles S. Peirce Society, Fall1978, Vol. 14 Issue 4, p. 230.

② James Mill, *Analysis of the Phenomena of the Human Mind*, London, 1878, Vol. Ⅱ, p. 16. Marian C. Madden, Edward H. Madden, 'William James and the problem of Relations', Transactions of the Charles S. Peirce Society, Fall1978, Vol. 14 Issue 4, p. 230 – 231.

③ 关于这一个派别的各个哲学家思想与詹姆斯关系思想的具体关系，读者除了前面所述的 William James and the problem of Relations 一文以外，还可参见 Robert Giuffrida: "Chauncey Wright and the Problem of Relations", Transactions of the Charles S. Peirce Society, Fall1980, Vol. 16 Issue 4, p. 294 – 308。

就会感觉到这些对象某些方面的关系；同样，在外界对象呈现于我们的感官上形成某种感觉时，由于心灵的这种倾向，我们也会获得知觉的原始要素的感觉；另外，我要补充的是，正如我们的种种感觉和种种知觉属于不同的种类一样，关系也属于不同的种类。①”

赖特用“先在记忆”（the mnemonic*a priori*）的概念来解释各种感觉和关系的可能性问题，他认为关系是在感觉过程中获得的，它不能还原为感觉因素，感觉因素也不能脱离关系而获得。“如果有两列独立的意识，一者是感觉系列，一者是理智系列，我认为这些意识中都同样包含着某种程度的知性（understanding），或者将新印象与心灵中以前就存在的内容联结起来的关系。印象只有被带入意识中才被知，这就是说，印象只有与我们从前就想到的、感觉到的或者欲望的东西联系起来才可能被把握。”②

二、近代德国先验哲学对以主谓判断为核心的关系理论的改造

德国古典哲学的主流是先验哲学，它从先验角度批判了亚里士多德主义传统以主谓判断为核心的存在论的合理性基础，他们认为主谓判断的形式逻辑反映出来的并不是最基础的问题，他们通过对命题的可能性进行探索，发现任何可能事物的条件。虽然他们的研究在西方世界获得了一些理解和同情，但是，具体到关

① Tomas Brown：*Lectures on Philosophy of Human Mind*，Vol. Ⅱ，p. 146. Marian C. Madden，Edward H. Madden，“William James and the problem of Relations”，Transactions of the Charles S. Peirce Society，Fall1978，Vol. 14 Issue 4，p. 234.

② Chauncey Wright，*Philosophical Discussion*，New York：Burt Franklin，1971，p. 124. Robert Giuffrida：“Chauncey Wright and the Problem of Relations”，Transactions of the Charles S. Peirce Society，Fall1980，Vol. 16 Issue 4，p. 295 – 296.

系问题上，他们关注各种“实粒”[①] 连接的可能条件问题，并不直接关注关系的本性问题，偏离了关系理论研究的正常轨道。在德国先验哲学传统中，康德的关系理论影响最小，黑格尔关系理论对后世影响最大，它成了后世内在关系理论的主要思想来源，也是外在关系论的主要批判对象。

（一）康德的关系理论

康德的先验哲学是近代哲学史上的一座高峰，但康德几乎没有专题性地讨论关系问题，提到关系问题的地方也非常少，研究关系理论的学者基本不会提到康德。但我们认为，康德既然是哲学史上如此重要的人物，而关系问题在形而上学史上的重大问题之一，关系问题的哲学研究也不应该撇开康德，康德对形而上学的贡献不可能不对关系理论产生影响。我们认为，康德对关系问题有如下一些观点值得我们重视。

首先，康德对认识论和关系理论结合起来，在认识关系中重构知识的现实性观念，尤其在其感性论中利用主客体关系是观念现实性的重要依据。认识关系中主体的方面已经被人们反复宣讲，我们需要更多强调客观现实的方面，这种客观现实的方面之所以具有客观现实性原因主要在于我们具有“关系的意识经验”。他认为正是我们具有关系的意识经验，我们才能区分单纯的主观经验和现实实在。康德说：“我通过内部经验意识到我在时间中的存在（因而也意识到它在时间中的可规定性），这就不仅仅是意识到我的表象，但与我的存在的经验性意识毕竟是一回

① 国内学者通常将 entity 翻译为“实体”，但这种翻译不能与“substance”的“实体”的翻译区分开来，所以有别人将 entity 翻译为“实粒”。笔者将它翻译为“实粒”的意思是为了显示它通常是某些事物的构成元素，所以将它称为“粒”，而它本身又有独立性，所以将它修饰以“实”字，合起来就是“实粒”。

事，这个意识只有通过与某种和我的实存相结合在我外部存在的东西的关系才能得到规定。因此，我在时间中的存在的这个意识是与对同我之外的某物的一种关系的意识相结合的，因此，把外部的东西与我的内感官不可分割地联结起来的，是经验而不是虚构，是感觉而不是想象力；因为外感官本身已经是直观与我之外的某种现实的东西的关系，它的实在性与想象不同，所依据的仅仅是它作为内部经验可能的条件与内部经验不可分割地结合在一起，此处发生的就是这种情况。"①

其次，康德非常重视作为知性的关系范畴，将关系范畴在认识主体处理感性材料过程中的先天可能条件四大类范畴之一，关系范畴具体又可以区分为"依存性与自存性""原因性与从属性""共联性"，它们分别对应着"实体与属性""原因与结果""行动者与承受者之间的交互作用"等观念。按照康德对范畴之间的关系的辩证理解，"共联性"事实上就是前面两个范畴的结合，"是一个实体在与另一个实体的交互规定中的因果性"②。康德将相互作用的共联性关系当作实体与属性、原因与结果的结合，当作三者中的最高范畴，这是因为康德认为这个范畴表达的是整体中的各个部分之间的关系，各个部分通过相互作用而构成一个整体，但各个部分之间是并列的，而不是像因果关系那样是单向规定的，也不像属性与实体之间的关系那样是从属性的，这是知性分析中最重要的形式，没有它，就没有哲学分析的活动。他说道："知性在表象一个被划分的概念的领域之时，与它在把一个物设想为可分割的时候，遵循的是同一种做法；而且，就像

---

① 康德：《纯粹理性批判》，李秋零翻译，中国人民大学出版社，2011 年，p. 25。

② 康德：《纯粹理性批判》，李秋零翻译，中国人民大学出版社，2011 年，p. 96。

划分的各分支在前面中彼此排斥但毕竟结合在一个领域里一样，知性也把后者的各个部分表象为这样一些部分，每一个部分都也以排斥其余部分的方式拥有它们的实存（作为各个实体），但毕竟结合在一个整体中。”① 康德在讨论关系范畴时举例最多的也是共联性关系，对这类关系的说明在《纯粹理性批判》中经常会遇到。不过，康德认为，关系范畴与其他范畴一样，都是思维的形式，它们本身没有实在性、现实性，它们只有与直观对象结合起来，这些关系的范畴才具有现实性。康德说道：“既然可能性仅仅是在与知性（知性的经验性应用）的关系中对事物的一种设定，所以现实性同时就是事物与知觉的联结。”② 他又说道：“共联性的范畴就其可能性而言根本不能通过纯然的理性来把握，从而没有直观、也就说没有空间中的外直观，就不可能认识这一概念的客观实在性。”③

康德在研究依存性与自存性的关系范畴时秉承亚里士多德传统将实体与偶性区分开来，他与前人的区别只在于，前人则认为那是现实存在本身的区别，而他认为实体与偶性只不过依存性与自存性的执行范畴的表现，都只是思维形式。在他看来，哲学史上类似“实体都是持久的”“偶性是实在但可变的”的观点其实只是实体和偶性范畴的含义的变样，它们都是统一反复，没有增加新内容。康德在讨论依存性和自存性的问题时候没有谈到关系作为谓词的情况，没有提到两个实体同时出现在命题中的情况，

---

① 康德：《纯粹理性批判》，李秋零翻译，中国人民大学出版社，2011 年，p. 97。

② 康德：《纯粹理性批判》，李秋零翻译，中国人民大学出版社，2011 年，p. 207。

③ 康德：《纯粹理性批判》，李秋零翻译，中国人民大学出版社，2011 年，p. 207。

他没有向我们介绍为什么我们无须理解关系词项（如朋友、父亲、临近等词语）的本质，无须考虑关系是否具有内在性或者相向性的问题，或者关系与其基础是否可以分离的问题。在我们看来，康德在讨论实体与偶性时忽视关系词项，这反映了他一定的理论倾向。他并非不知道这些关系词项的价值，但在他看来，关系词项的研究这不是他的理论目标，康德认为其《纯粹理性批判》的理论任务是要解决科学知识是如何可能的，即“先天综合判断是如何可能的”。科学知识的命题的主要特征是普遍必然性，其中不涉及任何特殊个体，也不需要以简单关系命题的方式来表达，所以康德不讨论简单关系的关系此项的本性是奇怪的。不过，他除了解释科学的可能性问题外，事实上他还试图将科学可能性的问题的答案挪用去解释经验的可能性问题。在他看来，经验中包含着知性范畴的影响，由于他对知性范畴中的独立性和依存性的范畴只考虑了实体 - 属性形式的这类主谓判断（如“苹果是红的”），而没有考虑包含两个名词以上的关系词项的主谓判断（如“苏格拉底是柏拉图的老师”），他对经验的很多解释是狭隘的，他很难理解关系经验在整个经验生活中的地位，从而将生活经验过度地科学化了。

最后，康德很重视对“反思关系”的讨论，专门讨论了近代哲学史上经常争论的三类不同关系：“同一与差异”“一致与抵触”“内部与外部”和“可规定者与规定”（质料与形式）之间的关系。这些关系如果仅仅就其逻辑形式而言，它们都属于比较概念，全称判断中诸多表象都在一个概念之下，我们从全称判断就可以得到“同一性”概念，同理，我们可以从特称判断得到它们的“差异性”，其他概念也如此。但是在康德看来，这只是反映了这些关系概念的逻辑形式，但还不能给出这些关系概念的内容，具有实质性价值的问题在于事物本身是同一的，还是差异的，是一致的，还是抵触的。由于这涉及对事物本身的判断，而事物本身是我们人类认识能力的把握到的事物，感性和知性不同的认识能力把握到的事物对象是不同的，而对这些不同的认识能力的认识属于反思的范围。所以，我们只有通过反思才能确定这些关系的实质。当然，这里的反思是对表象彼此之间客观的比较之可能性的根据，它属于先验反思，而非一般的逻辑反思。康德说道："事物是统一的还是差异的，是一致的还是抵触的等等，并不能立刻从概念本身通过纯然的比较来澄清，而是惟有首先通过辨别它们所属的智识能力，借助于一种先验反思才能澄清。"①

我们以"同一"和"差异"概念为例来说明它们作为反思关系的特点。莱布尼茨曾经说过世界上不存在两片相同的树叶，我们还可以说世界上不存在两滴不同的水，康德认为这种观点是从树叶和水的感觉显象的角度来说的，两滴水（或两片树叶）即使其质量、特征完全一致，但它们所占的空间和时间不同，我们仍然可以说它们是有差异的。但是如果我们意识到这种差异性是感觉显象意义上的差异性，那么这种差异性就没有知性的纯粹运用，只有经验性的运用。在康德看来，如果把它们当作纯粹知性的对象时，"两滴水"（或"两片树叶"）事实上都是"水"（或者"树叶"），它们都具有同样的内在规定，拥有相同的质和量，所以它们不是多个事物，而是同一个事物。②

"一致"与"抵触"也体现这种反思关系的特点。在康德看来，如果将实在理解为纯粹知性对象，那么知性对象之间就不存

① 康德：《纯粹理性批判》，李秋零翻译，中国人民大学出版社，2011 年，p. 227。

② 康德：《纯粹理性批判》，李秋零翻译，中国人民大学出版社，2011 年，p. 228。

在互相排斥和抵触，它们之间就是一致性的关系。然而，如果将事物当做感性显象的实在，那么它们就会有相互排斥，互相抵触。如正反两个方向的力，在感性显象上就互相抵触和取消；但如果两个相反方向的力作为知性对象，它们就并不抵触，而是以力的结构反映了事物的受力状况。①

内部和外部、规定和被规定的情况与上面两个反思关系的情况是相似的。从纯粹知性的角度看，各种事物之间的关系是内在的，但在感性中，空间中的事物都会体现为“关系的总和”，所有事物都是外在的②；在纯粹知性中，被规定之物总是先于规定之物，质料先于形式③，然而如果在感性的显象中，情况就会反过来。④

当然，人类的认识能力除了感性和知性外还有理性，理性是构建世界的统一图景的重要能力，但正是在理性的范围内，康德认为我们对世界究竟是由关系构成这一问题事实上可以提出正反两种均可以言之成理的观念，这说明理性在这种关系问题上只能得出理性幻相，不能获得知识。这正是先验理念的第二个二律背反要讨论的问题。

虽然康德试图将整个理论体系与从前的存在论区分开来，用先验哲学的方式开启了关系理论的新领域，黑格尔等人就深受这种先验哲学的影响继续深耕关系理论，但是他的整个理论仍然立

① 康德：《纯粹理性批判》，李秋零翻译，中国人民大学出版社，2011 年，p. 229。

② 康德：《纯粹理性批判》，李秋零翻译，中国人民大学出版社，2011 年，p. 229。

③ 康德：《纯粹理性批判》，李秋零翻译，中国人民大学出版社，2011 年，p. 229。

④ 康德：《纯粹理性批判》，李秋零翻译，中国人民大学出版社，2011 年，p. 230。

足于范畴表，判断仍然以范畴为条件，而不是相反。

（二）黑格尔的关系理论：德国近代关系理论的最高峰

康德要求为主谓判断的形式逻辑找到一种先天基础，他称这种基础的逻辑为先验逻辑。黑格尔在康德的先验逻辑的基础上更进一步，将先验逻辑改造成为辩证逻辑。黑格尔的辩证逻辑否认主谓判断是所有哲学分析的核心，只认为主谓判断成为逻辑发展中的一个环节，只是在哲学认识过程中的某一个阶段上才将主谓判断的作为命题的核心形式。黑格尔的辩证逻辑并不否定存在论，他将存在论当作他的逻辑学的第一部分，但是他认为存在论“从它的思想内容来看，它实际上是最贫乏和最抽象的。”在他看来，存在论不是以与主谓判断为核心的哲学领域，“存在论”只涉及了谓词。他在“存在论”的说明中说道：“因为这里唯独要讨论的思想、事情的实质仅仅包含在谓词里，所以，命题的形式，如上述主词，就是某种完全多余的东西。”[①] 在黑格尔看来，关系问题不属于“存在论”的范围，它属于“本质论”。“本质论”关注的是主词，它“抽象掉一切特定谓词的意义”[②]。所以，在 R. Horstman 的“*Ontologie und Relationen*：*Hegel*，*Bradley and Russell*”一书中，作者总是将存在论与关系论并列起来。这种将关系与存在并列起来的做法虽然在巴门尼德那里已经有所体现，但是在黑格尔的逻辑学中，它却成了逻辑学思想的指导原则。

与康德一样，黑格尔也不考虑具体的关系本性究竟是内在的，还是外在的，原因在于，这些非此即彼的探究方式都是知性

① 黑格尔：《逻辑学：哲学全书·第一部分》，梁志学译，人民出版社，2002年，p. 166。

② 黑格尔：《逻辑学：哲学全书·第一部分》，梁志学译，人民出版社，2002年，p. 215。

的探究方式。在黑格尔的逻辑学体系中，性质范畴属于存在论，关系范畴属于本质论，它们属于不同的思维层次讨论关系的本质论是讨论性质的存在论的更高的层次，所以无需考虑关系与性质之间的关系如何，本质论的各种不同实粒需要何种不同的关系才能连接起来，关系在连接实粒时是否能实现其连接功能。黑格尔按照关系连接功能的具体形式将关系分为三类，即（1）作为“纯粹映现”的关系，如同一关系、差异关系、矛盾关系，以及作为统一体的“物”（Dingheit）与其具体规定性之间的“具有”关系（即通常所说的事物与属性的关系）；（2）作为现象的“关系”，如整体与部分的关系、力与力的表现的关系和内部与外部的关系等；（3）作为现实的关系，如主体性关系、因果关系和相互作用的关系。

关系是否分为实在关系和理性关系，这是亚里士多德传统考虑关系问题时的另一个焦点。黑格尔虽然对本质论区分了“作为实存根据的本质”“现象”和“现实”三个环节，但是在本质论中，他始终没有谈及“实在”的问题，因为在他看来，本质论不是实在的领域，不是一个理性的领域，所以关系既不是实在的关系，也不是理性关系。他认为知性是这种本质论的根本原因。知性由于它的“固执性”“把一切受限制的和有限的事物看作自相同一的、在自身不矛盾的东西”①。知性中的范畴都是“反思的知性的产物”，“知性将各个差别认作独立的，同时又设定它们的相关性；不过知性只是用一个‘又’把这两个方面相互并列或先后相继地联合起来，而不是把这些思想结合起来，而

① 黑格尔：《逻辑学：哲学全书·第一部分》，梁志学译，人民出版社，2002年，p. 219。

不是把它们统一成为概念。”①

黑格尔的关系理论脱离了传统的存在论的范围，他对关系的讨论不是追问作为谓词的关系词项的本性，而是追问作为主词的各个词项是如何实现连接的。“……的父亲”“先于”“在……左边”这些词语都不再是黑格尔主要思考的对象。虽然“同一”“差异”等关系也与“相同于”“不同于”等词语有着某种关系，但是在黑格尔的哲学中，并不是讨论这些关系的本性问题，而是讨论它们在反思中间对两个或者两个以上的“实粒”如何发挥连接作用的。这是亚里士多德传统的关系理论中从来都不讨论的。

黑格尔认为关系问题的最终出路在概念论。黑格尔认为概念论既包含存在论的谓词理论内容，也包含本质论的主词理论内容。这一点从形式上说比较容易理解，因为，存在论和本质论中的各个范畴都不是概念，因为它们都无法定义；相反只有概念才可以定义，而任何定义都包含了谓词也包含了主词，所以概念论包含了前面两个部分的内容，或者说扬弃了前面两个部分的内容。但是在黑格尔哲学中，从内容上看，概念表示的是什么？这是黑格尔“概念论”的难解之处，关于“概念论”的关系理论有待进一步研究。

总之，我们认为黑格尔关系理论特点在于：他在逻辑哲学的范围内严格地将关系理论与存在论区分开来，与康德一样不再重视作为谓词的关系词项的本性问题，而是将起连接作用的关系形式作为主要的对象；他将康德认识论改造成为本质论中的反思概念，并且在反思的范围内将关系区分为三种不同的类型。我们可

① 黑格尔：《逻辑学：哲学全书·第一部分》，梁志学译，人民出版社，2002年，p. 220。这种思想在《精神现象学》中也有体现，参见黑格尔：《精神现象学》，贺麟译，商务印书馆，1958 年，p. 84。

以说，黑格尔是在康德创立的先验哲学的范围内对亚里士多德－莱布尼茨传统的哲学进行改造最成功的哲学家。

（三）洛采的关系理论：从近代关系理论向现代关系理论的过渡

洛采是德国古典哲学向现代哲学转型过程中的重要人物，他对20世纪之交的各派哲学家有比较大的影响。他在西方哲学史上的功绩主要有两个：第一是提出了命题的有效性概念，将命题的有效性领域与实在世界区分开来；第二是继承康德重视判断的观点，提出了命题的核心是判断而不是词项，从而冲破将范畴作为命题研究中心的传统。

"有效性"概念是洛采逻辑哲学中一个原创性概念。洛采将"实在"区分为四种实在，即存在事物的实在、发生着的事件的实在、关系的实在和有效命题的实在。他将"事物"与"存在"或者"实存"，"事件"与"发生"或者"变成"，"关系"与"具有"以及"命题"与"有效性"等用法一一对应起来，防止人们混淆它们的用法。洛采的这种思想结束了亚里士多德传统将范畴与"事物"对应起来的做法。通过有效性概念，洛采认为不存在单个范畴的领域，范畴只是存在于命题之中才具有"有效性"。所以命题分析的核心不是柏拉图、亚里士多德以来一直强调的"观念"或者"词项"，而是"判断"。他认为："是命题而不是观念才必然地构成观念世界的最本质的结构。"① 他又强调："对思想的两个内容的必然联结的描述必须采用判断的逻辑形式，而逻辑形式是不可能用一种单纯的概念的形式来表达的，因为这种单纯的概念本身根本就不包含命题。这样，我们

① Hermann Lotze, *Lotze's System of Philosophy (Part 1): Logic*, Transl. by B. Bosanquet, Vol. 2, Oxford, 1888, p. 220.

就总是利用一些法则，或者说一些表达不同元素之间关系的命题，作为示例来解释那些不是实存而是有效性的含义。”①

洛采区分“存在”和“有效性”的同时也就区分了形而上学和逻辑学两个不同领域。洛采认为，应将“存在”概念与“关系”概念联系起来，名词形式的“存在”应该从动词形式的“去存在”得到理解，而“去存在”的本质的含义，就是“在关系中实存”。洛采说：“只有在事物出立的关系实在中寻求它的存在，在这个事物的关系中，我们通过肯定存在之物的存在获得了某些东西，并以之区别于不存在之物的不存在。在存在概念中，我们越抛开构成它的关系思想，就会不能将它于不存在区分开来。”②

洛采对关系进行了初步区分，一个是比较的关系，一个是客观的关系。比较观念的关系是主观关系，它们是心灵对观念内容作出比较的思维行动的产物。客观的关系，洛采也称为“形而上学关系”，它们存在于实在的真实事物中，在这些关系中，事物之间发生着各种相互作用和关联。事物的存在就是指它处于形而上学的关系中，而事物本身就是这些关系按照一定规律构成的统一体。

洛采使在他以后的哲学家们认识到语言是人们表达的工具，它是独立于对象事物和经验的一个领域，如果人们要揭示对象世界的本性，不能直接使用语言中表达出来的东西，而必须对语言这个工具进行考察，对语言本身进行澄清。他强调事物的存在就是指事物处于关系之中，他将关系理论作为存在论的内容之一，

---

① Hermann Lotze, *Lotze's System of Philosophy* (*Part* 1): *Logic*, Transl. by B. Bosanquet, Vol. 2, Oxford, 1888, p. 220.

② Hermann Lotze, *Metaphysic*, Transl. by B. Bosanquet, Oxford, 1884, p. 29.

这促使以后的哲学家更加重视关系对于世界存在的意义。

三、关系理论新时代的来临

在19世纪，关系哲学研究的学术环境和社会环境都发生了很大的变化。

首先，在逻辑学中，关系逻辑作为一个专门的研究领域出现了。1859年，德·摩根（De Morgen）写了《论三段论Ⅳ和论关系逻辑》（“On the Syllogism Ⅳ and on the Logic of Relations”）一文，奠定了关系逻辑的基础。他在该文中认为，三段论只是关系组合理论的特殊形式，它只是同一关系的可逆性质和可传递性质的另一种表述。此后，皮尔士（C. S. Peirce）在1870年发表了他的《论关系逻辑》的论文，他构造了一套关系逻辑的符号体系，如关系积与关系和等。在他看来，如果w代表“聪明”（wise），而s代表所罗门（Solomon），那么w^s就代表“聪明甚于所罗门”（wiser than Solomon）；同样如果m代表人（man），那么w^m就代表“聪明甚于每一个人”。他的这种处理方式完全是类比数学中的方法，在他看来$w^{a+b}=w^a\cdot w^b$，不过当时他用逗号表示逻辑积。另外，他认为传统中关于主体与属性之间的关系也可以用关系来表达，他将“……是聪明的”这个判断表达为一元关系式，而对没有空位的命题，他称之为无元关系式。他用关系表达式统一了亚里士多德主谓逻辑的各种形式。①

其次，经验科学领域也发生着巨大的变革。在物理学领域，传统的原子论“原子不可再分”的神话被打破了，原子下面的

---

① 关于德·摩根和皮尔士关系逻辑方面的材料，参见 Roy Whelden：“The Origins and Use of the Theory of Relations：Peirce，De Morgen and Music Analysis”，Transactions of the Charles S. Peirce Society，Winter，2000，Vol. XXXVI，No. 1。

电子、质子和中子陆续被发现；以太的迷梦被打破了，场的理论逐渐成熟。在生物学领域，林纳的分类法也证明是无效的，进化论充分说明生物的种类之间存在着或近或远的亲缘关系，大量的过渡性生物种类也被发现了。

最后，当时欧洲的社会政治观念也发生了巨大的变化。在自由市场经济时期，市场解放了一切传统社会中“人对人的约束关系”。一方面，人获得了巨大的解放，人不再从属于政治的共同体，人的自主独立性得到了充分的发展。另一方面，市场前所未有地扩大了人的交往范围，人们的生活受制于整个市场经济的运行规律，人从传统的政治共同体和宗族共同体中解放出来，但是又受制于物化了的整个经济环境。人们日益认识到，人并没有一个独立的永恒的本性，人的本质是“社会关系的总和”（马克思）。随着经济危机的出现，社会关系在人的命运和社会的命运中扮演着重要的作用。这些都要求人们更好地理解关系的本性。

总之，19 世纪的科学揭示了世界的普遍联系性和永恒发展性，传统哲学关于主体不随关系变化而变化的观点受到了广泛的质疑。这种观念之所以受到质疑，是因为传统哲学仅仅因为日常语言的特点去证明世界的本性，这种形而上学的世界观就被认为是“静止的”“孤立的”和“片面的”。

在 19 世纪末，随着德国哲学尤其是黑格尔哲学和洛采哲学在英国的广泛传播，英美哲学家们开始对英国近代的哲学心理学进行了全面的反思。由于哲学心理学只是对亚里士多德传统的一种局部调整，对哲学心理学的全面反思就必然导致对整个亚里士多德主义传统的反思，即对以主谓判断为核心的形而上学的反思。这场反思运动卷入了几乎所有哲学流派，这些流派的奠基者基本上是不约而同地采取了一种与亚里士多德主义的传统哲学完全决裂的理论形态，不约而同地将关系问题当作他们哲学中最主要的哲学问题。亚里士多德主义的哲学范式不可能解决关系问题，由此，要创立一种新的哲学，首先就必须重视和解决关系问题。关系问题成了旧哲学解体和新哲学产生的关键。

率先对亚里士多德主义传统进行批判的哲学流派主要有新黑格尔主义、分析哲学、实用主义和稍后出现的新实在论。新黑格尔主义奠基者斯特林和格林、分析哲学的奠基者弗雷格和实用主义哲学的奠基者皮尔士三人都各自意识到亚里士多德主义的问题，并且开始着手创建新的哲学，他们各自的工作对他们的关系理论的形成至关重要，但他们的工作只是经过布拉德雷和鲍桑葵、罗素和维特根斯坦、詹姆斯等人的发展才进入关系哲学领域，整个学派才正式形成，享誉学界。

关系问题是所有这些哲学流派共同关注的问题，但是各派哲学对这个问题的切入点完全不同，所以他们在关系问题上就形成了巨大的冲突。19、20 世纪之交的关系理论的争论就这样产生了。在这场争论中，新黑格尔主义、分析哲学和实用主义成了关系理论的三种基本形态。而美国的新实在论是在分析哲学和实用主义的结合以后的新形态，其关系理论的基本观点与分析哲学中罗素的观点相似；还有一些哲学家的观点则对上述三种基本理论的调和或全面批判。在以后的章节中，我们将逐一介绍这些流派的关系理论。

第二章　新黑格尔主义：所谓“内在关系论”的绝对主义主张

新黑格尔主义虽然认同黑格尔哲学，但是它并不是黑格尔哲学的衍生物。斯特林、格林和鲍桑葵等人的哲学与黑格尔哲学的思辨哲学比较接近，但是布拉德雷反对黑格尔的矛盾辩证法，他的哲学是独立于黑格尔哲学的一种新理论。新黑格尔主义者通常给后人的印象是内在关系论者，但这并不完全符合事实。但是他们确实都反对外在关系理论。他们的许多命题与莱布尼茨的内在关系命题也相似，所以罗素等人将他们称为“内在关系论者”。但事实上，他们不仅反对内在关系，也反对外在关系。他们是在绝对论的立场上认为任何独立的关系都不存在。在新黑格尔主义阵营的关系理论中，布拉德雷和鲍桑葵的关系理论最具代表性。

第一节　布拉德雷：关系是现象，非实在

对于布拉德雷来说，关系理论极为重要。他在《现象与实在》的“关系与性质”一章结尾处说：“读过并且领会了这一章原则的读者，基本上没有必要花时间去读以后的章节了，他将会发现我们的经验只要是关系性的就不是真的；他就可以无须逐一论证就可以判定他们只是一大堆现象。”① 直到他逝世前，他还

① F. H. Bradley: *Appearance and Reality*, Oxford, 1955, p. 29.

在反复地思考关系的问题，并为我们留下了《论关系》的遗稿。

正是这个原因，他的关系理论得到了学术界的普遍重视，对他的关系理论的理解一直以来都是学术界研究的热点问题。① 不过，目前对他的关系理论的研究有一个共同的问题，许多研究者仅仅就《现象与实在》第三章“关系与性质”来谈论他的关系思想。这样，他们就将他的关系理论与他的逻辑哲学及其形而上学思想割裂开来。本书试图从他对亚里士多德主义形而上学传统的批判以及19世纪末哲学转型的角度考察其关系理论的哲学意义。我们先介绍他对传统以主谓判断为核心的形而上学的批判和对语言的本性全新的理解；然后介绍他各个时期的关系思想。

一、对以主谓判断核心的旧逻辑的批判

我们知道，黑格尔虽然在《逻辑学》中提出了一种与形式逻辑不同的辩证逻辑，但是，他并没有要求抛弃旧的形式逻辑，他只是要求人们不要把形式逻辑的体系看作僵死的形式；而洛采的《逻辑学》虽然提出了判断不能还原为概念，思想是由判断而非由概念构成的，但是洛采在展开逻辑学的论述时，他还是将概念置于判断之前；并且他根据语法原则，将语法中的三种基本

① 除了本书将提到的Ewing，Russell，James，C. D. Broad，R. Horstmann等重要哲学家以外，重要的研究者和作品有：（1）Ralph W. Church：“Bradley on Relations”，*The Philosophical Review*，Vol. 46，No. 3，May，1937，p. 314 – 321；（2）Ralph W. Church：“Bradley's Theory of Relations and the Law of Identity”，*The Philosophical Review*，Vol. 51，No. 1，Jan，1942，p. 26 – 46；（3）N. G. Kulkarni，“Bradley’s Anti – Relational Argument”，*The Philosophical Quarterly*，Vol. 7，No. 27，April，1957，p. 97 – 108.（4）C. A. Campbell：“Bradley’s Anti – Relational Argument A Reply to Mr. Kulkarni”，*The Philosophical Quarterly*，Vol. 8，No. 30，Jan.，1958，p. 54 – 62.（5）Richard Gaskin，“Bradley’s Regress，The Copula and the Unity of the Proposition”，The Philosophical Quarterly，Vol. 45，No. 179，April.，1995，p. 161 – 180。

范畴，即名词、形容词和动词，与逻辑三个基本范畴，即对象、概念和关系，一一对应起来。这说明这些哲学家没有完全摆脱旧逻辑约束。

布拉德雷对传统形式逻辑的第一个突破表现在将判断提升为逻辑学的核心，彻底否定传统逻辑学中要求将词项（或者概念）分析作为逻辑学出发点的做法。他的纯粹逻辑只有判断理论和推理理论，而推理理论只是被认为是判断理论的一种扩展，传统的词项（或者概念）分析没有独立的意义，它只有在判断理论中才有意义。布拉德雷的逻辑学是从判断理论开始的，但是这种“开始”不是黑格尔等古代哲学的“开始”，这种“开始”并没有神秘的和本质的意义。“不可能在我们研究逻辑之前，先知道我们的研究应该从什么地方开始。即使等到研究完了之后，也许还不能确定。公认的次序是没有的，所以现在从判断说起，用不着作什么解释。”① 按照他的融贯论的真理观，这种“任意的次序”本身并不能说明什么，因为“我们现在要说明的一般理论，都要靠着以下各章的证明”。②

判断是命题的本质，判断中任何词语只有联系到整个判断才具有意义，独立的词语都没有意义。布拉德雷这种思想的根据就是他对观念的理解和判断与观念关系的理解。关于观念的本性，布拉德雷认为，建立于判断的观念必定是符号化的观念，而符号化观念的核心就是意义，意义构成判断。任何事物都有“存在”的方面和“内容”的方面，纯粹的观念是外界事物的标记。但是作为通过符号固定下来的观念不同，它除了这两方面以外，它还具有“指谓”或者说“意义”的方面。符号的“意义”因素

① 布拉德雷：《逻辑原理》，庆泽彭译，商务印书馆，1959 年，p. 1。
② 布拉德雷：《逻辑原理》，庆泽彭译，商务印书馆，1959 年，p. 1。

虽然最初来自内容，但是一旦形成就比存在和内容更加重要，甚至我们可以说，“观念即是意义，而完全排除存在和不重要的内容”①。他又说：“一种观念，当它代表某种意义而为我们所利用的时候，便既不是自那一方面所给予，也不是当下呈现，而是我们所选择采用。它不能如此存在着，它不可能是在空间和时间里有一定地位的事件。它既不是我们头脑里面的事实，也不是我们头脑外面的事实。就观念本身来说，它只是一个没有着落的形容词、暂时依附的寄生物、游离无定在寻找归宿的精灵，离开具体的抽象、近乎是一种可能性而自体不是任何东西，亦即是无。”②

布拉德雷的这种观点直接针对英国的哲学心理学，因为哲学心理学将观念当作成为一种心理事实，而不是当作成为符号、一种意指的符号。“我们一直没有看到，在判断中，任何事实从来不是它自己所指谓的东西，或表示他本来的面目；我们一直没有学习到，凡有是非真伪的地方，我们所使用的都只是这些事实的意指，而不是它的存在。我们决不描述我们头脑里面的事实，而是这个事实另外所表示的东西。”③

布拉德雷关于观念意义的思想间接地针对亚里士多德主义传统。他明确地说：“它（即‘观念’——笔者注）既然不是属于某个存在的观念，故无论自己怎样千真万确，它的内容仍然只是‘近于观念’。它和我们所指谓的实在比起来，整个的不过是无。”④ 他反复强调：“从逻辑学的观点来看，观念就是符号，没有任何别的用处。”⑤

① 布拉德雷：《逻辑原理》，庆泽彭译，商务印书馆，1959 年，p. 6。

② 布拉德雷：《逻辑原理》，庆泽彭译，商务印书馆，1959 年，p. 8。

③ 布拉德雷：《逻辑原理》，庆泽彭译，商务印书馆，1959 年，p. 2。

④ 布拉德雷：《逻辑原理》，庆泽彭译，商务印书馆，1959 年，p. 3。

⑤ 布拉德雷：《逻辑原理》，庆泽彭译，商务印书馆，1959 年，p. 3。

在布拉德雷看来，亚里士多德强调词项与事物之间直接对应，哲学心理学认为词项与心灵观念直接对应，二者是将符号化的观念与一种事实对应起来，都没有看到在语言和判断中符号表示的是“意义”。英国的哲学心理学虽然要求词项对应于心理观念，不是直接对应于外界实在，但是，哲学心理学只是设立了一个间接的环节，这样做的后果只是设定了内部与外部两个事实世界的一个鸿沟，而这种事实正如黑格尔在逻辑学中所强调的一样，只是将这两个事实世界都设定为“已经存在”了的本质。

关于判断与观念的关系，布拉德雷认为，虽然判断奠基于观念，但是不能认为判断是观念“构成”的，或者在一个判断中包含了几个观念，然后判断将它们综合起来。布拉德雷明确地认为：“我们可以说一切的判断都只有一个观念。”[①]。布拉德雷反对洛克、康德等近代哲学家将判断理解为心灵综合的结果。事实上洛克等将判断看作为两个观念的结合的观点来源于更加古老的传统，甚至于来源于柏拉图的《泰阿泰德篇》中“知识就是判断”的观点。

布拉德雷举了“狼吃羊”的例子：“举一个简单的例子，我们有一个狼的观念，我们可以称之为一个观念。我们再想象狼吃小羊，这就有了两个观念，或者三个甚至更多的观念也行。但这是不是表明给予的景象就不是一个整体了呢？根本不是。因为各种区别以及我们通常当做属性的组合，都存在于整体之中。假如从这个角度来看，否定互相融合的每一个观念的单一性，势必承认狼的观念自身也非‘一’。它乃是许多性质的组合，我们也会发现没有一个观念。那么，我们只能选择下面两句话当中的一句，或者说，没有单一的观念，除非属于极简单的性质，以致没

① 布拉德雷：《逻辑原理》，庆泽彭译，商务印书馆，1959 年，p. 13。

有任何可以辨别的特色，这等于说没有观念；或者说，我们的心智从整体上加以把握的任何一个内容，不管大小，也不管简单复杂如何，都是一个观念，所以它变化万千的关系，都涵融于统一之中。”① 布拉德雷试图通过这样一个例子说明：作为纯粹的想象，人们当然可以认为有独立的事物和事物之间的关系，但是，作为一种呈现于人们面前的景象，它确实是一个整体。判断中通常所说的关系，如例子中狼和羊的关系，根本不是心理事实之间的关系，它只能存在于这个整体之中。判断之中，各个词项具有的意义只有在判断的整体中才成立，没有这个整体，这些词项的意义都像前面说过的那样只是一种找不到归宿的“游离无定的精灵”，他们在整体中具有的那些意义都会全部失效。

布拉德雷关于判断只有一个观念的思想也反对亚里士多德传统。亚里士多德主义的哲学家认为判断就是将谓词归于主词的观点。按照布拉德雷的看法，真正的主词并不是语法中的主词，而是实在。但是因为判断总是观念性的、一般的，而事实总是个别的、自在的，二者之间虽然有一种指称的联系，但是这种指称只能是假设性的。所以，一切判断在本质上都只是假言判断。布拉德雷认为任何真正的判断都必定对某种事实或者实在有所说明，否则，那就不是判断，而是空话。而判断也必定有真假，这种真假也是针对具体的事实和实在而言的。虽然不能断言判断是否一定与事实相吻合，但是真正的判断至少与事实相关。

我们通常所说的 S – P 形式的判断都与某个实在 x 相关。布拉德雷通过“不存在悖论”的例子，如“方的圆不存在”“没有鬼”“这种思想是幻觉”等等②，说明语法中的主词不能作为真

---

① 布拉德雷：《逻辑原理》，庆泽彭译，商务印书馆，1959 年，p. 13。

② 布拉德雷：《逻辑原理》，庆泽彭译，商务印书馆，1959 年，p. 46。

正的主词，将 S - P 结构作为形而上学的分析是不合法的，但是这些句子都与实在相关，他们的真正主词只能是实在。上述三个例子，应该改写为“空间的本性排斥方和圆的结合”“这个世界不容许鬼的存在”和“我有一个观念，但是它的意义与它的实在不相吻合”。在这些例子中，我们可以发现，判断的谓词针对的是实在，而不一定是语法中的主词，be 作为谓词中的系词仍然表示的是“存在”。“无论什么地方，我们使用谓词有所说明，总必有关存在于判断之外的某种东西，这种东西（无论其属何种类型）是实在的，或在我们的头脑里边或在我们的头脑外边。由此我们认定‘是’这一字除表示‘存在’外，不能有别的意思。”①

布拉德雷认为，我们在认识到判断总与某种实在相关联的性质时，还必须认识到没有一个判断能够充分地实现对实在的陈述。因为观念与实在的本性不一致，观念是普遍的，是符号化了的它只能作为形容词使用；而实在总是个别的，它自在的存在。所以判断中观念关系的整体肯定不同于实在的整体，判断只能是假言判断。布拉德雷的这一主张与赫尔巴特完全一致。“直言判断便是作出一个对实在的断言，肯定或者否定某种事实。但没有一个判断真能做到这一步，归根到底，一切判断都不过是假设的。它们的真实性是建立在一个假定之上。我说 S - P，这个意思并不是说 S，也不是说 P，也不是说二者的综合是实在的。我所说的根本不是任何事实上的结合。S - P 的真理所意味的是，如果我假定了 S，在这种情况下，我就必得断定 S - P。由此而论，一切判断都是假言判断。”②

① 布拉德雷：《逻辑原理》，庆泽彭译，商务印书馆，1959 年，p. 46 - 47。
② 布拉德雷：《逻辑原理》，庆泽彭译，商务印书馆，1959 年，p. 48。

布拉德雷的这种工作基本上是与弗雷格同时完成的，布拉德雷对形式逻辑的批判与弗雷格的工作有相似之处。经过他们的批判，亚里士多德主义传统以主谓判断为核心的形而上学大厦就从根基处已经动摇了。

二、《现象与实在》：性质与关系不可截然区分

《现象与实在》是布拉德雷表述关系思想的著名文献，该书第三章“关系与实在”和附录的“关系与性质”中对关系问题进行了专门阐述。许多学者对布拉德雷的关系思想的论述就是依据这两部分的内容。但是我们认为，只有将这两部分放在该书的整体体系中，我们才能有完整的认识。进一步说，只有将该书的思想与《逻辑原理》联系起来，我们才能理解他的真正理论意图。《现象与实在》第三章“关系与性质”是对第二章“实体与性质”的具体说明；而“实体与性质”一章则是《逻辑原理》的判断学说的延续，是继续对亚里士多德主义传统将主谓判断为核心的形而上学的批判，它证明了在主谓判断的范式下，无论是坚持内在关系理论还是外在关系理论，命题都自相矛盾。所以，为了了解布拉德雷的关系思想，我们必须了解“实体与属性”一章的内容。

（一）“实体与属性”：无论是外在关系理论还是内在关系理论，独立的实体和属性都不可能构成对象实在

《现象与实在》的第一章“第一性质与第二性质”批判了自德谟克利特到伽利略、洛克关于性质的客观性学说，指出了独立的性质，不管是第一性质还是第二性质，都不是客观的，都只是主观现象。“实体与属性”一章承接《逻辑原理》中的对主谓判断的批判，认为实体与属性之间的区分是错误的。布拉德雷批判的出发点是“being”同一性的理论，他认为，如果将主谓判断

的命题分解为主词与谓词，把对象分解为实体与属性，那么无论单个的属性表示实体，还是通过关系——不管是通过内在关系，还是通过外在关系——联结的众多属性的总和构成实体，它们都是不可能的。

布拉德雷用“糖”与“甜的”关系的例子说明单个的性质不可能表述实体。在“糖是甜的”的判断中，如果“甜的”就是“甜的”，而不意味“糖”，“糖”也如此，那么我们就只能说“糖是糖”“甜的就是甜的”，“糖不是甜”。这与我们要得到的“糖是甜的”命题相矛盾。相反，如果我们说“甜的”意指“糖”，那么“糖是甜的”的含义就是“糖是糖”。显而易见，这只是一句重复的空话。所以，如果单个属性表示实体，那么我们就不可能理解系词“be”。

如果人们不考虑单个性质，而从多个性质的角度去理解实体，那么这也不会成功。很多哲学家认为，性质存在于关系之中，这些存在于关系之中的性质就构成实体。布拉德雷和黑格尔一样认为，S－P 判断中的“be”在关系判断中可以变成“have”，但布拉德雷认为“have”的转化处理方案并不能彻底否定形而上学传统中的“be”，因为这种“have”的改写方案将性质形容词变成名词，让谓词成为主词，并且我们用“存在于与其他性质相关的关系中”（is in relation with another qualities）规定它，它仍然不能摆脱形而上学的“存在”（“is”）概念。我们仍然要追问这个“is”所表达出来的 S－P 形式的新规定究竟意味着什么，这样，我们又回到了实体与属性之间 S－P 判断关系，因为很显然关系并不能等同于事物。这是将关系理解为某个性质的内在关系是必然碰到的难题。不过，即使将关系理解为两个或者多个性质共同拥有的内在关系，这个问题同样存在。虽然我们将实体理解为具有共同内在关系的种种性质，原来表示实体存在的"is"就被"are"取代了，但是"be"本身并不会取消，问题仍然存在。

如果我们将关系理解为外在关系，关系本身具有独立性，布拉德雷认为，这样就必然出现中世纪关系理论中经常讨论的穆塔伽林学派"无限倒退"的问题。布拉德雷的论证方法基本上与前面提到的哈克莱的观点一致，在此不重复讨论。我们应该注意，他在论述这种"无限后退"问题时主要强调的是，如果将关系看作独立的实在，关系谓词不能完成系词"be"应该完成的功能。所以将性质之间的关系确定为外在关系，这也不能解决实体与性质之间的关系问题，独立的实体和独立的性质不存在。

这样，布拉德雷认为："有人力图将事物分解为属性，而每一个属性都是一种实在的事物，它们由独立的关系联结起来，现在已经证明这种努力明显失败了。当我们反思时，我们也不得不看到那种独立于关系项的关系是一个幻觉。"由于这个原因，人们一般都会转向内在关系论，这种观点认为："这种关系如果是实在的，那么它要么必须牺牲关系项，要么必须是出现在关系项中的某种东西，或者属于关系项的某种东西。A 与 B 之间的某种关系暗示着在实在上存在着一种实体性的基础。"① 布拉德雷用赞许的语气论述这种观点，这是许多哲学家称布拉德雷为内在关系论的拥护者的主要根据。这种内在关系论坚持对实体与性质的辩证理解，它认为不同的性质能够形成一个整体，在内在关系中，这些不同的性质之间不会发生冲突，当它们之间不能建立一种关系时，它们的矛盾就立刻产生出来。如在实在上，颜色和气味能够在一个整体中和平共处，也能在自身中实现二者的区分，这样我们可以在这两种不同性质之间建立差异的同一关系。但是

① F. H. Bradley: *Appearance and Reality*, Oxford, 1955, p. 18.

在一种颜色和另一种颜色之间就不能建立这种差异的同一关系，它们要表达实体的同一性的关系就失败了。布拉德雷认为这种辩证法的方案是比前面所说的关系学说更好的方案。

但是布拉德雷并不认为这种内在关系论的思想就是正确的。他的理由是，我们虽然被迫安置了这些事物，但是它却不能说明这种安置的合理性。布拉德雷对照这种内在关系论和前面所说的外在关系理论，说道："因为矛盾的本性，我说了上面这些思想。但是它解决不了任何内在性问题。它告诉我们，我们如何被迫按照一定的方式安置了事物，但是它没有证明这些安置是合理的。事物允许其性质凭自身而实存，事物本身就消失于这些性质的关系中，这样事物它就避开了矛盾。但这是通过自杀的方式来避免的矛盾。"① 在布拉德雷看来，直接的同一性先是被经验，后是被反思，通过反思事物和它们的性质都获得了多样性和一致性。事物中的各种差别都只是基于我们看待它们的方式的差异，它在性质方面和实体方面的差异都只是我们的观点而已。布拉德雷的这种观点与黑格尔强调的"本质论"属于"反思"领域的思想是一致的。

（二）"关系与性质"：绝对的区分关系与性质必然导致矛盾

《现在与实在》的"关系与性质"继续讨论关系的两难问题。它表明，反思将各种既定事实理解为关系和性质，这种反思虽然在实践上有一定的好处，但是在理论上这种区分很不合理。布拉德雷对关系的分析由以下步骤组成：一是论证质——无论是有关系的质，还是没有关系的质——是不理智的；二是论证关系——无论有质、有关系项的关系，还是没有质、没有关系项的关系——是不理智的。

① F. H. Bradley: *Appearance and Reality*, Oxford, 1955, p. 19.

布拉德雷认为，如果没有两个以上的质，思维就不能认识一个单独的质；如果有两个或两个以上的质，就必定存在这些质之间的关系，这样，认识必定是对有关系的质的认识；有关系的质不是统一的质，所以对统一体的质的认识而言，有关系的质是不可接受的。他利用了上述论证，证明没有关系的质也是不可理解的。他认为，一个统一的质如果存在，就必须与另一个相联系，故对于没有两个或者两个以上的质的事物而言，它只能转向自身，将自身分成两个不同的部分，在这些部分的联系中认识它的存在，这样它自身的同一性便消失了，而变成两个内部的质的外在关系。内部关系也会出现类似前面外在关系的认识中无限循环问题。因此，事物有关系和没关系的性质都是不可接受的。

布拉德雷认为，没有关系项的关系是不可想象的。一方面，任何东西不可能由没有关系项的关系构成，没有关系项的关系正如没有意义的词，只是虚假的抽象，所以没有关系项的关系是不可能的。另一方面，关系项也不可能有关系。布拉德雷的论证很简单：如果关系项 A 和 B 有某种关系 r，那么可以肯定 r 与 A 之间也有关系。因为如果 r 与 A 之间没有关系，那么就不能说 A 和 B 有关系 r 了。但是这样就出现了无限循环，因为 r 与 A 之间的关系还有 r′、r″等等，这是穆塔伽林学派关系无限后退思想的另一种形式。

布拉德雷总结说：“我要得到的结论是关系的思维方式——只要是由词项和关系推动的——都只能给出现象，而不能给出真理。它只是权宜之计，只是一种策略，一种单纯的实践上的妥协，虽然是非常必要的，但终究是不成立的。”①

① F. H. Bradley: *Appearance and Reality*, Oxford, 1955, p. 28.

（三）附录的“关系与性质”：“关系与性质不可分离存在”思想的系统阐述

上一小节内容从“破”的角度说明“关系”与“性质”不可分离而存在，而在附录的“关系与性质”中，布拉德雷是从“立”的角度说明“性质”与“关系”不可分离存在。对关系与性质不可分离而存在的事实，布拉德雷考虑了如下四个问题：“(1) 性质是否可能独立于某个整体而实存？(2) 它们是否能独立于关系而实存？(3) 是不是哪里有了新的关系，哪里就会产生新的性质或者改变旧的性质？或者说它们是否仅仅拥有外在关系？(4) 是不是说和在什么意义上说，只要有同一性的地方，我们就有权利谈论关系？”①

对于问题 (1) 和 (2)，布拉德雷在《逻辑原理》中通过符号意义的讨论得出了否定的答案。在《现象与实在》的附录中，布拉德雷通过对“抽象”的分析得到了同样的答案。经过对整体某些方面的忽视，某个简单经验从整体中抽象出来，由此就形成了性质和关系的观念。传统形而上学的问题是将这种抽象出来的观念看作固定不变的“个体”观念，而忽视了这些抽象观念的实在整体。所以，我们不能将性质和关系绝对化，各种不同的性质和关系都不可能独立存在。“除了被包含于整体之内并规定该整体，它们就不能给出。而它们的独立性仅仅在于我们错误的抽象。当我们推移到关系的阶段时，多样性也依然是统一体的不可分割的属性，因为关系自身只在一个潜在统一体内部和作为这个统一体的属性而存在。被分解为关系和关系项的整体有可能沉落为背景而变得模糊起来，但它却绝不可能被驱散，倘若它

① F. H. Bradley: *Appearance and Reality*, Oxford, 1955, p. 512. 参见张世英主编：《新黑格尔主义论著选辑》（上卷），商务印书馆，1997 年，p. 211。

被驱散了，则关系和关系项都将随之消失。”①

问题（3）也是外在关系理论和内在关系理论争论的焦点。外在关系论认为，如果我们将关系项 A、B、C 置于不同的关系 X、Y、Z 中，它们总会不变，仍然是 A、B 和 C。如，两个人甲和乙，甲开始的时候生活在乙的北面，后来生活在乙的南面，但在先后两种关系中，甲和乙两人的性格都不会因此而发生改变，所以关系相对于关系项而言是外在的，关系项是独立于关系的。布拉德雷坚决反对这种外在关系观点：“我不同意有任何关系能够纯粹是外在的和不影响它的关系项。”② 布拉德雷认为，各种性质，如上面所说的 A、B 和 C 等，都由于区分而呈现出来，由于抽象作用它们呈现为独立性质。在局部改变过程中，任何事物都可以保留部分原来的性质。所以在抽象的过程中，这个事物仍然可以被视为同一事物，尽管它随着关系的变化发生了某种变化。

在布拉德雷看来，外在关系理论认为关系不影响关系项，那么它就根本不能说明为什么关系可以成为一个谓词来规定关系项。“据说这种关系丝毫不影响其关系项。但是，如果这样，它影响什么呢？所谓关系项被它规定是什么意思呢？简而言之，如果它对于关系项是外在的，它如何可能适用于关系项？换一个角度说，如果我们只是制造出这种结论，这结论是真实的吗？但如果关系项不自其内部本性进入关系，那么，就它们所涉及的范围而言，它们之间被关联似乎是毫无理由的，关系似乎是被武断地

---

① F. H. Bradley：Appearance and Reality，Oxford，1955，p. 512. 参见张世英主编：《新黑格尔主义论著选辑》（上卷），商务印书馆，1997 年，p. 211。

② F. H. Bradley：Appearance and Reality，Oxford，1955，p. 513. 参见张世英主编：《新黑格尔主义论著选辑》（上卷），商务印书馆，1997 年，p. 212。

制造出来的。”[①] 布拉德雷认为关系判断总会有真假，如果这些关系判断中的关系是外在关系，那么这种关系判断的真假就只是涉及主观判断的真假，而涉及实在，那么这种判断的真理就是人为制造出来的。关系要能够作为一种规定，要在“be in the relations with”的谓词中能够与“be”连用，那么它就必须与关系项的存在本身有着必然的联系，而不是偶然的联系，它必须有某种“理由”，否则这种关系判断就是武断的。

布拉德雷认为关系能够作为一种规定是因为实在的整体，只是在抽象的表达中，这种实在的整体作为整个判断的背景而被人忽视罢了。“任何那样的不合理性和外在性绝不可能是关于事物的最后真理。这种和那种事物一起出现，总得有某种原因。而这种原因和实在性必定存在于整体之中，关系和关系项就是从这个整体中抽象出来的。关系和关系项之间必定有着内在的关联存在于这个整体中，从这个整体展现的背景中出现的新结果，不可能从抽象的关系与关系项中产生出来。简而言之，纯粹的外在性被当作实在只是由于我们的无知，除非将它当作事实的不一贯的方面，否则，我们在任何地方都要找到它的实在性都是不可能的。”[②]

由此可见，布拉德雷对外在关系的否定主要还是反对将整体中抽象出来的观念绝对化。事实上，他并不反对这些抽象，他只是认为不能将这种抽象绝对化而已。他说：“在任何意义上我也

---

① F. H. Bradley: *Appearance and Reality*, Oxford, 1955, p. 514. 参见张世英主编：《新黑格尔主义论著选辑》（上卷），商务印书馆，1997 年，p. 214。

② F. H. Bradley: *Appearance and Reality*, Oxford, 1955, p. 517. 参见张世英主编：《新黑格尔主义论著选辑》（上卷），商务印书馆，1997 年，p. 216 - 217。

不能承认一个纯粹抽象和一个固定不动的不连贯性为绝对的事实。”①

针对黑格尔等所讨论过的作为纯粹反思性的关系，它们由比较而得到的关系。很多人认为这些关系是由于比较产生，它们当然不涉及实在本身，所以，它们是外在的。布拉德雷认为，事实上心理上的比较行为也构成了另一个事实，这些包括心理在内的事实整体同样规定着这些关系。“我必须坚持说，在各自分别的情况下，这些事项各自将它们的整体所规定；而在第二种情况下，有了一个在逻辑上和在心理上都不同于第一种整体的整体。我认为，就其参与作用于这种改变来说，关系项自身也改变了。它们是改变了，虽然就某种抽象的质来说它们仍然是相同的。”②布拉德雷用“两个红头发的人在红头发一点上是相似的”的例子说明表面上完全外在关系的两个人之间，实际上也有内在关系，因为如果有人要将所有红头发的人全部杀掉，那么他们之间的内在关系就显示出来了。

布拉德雷的结论很简单：“就整体和最终意义而言，任何东西都不可能是外在的。一切少于宇宙的事物（everything less than the Universe）都是这个整体的抽象——某种或多或少虚空的抽象，越虚空者越少自身独立性（the more empty the less self - dependent）。关系和性质是抽象，它们的存在总是依赖一个整体，一个它们未充分表现出来的整体，这个整体总是或多或少余留于

① F. H. Bradley：*Appearance and Reality*, Oxford, 1955, p. 518. 参见张世英主编：《新黑格尔主义论著选辑》（上卷），商务印书馆，1997 年，p. 218。

② F. H. Bradley：*Appearance and Reality*, Oxford, 1955, p. 519. 参见张世英主编：《新黑格尔主义论著选辑》（上卷），商务印书馆，1997 年，p. 219。

背景中。”[1]

对于问题（4），即同一与差异是否是关系的问题。“差异”可以看作是“同一”的否定，在很多人看来，“相似”关系也可以归为部分的“相同”关系，同一和差异是否是关系的问题最终可以归结为“同一”是否是关系的问题。在前面哈克莱的讨论中我们已经讨论到有的哲学家并不认为同一和差异是关系的观点，在黑格尔的逻辑学中，“同一”和“差异”属于内在反思的范围。布拉德雷也将同一关系当作反思关系的核心。

他对“同一是否是关系”问题的讨论与对整体观念发展过程的讨论结合在一起。“这个问题可简单地用几句话解决如下：同一性必然被视为有几个不同的发展阶段，在某阶段任何同一性都不是关系，在较高的阶段则所有的同一性都是关系。因为在绝对中最高阶段已实现，所以我们可以在适当的地方将同一性看作已然是一种关系，虽然实际上对于我们来说它并不是关系。”[2]

布拉德雷明确地将整体区分为“低于关系的阶段”“关系的阶段”和“高于关系的绝对完满的阶段”。在低于关系的阶段，同一性只是一种事实，它既是感觉多样性的一个方面，也是超出与感觉多样性的一个方面，它并不是事物的一个独立属性。在这个阶段，多样性依赖于整体，并且作为整体的属性而存在，在这个整体中，相同点是某种同一性和在差异中实现的普遍性，差异通过普遍性而成为相同性。[3]

---

① F. H. Bradley: *Appearance and Reality*, Oxford, 1955, p. 521. 参见张世英主编：《新黑格尔主义论著选辑》（上卷），商务印书馆，1997 年，p. 221。

② F. H. Bradley: *Appearance and Reality*, Oxford, 1955, p. 522. 参见张世英主编：《新黑格尔主义论著选辑》（上卷），商务印书馆，1997 年，p. 222。

③ F. H. Bradley: *Appearance and Reality*, Oxford, 1955, p. 522. 参见张世英主编：《新黑格尔主义论著选辑》（上卷），商务印书馆，1997 年，p. 222。

“关系阶段”的同一性是从“低于关系阶段”的同一性到“高于关系阶段”的同一性的一个过渡阶段，这个过渡性的阶段对于实现绝对整体的“超关系阶段”有着关键性的意义。针对“关系阶段”和“超关系阶段”的同一性，布拉德雷有一段具有普遍性意义的话，它基本上反映了布拉德雷关系思想的核心内容。我们将它完整地引述如下：“我们已经看到，所有关系都是潜在统一性的不充分的表现。关系阶段是直接性整体的某种不完全和未完成的发展。但是，另一方面它是真实的发展，是向前迈进的一步，是迈向高于关系之完满性的必要的一步。这完满性废弃了关系然而又包含了关系。因此，在绝对中，在一切都完满的地方，我们应当认为：一切发展都达到了它的终点——无论这个终点可能是什么，也无论我们是在什么意义上说达到了它。一切进展的终点可以认作在实在中已经达到，可认作是现在而且现实的。我的意思不是说，所有直接的相同性必定毫无例外地通过关系意识。但是任何相同性都毫无例外地只在整体中达到它的真理和最终实在，这种整体超越了关系，并且实现了关系所企图实现的一切。大体上说，关系是自不完善进展到完善的必由之路。因此，所有的相同性不仅可能而且必须成为关系，或者至少必须在相同的结果中和相同的原则上才能实现。这种实现必将使它完善，假若它已经通过了关系的统一。而在绝对中，我认为必定是：凡有同一性之处，我们就可谈论某种关系——当然，我们须清楚是在何种意义上谈论。”① 在这个意义上，我们将关系作为一种规定，将它作为谓词来表达实在，这是有积极意义的。虽然这些关系是我们的思维抽象或者说制造的结果，但是这种思维的

---

① F. H. Bradley：*Appearance and Reality*，Oxford，1955，p. 522 - 23. 参见张世英主编：《新黑格尔主义论著选辑》（上卷），商务印书馆，1997 年，p. 223。

抽象和制造过程对于事物的发展具有相当重要的意义，甚至它就是事物的实在的本质。正是由于人类的思维活动，自在自然才转化为人化自然、自在世界才转化为人类世界。

三、遗稿《论关系》：关系不能构成事实

《现象与实在》包含了布拉德雷关系理论的核心内容，而其遗稿《论关系》则是对关系问题作出的全面总结。

《论关系》是布拉德雷应《心灵》杂志约稿而写的，但是文章没有完成，他就去世了。这个遗稿原来计划分为两个部分，第一个部分数易其稿，比较完善；第二个部分甚至连一个提纲也没有写出来。我们能够讨论的只是第一部分。这部分的结论与《现象与实在》完全一致，它们说明的都是："关系只是潜在统一性的不完善的发展。关系阶段是直接性整体的某种不完全的和未完成的发展。但是，另一方面它是真实的发展，是向前迈进的一步，是迈向高于关系之完满性的必要的一步。"但它们的论证角度不相同，《现象与实在》主要是从存在论角度讨论命题是否可以被绝对区分为实体与属性，以及属性是否可以被绝对区分为性质与关系的问题，而遗稿《论关系》则是直接讨论关系经验认识的三个阶段的不同特点，最后认为"关系阶段"是向着"超关系阶段"的过渡性阶段，它是从认识论的角度讨论关系问题。

遗稿《论关系》中，"经验"是全文的主线。他将经验区分为三个阶段，即"低于关系的经验"（infra - relational experience）（也称之为"直接经验"）、"关系经验"（relational experience）和"非关系经验"（no relational experience）。[①] 他在论述

① 参见 F. H. Bradley：*Collected Essays*，Oxford，1935，p. 630.

这三种形态的经验过程中事实上也就是论述关系的三种形态，不过在比较严格的意义上所强调的“关系”只是在“关系经验”中的关系。

（一）低于关系的经验是指多样性无须关系而直接统一的经验

“低于关系的经验”是人在反思之前的经验，这种直接经验是整个宇宙的基础和条件。[①] 布拉德雷也用“感受”（feeling）一词来称呼它。“我用‘感受’一词表示相同和相异为一的经验样式，在这种经验中一和多是非关系性的，并且是被直接意识到的。”[②] 例如，广延和颜色，它们不是作为一种关系给予我们，它们二者就是一个东西，或者说在一个东西里面。它们不是作为“给定”（given）的东西而彼此用关系联系起来，而是它们本身就是一、也是多。在关系经验中被表达为“绿色的圆形的树叶”，在原始的经验中红色、圆形和树叶并不是三种给定的相互独立的要素，三者就是一个东西，都是“这一个”。又如“这一个”“此时”和“我的”三者的内容也是直接统一的。另外，在这种直接经验中，不仅感知是一个非关系的统一体，而且情感等因素也是非关系的统一体。“将感知——比如说，绿色树叶的感知——当作由一个或多个关系组成的统一体，在我看来是明显与事实相悖。当我打探某些审美的经验，或者无论何种情感的经验时，在我看来非常明显会有同样的结果。试图否认情感是一个整体，或者将它仅仅当作有某种关系或者一些关系组成，我不得不认为这种看法实在是非常怪异。”[③]

布拉德雷的这种直接经验的思想并不是来源于英国传统经验

① F. H. Bradley：*Collected Essays*, Oxford, 1935, p. 634.

② F. H. Bradley：*Collected Essays*, Oxford, 1935, p. 631.

③ F. H. Bradley：*Collected Essays*, Oxford, 1935, p. 633.

论，而是来源于黑格尔的“感性确定性”思想和英国浪漫主义哲学中的“感性”思想。通过对直接经验的阐述，布拉德雷否定了英国哲学心理学将心灵能动活动作为经验统一性的原因的看法。在布拉德雷看来，将经验的统一性作为关系联结结果的看法只是“关系的经验”的看法。

（二）关系性经验是指多样性经过关系而间接统一的经验

直接经验是非常“空洞的”，人们只是反复强调它是多样性的同一性，除此以外，不能有更多理解，这无疑不能满足理智需要。理智使直接性经验转变为关系性经验，在关系性经验中，经验仍然寻求多样性的统一。经验的各个要素不能相互规定，经验的多样性（diversity）硬化（harden）成为多元性（plurality），每一个经验都成为拥有自己存在和特质的个体性，从而相互独立。①

与《现象与实在》一样，遗稿《论关系》也认为关系经验自相矛盾，只能是现象，而不能是真理。他从三个方面对此进行证明，（1）关系既是人们通常称之为关系性事态（situation）的整体，又不是关系性事态整体，故自相矛盾；（2）每一个关系既规定它的关系项，又不规定它的关系项；同时，它既被关系项规定又不被它的关系项规定，故自相矛盾；（3）关系既不是内在的也不是外在的。三个证明中的第二个和第三个证明的主要理由，我们在《现象与实在》的讨论中已有讨论，所以我们不重点介绍。布拉德雷在这两个论证主要是强调关系和关系项是一种抽象，都成了某种既定的个体性的东西，如果将它们作为一种真理的话，它们就会导致无限后退的问题，所以它们必然不能相互规定。通过这些论证，布拉德雷事实上就是要证明亚里士多德主

---

① F. H. Bradley: *Collected Essays*, Oxford, 1935, p. 634.

义传统中通常强调的号数的同一性（numerical identity）只是一种抽象。在布拉德雷看来，“仅仅是号数的相同性和多样性只是一种抽象，这种抽象只能就其有用性而被认可。”①

布拉德雷将关系与关系性事态的整体联系起来，认为“关系既是整个关系性事态，又不是整个关系性事态，故自相矛盾”。毫无疑问，这个论证是布拉德雷晚年根据他与分析哲学家以及亚历山大等人的争论而补充的新论证。

他的论证过程是这样的。如果作为经验到的关系是现实的、它必定不仅仅是一种抽象，而必定是一个个体的或者特定的事实。而经验中的关系性事态一定是一个有部分的整体。但是，单纯的关系项或者关系项之间的联结形式都不是整体。所以，关系项或者它们之间的联结，或者仅仅是关系项和它们之间的联结的总和，都不是现实的关系。我们称之为现实的关系就是指这个关系事实的整体，它正是关系项或者关系或者二者的连接所缺少的。但是，这个结论是不可能的。因为关系不是关系项，它只是存在于关系项之间。尽管关系项可以进入关系，但是如果它们在关系之外什么也不是，那么它们就不是关系项，它就不是绝对的性质了，因为关系项就意味着它自身是个体的或者特殊的东西。关系性的事态或者事实是一个整体，没有这个整体，关系也就不成为关系了。但是这个整体不能被它的部分规定。事实整体成为关系性的事实时，关系只能是整个事态的部分。正像关系项一样，关系只能是一个部分，而不可能是一个整体。所以，关系既作为整体又不作为整体，二者自相矛盾。

然而，我们认为，布拉德雷补充的这个论证如果是针对分析哲学的话，这个论证虽然与分析哲学一样瓦解了传统的关系观

① F. H. Bradley：*Collected Essays*，Oxford，1935，p. 640.

念，但是他对分析哲学的理解却是片面的，他没有认识到分析哲学的关系实在性与传统哲学中的关系概念已经完全不同。分析哲学中的关系是一个共相，共相在类型上不同于关系项的殊相，它是整个整体的结构，只是一个有待充实的整体，而不是与殊相并列的要素。分析哲学把关系当作一个函数的常量，而将关系项当作变量，认为关系项进入关系之中，正像函数本来就应该包含一个变量一样。而布拉德雷将分析哲学的关系思想理解为传统的形而上学思想，即关系项进入关系。总之，布拉德雷对关系与整体之间的矛盾关系的阐明就是要表明整体只有在低于关系的经验层次中才存在，在关系经验中，虽然仍然在客观上需要整体的存在，但是关系经验已经不可能真正地形成这种整体经验了。所以关系经验在客观上有必要继续向非关系经验迈进。

布拉德雷对非关系经验的论述比较少。在他看来，关系经验虽然在终极意义上不是真理，但它又有相对的真理性。它在实践上是有用的，我们不能因为它在理论上站不住就抛弃它，我们只需要警惕这种关系经验的绝对化。非关系经验本身虽然是确定的，但是不可言明的（inexplicable）。

第二节　鲍桑葵："相关性关系"取代"内在关系"

与布拉德雷比较而言，鲍桑葵的关系理论没有引起人们特别的注意，他的立场显得更加稳重、平实。他没有彻底否定关系的实在性，他的主要立场是反对外在关系的实在性。他虽然倾向于接受内在关系理论，但又认为"内在关系"这个词语常地使人错误地认为关系是关系项的一部分，所以，他认为应该用"相关性关系"这个词语代替"内在关系"一词，由此，他认为自己不是内在关系论者。他对关系的论述主要集中在《逻辑学》

第二版的第九章。该书的第一版出版于 1888 年。第二版出版时詹姆斯和罗素等人的外在关系论已经流行，针对詹姆斯和罗素的观点，鲍桑葵在这一版中增加了“相关性关系的理论”的内容。他的相关性关系理论（the doctrine of relevant relations）的基本内容有如下三个方面。

第一，“在大多数情况下，关系与关系项之间的关联会涉及种的共同体。”① 如某些事物之间空间关系的存在说明了这些事物都处于空间中，而人与人之间的道德关系也说明了这些人处在一定的道德世界之中。在鲍桑葵看来，有些事物之间根本不可能有关系就是因为这些事物之间没有某种“种”的共同体。例如伦敦大桥与中午一点钟之间没有任何距离关系，因为二者之间没有这个距离的种的共同体。

第二，“从哲学的角度看，关系与性质之间绝对有着某种相关性。”② 鲍桑葵承认，关系不是事物的一个部分，关系也不可能还原为事物的性质，或者还原为一个对象的某种事实与另一个对象的某种事实的总和。但是，他认为，只有理解了所有的关系项的情况下，关系中的每一个关系项才能得到理解，关系与关系项之间有着某种相关性。外在关系论夸大了关系项与关系之间的独立性，否认关系与关系项之间的相关性，错误地走向了极端。鲍桑葵认为正是由于事物与它的关系相关，关系的变化才会引起事物的变化。

第三，“关系总是与它们的关系项相适合。”③ 关系表达了它的关系项在一个复杂体中的状态，关系项在这个复杂体中自我保

① A. C. Ewing, *The Idealist Tradition*, Illinois: The Free Press, 1957, p. 178.

② A. C. Ewing, *The Idealist Tradition*, Illinois: The Free Press, 1957, p. 179.

③ A. C. Ewing, *The Idealist Tradition*, Illinois: The Free Press, 1957, p. 179.

持或者对其他事物发生影响。如果像外在关系论者所想象的那样，关系不对关系项有任何影响的话，那么事物就不会对它们所属的那个复杂共同体有任何作用，复杂共同体的变化也不会引起它的变化了。

从这三个方面看，关系与关系项都是有某种关联的，外在关系是不可能的。不过，关系与关系项之间存在某种关联，并不是说关系可以还原为事物的性质，或者事物的性质可以还原为关系。关系只是通过上面所说的“某种关联”的方式曲折地将关系项的统一体呈现出来。鲍桑葵的这些相关性关系的思想从总体上看还是布拉德雷关系理论的延伸，不过他回避了布拉德雷反复强调的“内在关系”或者“非关系”等词语。

新黑格尔主义的各个哲学家的关系理论并不完全相同，但是他们都反对外在关系理论。从上述布拉德雷和鲍桑葵的关系理论可以看出，新黑格尔主义虽然认为莱布尼茨等人强调的内在关系理论比外在关系理论有更多合理性，但是他们都认为莱布尼茨形式的内在关系理论与外在关系理论同样是不可以接受的。他们认为命题是一个整体，从这个整体中分离出来的任何单个的词语没有任何意义。而内在关系和外在关系都是分解这个整体，无论命题分解得到的各种关系是何种形态，都必定是不合理的。但是通过对整体的分解，将整体的要素固定下来，理智就可以对它们进行各种形式的处理，发挥理智的创造性，在整体中注入理智的要素，从而改变原初经验中的自在对象，从这个角度看，外在关系理论和内在关系理论都可以作为一种权宜的方案保留下来。

第三章　分析哲学：一种哲学流派，三种关系主张

语言分析是大多数哲学的重要特征，而综合只是在分析的过程中实现的，这一点不管是在柏拉图哲学中，还是在亚里士多德、康德和黑格尔的哲学中都是如此。分析哲学最初之所以被称之为“分析哲学”，主要是与绝对哲学相比较而言的。绝对主义者如布拉德雷等人都明确地否定分析的哲学意义，而以罗素为首的分析哲学家却明确认为分析对于哲学来说是必要的，并且是哲学的基本方法。

分析哲学是20世纪上半叶的哲学革命中关键的一环。在分析哲学看来，亚里士多德主义的传统哲学将命题区分为主词和谓词，并且将主词和谓词与对象的实体和偶性直接对应起来；由于语法中谓词依存于主词，偶性只能存在于实体之中。亚里士多德主义的问题在于，在没有严格区分逻辑和语法的前提下，将语法的形式不自觉地当成了逻辑的形式。近代哲学力图通过经验来修正传统哲学，将语言与对象之间的直接对应关系修改为间接的对应关系，它虽然在语言的内容上有新的理解，但是它并没有改变传统哲学中语言的逻辑形式，即使黑格尔也没有改变这种理论框架，他只是利用辩证法重新理解了这种语言结构。如果我们套用科学哲学家拉卡托斯用科学研究纲领的理论来描述科学的范式变化时的话来说，黑格尔只是改变了这种科学研究纲领中的“辅助假说保护带”。分析哲学要做的工作就是将亚里士多德传统中

逻辑形式与语法形式混同的情况剥离开来，还原语言和世界的本来形式。

布拉德雷等绝对主义者对亚里士多德传统批判的重点是批判亚里士多德传统中的主谓词区分，分析哲学并不批判这种“区分”，而是批判“命题区分为主词和谓词”中“主词”和“谓词”的具体内容以及批判“谓词的对象都是存在于主词之中”的思想。在分析哲学家看来，亚里士多德传统将命题的语法主词或者被还原了的语法主词当作逻辑形式的“主词”，把语法谓词当作逻辑谓词的做法是错误的，主词不是语法的第一格，第二格、第三格和第四格也不是“谓词”。传统哲学家的这种视角与他们过分重视对事物的研究有关，他们将主词或者被精致化了的主词当作事物的实体，而谓词也就相应地被当成了事物的偶性，个别的词语都被赋予了完整的意义，正是由于每个词语都有完整的意义，它们才需要用“是”的强力粘合起来。按照分析哲学的看法，这些观点都是不正确的，命题的主要目的并不是说明事物，而是要说明事实和事件。事实具有一定的整体性，但是事件的整体性不是简单事物的整体性，它是通过一定的结构形式和一定的殊相的相互满足形成的。这些结构形式不能脱离它们连接的事物而存在，在没有事物满足的情况下，这些结构形式就没有被实在化，就不能在时空中存在。

以上分析哲学的主要原理首先是在逻辑学领域中确立下来的。在德摩根和皮尔斯提出了关系逻辑的理论以后，当代数理逻辑的奠基人弗雷格在《概念文字》和《算术基础》等著作中建立了他的逻辑理论，他第一次完整地表达了谓词是一种函数的思想，消除了亚里士多德传统中人们认为谓词具有完整意义的看法，也第一次将谓词作为函数的形式，使之成为命题的核心，而第一格、第二格、第三格和第四格中的名词就被看作是满足函数形式的要素；同时他也第一次将动词、形容词、概念名词、关系词等都看成是谓词，它们都是命题函数的形式。“关系”就不再是哲学家力图消除的东西，而是逻辑中的纯粹共相。弗雷格曾举“地球比月亮大”为例说明这种思想。在“地球比月亮大”这个命题中，“地球”和“月亮”都是主词，而“…比…大”（或者翻译为“大于”）是关系词，只有在“地球”和“月亮”与“…比…大”结合时，“…比…大”才有意义，否则就没有任何意义。但是另一方面，“比……大”不一定要“地球”和“月亮”来填充，他也可以由“太阳”和“土星”等来填充。“地球”和“月亮”是亲知的对象，它们本身能够成为独立的意义单位，但是“…比…大”就不行，它们只是函数的形式。它们对整个命题意义的形成起着关键作用，但是它们本身并没有任何意义。它们与关系项的关系同概念与个别对象的关系是一致的。①

从分析哲学的学术传承看，弗雷格的观点奠定了分析哲学的基础。但是在我们看来，他的观点主要是从逻辑学角度提出来的，而不是从哲学的角度提出来的。罗素将他的观点应用于各种哲学基本问题，并且由此创立了完全不同于传统哲学的新的哲学体系，在这个新体系中，关系问题也得到了一种全新的解释。

第一节　罗素：外在关系理论的创立者

关系问题在罗素的哲学中，十分重要，是他的学说的核心问题之一。他说道：“关系问题是在哲学中最重要的问题之一，因为其他绝大部分的争论总要转到关系上来。这些争论是：一元论

① 参见弗雷格：《算术基础》，王路译，商务印书馆，1998 年，p. 87 – 88。

和多元论；除了真理的总体之外，任何东西是否完全是真实的问题，或者除了实在的总体之外，任何东西是否完全实在的问题。”① 罗素把自己的关系理论称之为外在关系学说，他非常强调这种外在关系理论在他自己哲学中的意义，并且将它当作自己哲学的主要特征。他在回忆自己放弃绝对主义哲学的历程时将自己的哲学与摩尔的哲学进行了比较：“G. E. 摩尔和我后来一起弃绝了这两种哲学（即康德和黑格尔哲学——笔者注）。……但是我比他更加关心一些纯粹是逻辑上的东西。其中最重要并且在我后来的哲学中占优势的是我的所谓‘外在关系学说’。”② 他又说：“摩尔最为关心的是否定唯心论，而我最感兴趣的是否定一元论，二者却是紧密相连的。其紧密相连是由于关于关系的学说。这个学说是布拉德雷从黑格尔的哲学里提炼出来的，我称之为‘内在关系学说’，我称我的学说为‘外在关系学说’。”③ 当然，罗素的哲学在其一生中发生了很大的变化，他先是逻辑原子主义者，以后又转向逻辑实证主义。就其关系理论而言，其逻辑原子主义的关系理论影响最大，所以本书只介绍他的逻辑原子主义时期的关系理论。

罗素的关系理论比较复杂。他本人在关系逻辑领域也很有建树，其《关系逻辑》一文影响比较大，罗素的数学思想也是建立在他对“相似”等关系的创新的基础之上。不过，我们不准备讨论他在逻辑学和数学领域中的关系思想，我们只讨论罗素对近代关系理论的批判和他自己的类型论意义上的关系理论。

---

① 罗素：《逻辑与知识》（1901－1950 年论文集），苑莉均译，张家龙校，商务印书馆，1996 年，p. 405。

② 罗素：《我的哲学的发展》，温锡增译，商务印书馆，1982 年，p. 8。

③ 罗素：《我的哲学的发展》，温锡增译，商务印书馆，1982 年，p. 47。

一、对近代种种关系理论的批评

罗素对古代的关系理论没有太多的关注，他关注的焦点主要是近代的关系理论，在他看来，近代的关系理论都存在着大量的问题。不过他在不同的著作中兴趣点也不同，他对近代关系理论的批判的角度也就很不一样，有时候他反对唯心论，有时候反对一元论，还有时候他反对旧的亚里士多德逻辑，当然对唯心论和一元论的反驳最终可以归结为对旧的亚里士多德的逻辑的批判。我们下面从他对旧的形式逻辑的批判、对关系唯心论的批判和对关系一元论的批判三方面来讨论，其中他对旧形式逻辑的批判主要是针对莱布尼茨的关系理论，对关系唯心论的批判是针对近代唯理论和德国观念论传统，而对关系一元论的批判，主要针对布拉德雷和周阿钦的新黑格尔主义哲学，由于他对布拉德雷的批判与他对周阿钦的批判要点是一致的，所以本书只讨论他与布拉德雷的论战。

（一）对亚里士多德-莱布尼茨主义旧关系逻辑的批判

罗素在《对莱布尼茨哲学的批评性解释》一书中就已经开始从哲学方面批判亚里士多德主义逻辑，这时候罗素的观点还远远没有成形，但是如果仅仅从罗素对旧哲学的批判的角度来说，这个著作相当重要。在这个著作中，他得到一个结论，近代的哲学的根基就是命题的主谓判断形式，而这个根基本身是值得质疑的。莱布尼茨将一切命题还原为主谓判断命题，他认为关系命题可以这样被还原，关系可以被还原为关系项的性质，所以，关系只是心灵的实在。在罗素看来，莱布尼茨的观点是近代哲学的典型代表，康德、黑格尔、洛采和布拉德雷等人的哲学都坚持这种哲学信念。

在《对莱布尼茨哲学的批评性解释》中，罗素的反驳主要有三点。

第一，并不是所有的命题都可以转化为主谓判断形式的命题，因为关于数的命题（如“有三个人”等）和关系命题中的数和关系不能转化为形容词。相反，如果像莱布尼茨那样认为，非主谓判断的命题没有意义的话，那就会产生一个悖论。罗素这样说道：“在数或者单子之间的关系的情况下，人们假定上帝能够看到和相信的正是这样一类命题。这样，就会导致了一个结论，即上帝相信无意义的东西的真理性。而另一个方面，如果他相信的命题真的是一个命题，那就意味着有并不具有一个主项和一个谓项的命题。因此，企图把关系还原为知觉者的谓项势必要陷入下述两个缺陷中的这一个或者那一个：或者是这个知觉者蒙受欺骗，以一种无意义的语词形式看到真理，或者是根本不存在设定这项真理依赖于他的知觉的任何理由。”①

第二，即使所有命题可以转化为主谓形式的命题，关系也不可能彻底消除，因为主谓形式的命题本来就包含着主词和谓词之间的关系，而这种关系还是基本的关系。“从这一方面对于上述问题进行彻底讨论将会进而表明，关于主项和谓项的判断本身就是关系的；并且，照通常所理解的，它还包括关系的两种根本不同的类型。这两种类型可以由两个迷宫体得到解说：‘这是红的’和‘红是一种颜色’。当表明这样两类命题都表达关系时，也就同时表明‘关系’比它所包含的关系的这两种特殊类型更为基本。”②

第三，他解释不了世界的多样性。从莱布尼茨的哲学本身来

① 罗素：《对莱布尼茨哲学的批评性解释》，段德智等译，商务印书馆，2000年，p. 16－17。

② 罗素：《对莱布尼茨哲学的批评性解释》，段德智等译，商务印书馆，2000年，p. 17。

看，他解释不了各个单子之间的关系，他最后只能借助于前定和谐概念来解释。

以莱布尼茨为代表的这些哲学家要求将表达关系的介词和动词还原为表达性质的形容词，这种做法体现了他们根深蒂固地相信只有形容词和名词才能是共相，而关系不可能是共相。这种信使得他们过分重视了名词和形容词的意义，而没有重视动词和介词的作用。对动词和介词的忽视使得近代哲学家眼光停留在实体的事物上，没有认识到关系在哲学中的地位。罗素在《哲学问题》中这样叙述近代哲学的问题："大体上我们可以说，即使在哲学家们中间，往往也只是那些称为形容词或者名词的共相才被人认识到，而那些称为动词和介词的共相往往都被人忽视了。这种疏忽对于哲学起过很大的影响；从斯宾诺莎以来，大部分形而上学都被这种疏忽所决定，这样说是并不过分的。情形大致是这样：一般地说，形容词和名词所表达的是单个事物的品质或者性质，而介词和动词却倾向于表达两件和两件以上的事物的关系。因此对于介词和动词的疏忽就造成了这种信念：介词可以看作归因于单个事物的性质，而不是表达两件和两件事物的关系。因此，过去曾以为：归根到底，不可能有事物关系的实体存在。所以，宇宙中只有一个东西也好，有许多东西也好，它们总归不可能以任何方式相互发生作用，因为任何相互作用都会是一种关系，而关系是不可能存在的。"①

过分强调形容词和名词的共相的倾向是错误的，关系的存在是形容词和名词的共相的前提。如果关系共相不存在，那么性质的共相也会受到近代经验论的挑战。如果要维护性质共相，就必须承认关系共相的存在。近代的经验论者否认性质共相存在，他

---

① 罗素：《哲学问题》，商务印书馆，1999 年，p. 78。

们错误地认为只要有殊相的观念就足够了，他们根本不可能证明关系共相不存在，因为要用殊相来解释抽象观念，就必须使用相似性关系的共相。

他用“三角形”或者“白”的例子解释共相存在的思想。“一旦我们自问怎样可以知道一件东西是白的，或者是一个三角形时，困难就出现了。倘使我们希望避免用共相的白和三角形，我们就得选择一块特殊的白或者一个特殊的三角形，而且要说，任何东西只要和我们所选择出来的这个特殊物正好相似，那它就是白的，或者就是一个三角形。但是这时所需要的相似，也还必须是一个共相，因为白的东西有许多许多，所以这种相似就必须在许多成对的白色东西之间成立；而这正是一个共相的特点。说每对之间有不同的相似，这毫无用处；因为，如果这样，我们就必须说这些相似之处都是彼此相似的，因此最后我们还是不得不承认相似是一个共相。所以相似的关系就必须是一个真实的共相。既然已经不得不承认这种共相，我们觉得就不值得再去创造一些困难和讲不清的学说来避免承认像‘白’和‘三角形’这样的共相了。”[1]

（二）对近代关系唯心论的批判

以莱布尼茨为代表的哲学家们否认关系作为共相，只承认关系是心灵的产物，或者根本否定关系的存在。罗素反对将关系作为观念的心灵实在，在他看来，所有的动词、关系词表达的关系都和形容词、概念表达的对象一样都是共相，共相既不是物质的，也不是精神的。

① 罗素：《哲学问题》，商务印书馆，1999 年，p. 79 – 80。

他以“爱丁堡在伦敦以北”中的“在……以北”[①] 为例说道：“这个事实涉及‘在……以北’这个关系，而‘在……以北’是一个共相；倘使‘在……以北’这个关系（它是事实的一个组成部分）的确涉及精神上的东西，那便不可能不是整个事实也涉及精神上的东西。因此，我们就必须承认：关系就像它所涉及的那些项目一样，并不是有赖于我们的思考而存在的，它属于思想所能理解而不能创造的那个独立世界。……没有一个地方，也没有一个事件，我们可以找到‘在……以北’这种关系。它在爱丁堡不比在伦敦存在的多些，因为它是联系这两个地方的，不偏不倚地居于它们中间。我们也不能说它在某个特殊时间存在着。每样能被感官和内省所理解的事物，都是在某一个特殊时间存在的。因此，‘在……以北’这种关系根本和上述的一类事物不同，它既不在空间中也不在时间之中，它既非物质的也非精神的；然而，它却是某种东西。”[②] 罗素正是在这个意义上谈论关系、性质和概念的存在，它们是共相的存在，而不是具体事物的存在，它们不是物质的，也不是精神的。罗素的这种说法比较接近柏拉图中期思想，但他是在类型论的基础上谈论共相的存在。在罗素的哲学中讨论具体事物和共相事物何种事物是真实的，何种事物是虚幻的，何种事物是实在的，何种事物是实在的影子，这是没有意义的。对关系唯心论的批判不是罗素的理论兴趣所在，他认为摩尔对唯心论的批判意义更重要，在他自己的工

① 在西方哲学中，关系词涉及命题形式，我们对关系词的研究既要重视这个词语的意义，也要重视这个词在语言中的形式。国内学者在翻译关系词的时候通常只考虑了关系词的意义。他们根据汉语的习惯，将“爱丁堡在伦敦以北”这个命题包含的关系译为“在……以北”。严格地说，这个词语不能翻译为一个结构性的词组，因为结构性词组是复合词汇，关系词则是简单词汇，所以该词应翻译为“在北于”或者“位北于”。

② 罗素：《哲学问题》，商务印书馆，1999 年，p. 81。

作中，对关系一元论的批判更加重要。

（三）对一元论的关系理论的批判

罗素对一元论关系理论的批判主要是对布拉德雷和周阿钦的批判，针对前者他写了《对数学原理的若干解释兼答布拉德雷》，针对后者，他专门写了《论真理的本性》。由于布拉德雷和周阿钦的关系理论基本相同，所以罗素的这两篇文章对他们的反驳也基本相同。虽然《对数学原理的若干解释兼答布拉德雷》（1910 年）和《论真理的本性》（1906 年）的主要论点是一致的，但是前者比后者晚出 4 年，所以前者的论证要更加成熟。在这里，我们不准备讨论罗素对周阿钦的批判，只讨论他对布拉德雷的批判。我们的讨论也并不局限于《对数学原理的若干解释兼答布拉德雷》一篇文章。从总的方面看，他对布拉德雷的批判主要包括：绝对论的关系理论（它无法解释非对称关系，从而也就无法解释秩序的本性）和分析概念以及存在必然性的问题。

1. 内在关系论无法解释非对称关系，也无法解释世界秩序的存在

我们知道，关系问题涉及世界的秩序问题。一元论哲学家为了建立一元论哲学，它们根本上否定关系的存在。罗素认为，绝对主义者的主要观点是关系可以还原为性质，它们只是莱布尼茨哲学的一种自然延伸。从前面我们对绝对主义关系理论的介绍可以看出，罗素误解了绝对主义的关系理论，他过分地夸大了莱布尼茨哲学的范式意义。如果撇开罗素对具体某个绝对主义的批判，而将这种批判作为对亚里士多德哲学传统试图取消关系而代之以绝对性质做法的一种回应，我们认为他提出的理由很具有的说服力。

他的主要根据是，这种取消关系而代之以性质的思想说明不

了差异秩序的客观存在。它没有面对差异秩序的客观性，它只是貌似保证了世界的秩序，事实上并没有真正理解和解释世界的秩序，不能提出清晰的秩序概念。他最早在《论“序”的概念》一文中就阐述过这个观点，并且在《对数学原理的若干解释兼答布拉德雷》《关于外部世界的知识》《哲学问题》和最后的《我的哲学的发展》等著作中反复地强调这个思想。

罗素认为关系项之间在发生相互关系时，这些关系项就具有一种内在秩序。在计数的时候，词项是按照整数的方式关联起来的；而在说话的时候，词项是按照时间的序列而联系起来的；在写字的时候，这些词项是按照空间的序列关联起来的。这些关系中很多关系都是按照它们的内在秩序而相互关联起来的。而秩序本身也取决于其中关系项之间关系的确定意指（sense），如“东方”“西方”“更多”与“更少”等各自必须都有确定的意义，这些意义不可以随着人的意愿的改变而改变。“A 联系于 B”的关系不能随便变成“B 联系于 A”的关系，在一个秩序中发生在同一个关系项上的一种关系必须排斥它的相反关系，如“A 在 B 的北方”就必然排斥“A 在 B 南方”的关系。只有在这个基础之上，一种秩序才是可能的。

罗素认为秩序就是这样的一种东西，如果有一种关系 R，它有两种确定的意指 R_1 和 R_2，一个关系项 B 通过 R_1 的关系与 A 联系起来，而同时通过 R_2 的关系与 C 联系起来，我们就可以说 B 在 A 和 C 之间，这三个关系项就有了某种秩序，或者是 ABC，或者 CBA。[①] 罗素在哲学史上第一次用逻辑的方式清晰地表达了“秩序”概念，与此相对比，从前的哲学家通常对秩序只有模糊

① Bertrand Russell, ‘On the Notion of Order’, Mind, New Series, Vol. 10, No. 37, Jan., 1901, p. 31.

认识，包括绝对主义者在内的历史上许多哲学流派都对逻辑和数学以及常识的关系采取了一种超越论上的态度，按照他们的辩证法方法表达的句子其实就取消了确定的世界秩序。

罗素按照关系逻辑的原理将关系分为 4 种，即对称传递关系、对称非传递关系、非对称传递关系、非对称非传递关系。[①] 罗素认为对称的传递关系表达的是关系项内容的同一性，如相等性、同时性等等，正如莱布尼茨等所强调的那样，人们可以将这些关系还原为这些关系项拥有的某种共同的特征。而对称的非传递关系则表达多样性的关系项内容，如朋友关系和邻居关系[②]等等，它们也可以还原为具有不同谓词的命题。罗素认为，虽然对称关系的命题还原为不带关系词的命题在逻辑上没有任何错误，但是在表示方法上却是一个退步，用关系词表达的命题远远比用属性谓词表达的命题更加简洁、清晰。[③]

但是非对称关系就完全不同了。罗素强调，非对称关系，不管是非对称的传递关系还是非对称的非传递关系，都不可能还原，非对称的传递关系的例子有“大小关系”等，而非对称的非传递关系的例子有“父子关系”、善性与善者之间的关系、实存性与实存者之间的关系等等。这两类关系都不可能还原为同一性或者多样性，我们不可能将这类关系命题替换为不包含关系词的新命题，不管新命题包含相同谓词还是不同谓词，它们都不可能表达原来关系命题中的关系意义。

---

① 这四种关系我们不准备做解释，读者可以参考普通现代逻辑教材中的“关系逻辑”部分。

② 关于非对称关系不可还原的问题，罗素在《我们关于外间世界的知识》中也有详细阐明，参见罗素：《我们关于外间世界的知识》，陈启伟译，上海译文出版社，1990 年，p. 36 – 38。

③ Bertrand Russell, ‘On the Notion of Order’, Mind, New Series, Vol. 10, No. 37, Jan., 1901, p. 32.

罗素对此进行了详细的论证，他的论证过程是这样的：“两个关系项 A 和 B 有某种非对称关系 R，我们将要用形容词 a 和 b 来表达这种关系 R，a 用来指称 A 的属性，b 用来指称 B 的属性。没有这种指称，我们无法表达 a 或者 b，不仅仅由于它们各自指称 A 和 B，而且也由于它们也有不同的含义，它们在内容上就互相区别开来了。如果不考虑到它们的关系 R，A 和 B 并没有任何相应于 a 和 b 的内容，尽管我们认为 a 和 b 都表达了 A 与 B 的差异。事实上，a 以特定的方式给予 B 以不同于 A 的差异性，同样 b 也表达了 A 一开始就具有的不同于 B 的差异性。于是我们就可以用 a 与 b 之间的差异来表达 A 与 B 之间的差异。但是我们并没有一个相应的有差别的点。……事实上，我们必须在没有一种相应的差别点的情况下仍然拥有 A 和 B 之间的差别，或者可以这样理解，我们必须拥有一种无概念差别的差别概念（a conception of difference without a difference of conception）。只有我们认为关系是一种终极的、可以称之为‘外在的’关系时，它才可能消除矛盾。”①

在《我的哲学的发展》中，罗素以先后关系为例这样说道：“我觉得，内在关系学说特别不能用于‘非对称关系’，就是说如果甲与乙之间有，而乙与甲之间却没有的那种关系。我们再来看看‘先于’这种关系。如果甲先于乙，乙就不先于甲。如果你想用甲和乙的形容词来表示甲对乙的关系，你就不能借助于表示日期的字。你可以说甲的日期是甲的一种属性，乙的日期是乙的属性。但是那对你没有任何用处，因为你还得接着说，甲的日期是先于乙的日期。所以你就发现，还是躲不掉关系。如果你采

① Bertrand Russell, ‘On the Notion of Order’, Mind, New Series, Vol. 10, No. 37, Jan., 1901, p. 39 – 40.

用一种计划，认为关系是甲和乙所构成的那个整体的一种属性，你的处境就更糟。因为在那个整体里甲和乙没有次序，因此你无法区别‘甲先于乙’和‘乙先于甲’。”①

我们可以用莱布尼茨举过的“A 长于 B”的例子来更加简明地说明这个问题，在与莱布尼茨类似的学者看来，这个命题转化为两个命题，比如 A 是 8 米长，B 是 5 米长，莱布尼茨认为这样就可以将关系命题还原为一般的性质命题。但是在罗素看来，我们通过“8 米长”和“5 米长”的差别来表达 A 和 B 的长短是不充分的，因为这两个命题反映 A 和 B 之间有差别，这种差别只体现这两个物体的多样性，但它没有说明原来命题要表达的长短关系。如果我们要用这两个命题表达原来命题的长短关系的话，就一定要加上一个命题，即“8 米长于 5 米”，但是这种做法又引进了一个关系命题。如果莱布尼茨这一类学者还要将这个“8 米长于 5 米”的命题继续分析下去，那么我们就会发现这个进程永远没有终结，最终我们还是要采用一种关系命题。所以，外在的关系是不可以还原的。只有我们承认外在关系的客观性，我们才可能真正理解世界的秩序。绝对主义试图利用整体主义来解决关系问题，但是整体与部分的关系也是非对称关系，这种关系也不可能还原为关系项的性质。如果没有整体与部分的外在关系，有的人就会把部分当作为整体，把整体当作为部分，整个秩序完全会颠倒过来。

罗素否认非对称关系可以还原为对称关系，但是他认为对称关系可以用非对称关系表达，这说明非对称关系远远比对称关系重要。如，用“A 是 B 的丈夫”和“B 是 A 的妻子”两个非对称关系可以构造“A 是 B 的配偶”这种“配偶”的对称关系。

① 罗素：《我的哲学的发展》，温锡增译，商务印书馆，1982 年，p. 48。

罗素说道：“我们可以说非对称的关系是各种关系中关系特征最显著的，并且哲学家们如果想研究关系的逻辑性质，这种关系对于他们也是最重要的。”[①] 在罗素看来，虽然内在关系论在一定的范围内可以成立，但是它在更大的范围内是不成立的，并且用外在关系的非对称关系的理论完全可以解释内在关系理论能够解释的狭小的范围，相反则不然。

在具有一个共同的关系项，并且属于一类关系的两个关系命题的分析中，即在 AR_1B 和 BR_2C 两组关系的分析中，根据对称关系或非对称关系的传递性或非传递性，罗素构造了连续体序列的秩序和周期性序列的秩序、相互作用序列的秩序和类似于欧几里得几何学的公理的演绎秩序，其中连续体秩序和周期性序列的秩序都源于非对称关系，而公理的演绎秩序也部分依靠非对称关系。[②] 在这种意义上，罗素认为非对称关系才是大部分秩序的源泉，否定非对称关系就会否定世界中的关系，所以内在关系论是错误的。

2. 命题整体表达的是事实，事实的统一性可以“分析”，事实中的事物并不是必然的

罗素与布拉德雷等绝对主义者的分歧还体现在他们对分析和存在之必然性的理解上。布拉德雷曾经写过两篇评论罗素的外在关系的文章，即《关于罗素学说的若干问题的讨论》（“A Discussion of Some Problems in Connexion with Mr. Russell's Doctrine”）和《对罗素的“解释”一文的回应》（“Reply to Mr. Russell's Explanations”）。布拉德雷批评了罗素的外在关系理论，他认为

① 罗素：《数理逻辑导论》，晏成书译，商务印书馆，1982 年，p. 45。

② 由于这些属于逻辑学的内容，我们不详细介绍，罗素对这些秩序的建构与 Vivanti 的方法是一致的，详细内容参见 Bertrand Russell，‘On the Notion of Order’，Mind，New Series，Vol. 10，No. 37，Jan.，1901，. 33 – 37。

没有关系项的关系是不可想象的，分析从本质上看是不可能的，等等。[①] 他的这些观点与我们前面对他的关系理论的观点完全一致，我们不再重复介绍。

罗素强烈反对布拉德雷认为整体经验不可分析的观点。他认为分析并不会将一种整体改变成为关系项的聚合体。罗素这样阐述其立场："在严格的意义上，我并不承认，统一体是不可分析的；相反，我认为它们是唯一可以分析的对象。由于对构成性要素的列举只能给我们多样性，而不能给我们以统一体，故我承认统一体的构成性要素的列举并不能组成统一体。但是，我不承认，统一体不是由它们的构成要素构成的，进而我也不承认，如果我们不把这些组成成分当作统一体的组成部分，我们就不能思考这些成分。"[②]

罗素强调的整体或者统一体是命题所表达的事实的统一体，而非事物的统一体。他认为命题只可能表达事实，而不可能表达事物。任何事实都是复杂的，任何一个事实的构成要素都可以同时是别的事实的组成成分，如"我在上海"这个事实成立的同时，另一个事实"我比张三高"也成立，里面的"我"是同一个人，而两个命题事实的关系发生了替换，但是"我"还是不变。所以，命题和事实在这个意义上都可以分析。"在这个意义

---

① 关于布拉德雷批评罗素的观点，因为这些观点绝大部分与我们已经介绍过的思想完全一样，所以我们不再介绍，读者可以参考布拉德雷的两个文章：一篇是"A Discussion of Some Problem in Connexion with Mr. Russell Doctrine"，这篇文章在布拉德雷的代表作品"Essays on Truth and Reality"（Oxford，1914，p. 293 – 309）的第十章有转载。另一篇是布拉德雷对《对数学原理的若干解释兼答布拉德雷》一文的回应，即《对罗素的"解释"一文的回应》（"Reply to Mr. Russell' s Explanations"）（载于Mind，New Series，Vol. 20，No. 37，Jan.，1911，p. 74 – 76。）

② Bertrand Russell，'Some Explanations in Reply to Mr. Bradley'，Mind，New Series，Vol. 19，No. 75，Jul.，1910，p. 373 – 374.

上存在一种将一个事实分割为若干部分的可能性：不必修改其中的其他组成部分就可以修改其中的一个组成部分，而一个组成部分也可以出现在某些其他的（虽然不是所有其他的）事实之中。从一开始我就想明确这样一点：有一种意义，在这种意义上，事实可以得到分析。”①

既然命题表示事实，而非事物的实体，那么命题中的存在系词就不是表示必然性，必然性也不是表达事实的最基础的范畴，它也不可能用来作为反对关系存在的理由。布拉德雷因为命题中的关系词与“是”（be）连用，从而要求人们从“是”的角度去理解关系，并且据此认为，关系与事物的存在本性密切相关，是必然的。

在罗素看来，布拉德雷的观点没有为可能性留下任何空间。必然性与可能性都具有同样的意义，并且模态也不能决定事实的真。关系是一种事实，而不是一种模态，罗素说道：“我认为我和布拉德雷之间的不一致主要在于对‘必然性’概念理解不一致。我认为必然性和可能性并不是一个基础性的概念，在我看来，基本的真理仅仅是事实上的真，不要把这种真误认为是‘充分理由’的追求得真。我可以找到很多种定义用来解释日常用法的‘必然性’的方法：如果一个命题是由另一个我们认为是真的命题推导出来的，或者这个命题是可以无需经验就可以知道的，或者这个命题所确认的对象对其他对象一样成立，我们就可以称这个命题是必然的。无论我们采用何种‘必然性’的意义，我们都可以获得与之相对应的‘可能性’意义，当一个命题的矛盾命题不是必然的时，它就是可能的。但是，就模态而

---

① 罗素：《逻辑与知识》（1901－1950年论文集），苑莉均译，张家龙校，商务印书馆，1996年，p. 232。

言，上述必然性和可能性的种种含义中没有一种能够说明传统学说的合理性，它们也不能说明哲学家们常常因为关系只是一种纯粹事实就持反对意见的合理性。我并不反对一种事实常常可以从另一个事实推导出来，我要说的是，这种可推导性反过来也是一种事实，即使它没有必然性的模态属性，它所关联的事实也不拥有必然性。"①

3. 罗素对"关系导致无限后退"问题的回答

罗素接受了弗雷格关于关系等共相都是命题函项的观点，他认为关系是整个命题函数的统一体的主导性因素，关系也是事实的结构，它虽然不同于关系项，但肯定能结合成为一个统一体。在罗素看来，布拉德雷反复强调的那个古老的穆塔伽林学派的无限后退问题是一个无关紧要的问题。不过，他在这个问题上各个时期的观点差别比较大。在他早年独著的《数学的原理》（此书非他那本与怀特海合著的《数学原理》）一书中认为，即使关系和关系项的差异要求有第三个关系作为关系和关系项的中介，从而导致"无限后退"。事实上因为关系是共相，关系项是殊相，所以这种无限后退是有意义的，没有任何害处。他说道："这种无休止的后退，虽然无法否认，但是从逻辑上看他并没有害处。"②但是他在后来出版的《哲学纲要》一书中认为，由于关系与关系项不是同一种类型，它们根本就不需要关系无限后退来实现统一，布拉德雷的缺点就是没有认为到关系与关系项的重大差别，布拉德雷所强调的那种关系的无限倒退的问题只是在语言学上成立，事实上根本不存在。"布拉德雷将关系设想为一种恰似

① Bertrand Russell, ' Some Explanations in Reply to Mr. Bradley ', Mind, New Series, Vol. 19, No. 75, Jul., 1910, p. 374.

② Bertrand Russell, Principles of Mathematics, Cambridge: At the University Press. 1903, p. 100.

关系项的实体之物，而不是将它设想为在种上完全不同于关系项的东西。……我想，布拉德雷在无意识之间受到了关系词与关系项的词语一样具有实质意义的事实的误导。”① 他还说道：“在用言语表达关系的过程中，布拉德雷无限倒退的第一步确实会发生，表达关系的词语必定与表达关系项的词语有关系。但是这是语言学的事实，而不是形而上学的事实，并且倒退也不会进一步发展了。”②

二、类型论意义上的外在关系理论

与许多哲学家一样，罗素的关系理论是从语言分析开始的。但是，每个哲学家的语言分析的出发点不一样的。在亚里士多德传统下，语言分析的出发点是语词分析，范畴的分析是语言分析的核心。康德、洛采才让人们认识到只有判断才构成一个完整的意义整体，不过虽然洛采认识到了整体的命题的意义，但是他本人的逻辑学还是从语词和概念开始的。直到新黑格尔主义哲学，亚里士多德语言分析传统才宣告终结，布拉德雷等哲学家果断地将判断作为他们的哲学的出发点，但是布拉德雷等人的哲学结论是否认“分析”的意义。在布拉德雷进行哲学批判活动的同时，弗雷格从逻辑学角度也得到了同样的结论，并且在逻辑上实现了形式化，但是他本人并没有从这种新的逻辑语言形式中得出重要的哲学结论。他们都是用意义的“整体性”一词来表述命题的对象，但是他们对这种意义的整体性所表达的对象并没有清晰的认识，布拉德雷只能用一种比较模糊的“绝对的实在”来表述；

① Bertrand Russell, *An Outline of Philosophy*, London: George Allen and Unwin. 1927, p. 263 – 264.

② Bertrand Russell, *An Outline of Philosophy*, London: George Allen and Unwin. 1927, p. 264.

而弗雷格虽然正确地认识到了语词和语言命题的整体的关系是各个函数项和函数整体之间的关系，但是他不在哲学上表态。

罗素的哲学任务就在于，从弗雷格的逻辑学成就中引申出哲学意义，并且说明这种命题的整体意义的具体所指。下面我们从三方面来全面讨论罗素逻辑原子主义哲学背景下的关系理论。

（一）作为关系理论基础的命题理论和事实理论

罗素逻辑原子主义的基本出发点是他关于事实的思想。正是这一点，他的哲学引起了在哲学史上的巨大变革。在他看来，以前的经验主义者只注意到了特殊事物，但是事实上，世界根本不能完全由特殊的事物说明；经验也是模糊的，经验并不能断定世界的客观性质，绝大部分的事实却是客观的。“我想要引起你们注意的第一个自明之理是：世界包含事实。无论我们对之持怎么样的看法，事实是该是怎么样就是怎么样的东西；而且还有信念，信念指涉事实，通过对事实的指涉，信念不是真就是假。”① 以前的哲学家都认为世界是由事物组成的，而罗素认为世界是由事实组成的，事实不是事物。“当我谈到一个事实时，我不是意指一个特殊存在的事物，诸如苏格拉底、下雨，或者太阳。苏格拉底本身不能使任何陈述真或者假。……我称作一个事实的是那种不是由像‘苏格拉底’的单一名字而是由一个完整句子表达的东西。”② 作为哲学思考的世界并不能用事物来说明。罗素强调说：“我要强调的第一件事情就是：外部世界——也可以说，认识旨在了解的那个世界——不是全部由大量‘殊相’来描述

① 罗素：《逻辑与知识》（1901－1950年论文集），苑莉均译，张家龙校，商务印书馆，1996年，p. 219。

② 罗素：《逻辑与知识》（1901－1950年论文集），苑莉均译，张家龙校，商务印书馆，1996年，p. 219－220。

的。但是你必须重视我叫作事实的这些事物，它们是那种你用一个句子表达的东西，而这些正像特殊的椅子和桌子一样多的事物是真实世界的一部分。”①

事实不是事物，它比事物复杂得多，用看待事物的眼光去看待事实就会误解事实，事物是不可能用来解释事实的。他说道：“事实显然是一些这样的事物：当你想要对世界做出全面的说明时你必须要考虑的事物。仅仅列举出这个世界中存在的个别事物你不可能对这个世界做出全面的说明：你一定要提及这些事物的关系、特性等等所有是事实的东西，从而使事实必定属于对客观世界的一种说明。而比起苏格拉底和罗马尼亚这类事物来，事实好像确实是明显地复杂得多，而且更不可能得到合适的解释。”②

事实当然可以按照不同的标准分为许多不同的事实，如普遍事实和特殊事实、肯定事实和否定事实、关于事物的事实和关于性质的或关系的事实、现实世界的事实和逻辑事实等等。事实不像事物一样有简单和复杂之分，任何事实都是复杂的，都有一定的结构。事实没有真假，只有命题才有真假。事实是真的命题的表达的对象，假命题不表达任何事实。

命题也不可能像近代经验论哲学中所宣扬的那样有简单和复杂之分，所有的命题都是不同的词项组成的，每一个词项就是一个符号，我们可以说命题都是由符号组成的，每一个命题都是复杂的，每一个命题都有一定的结构。每一个符号在命题中获得一定的意义，而意义“永远或多或少是心理学的概念”。意义这个概念也是一个非常重要的词语，它不是对象的名称。命题中的每

① 罗素：《逻辑与知识》（1901－1950年论文集），苑莉均译，张家龙校，商务印书馆，1996年，p. 220。

② 罗素：《逻辑与知识》（1901－1950年论文集），苑莉均译，张家龙校，商务印书馆，1996年，p. 231。

一个词项都有意义，而由词项组成的命题也有整体的意义，所以我们在使用“意义”这个词语的时候要注意在不同场合下“意义”的具体意义也是不同的。罗素说道：“关于一个人用‘意义’意指什么，我要作几点说明。例如，你说‘苏格拉底’这个词意指某一个人，‘有死’这个词意指某一种性质，而‘苏格拉底有死’这个句子意指某一事实。但是这是完全不同的三种意思，而且，假如你认为在这三种情况中‘意义’一词具有同样的意思，你就会陷入最无希望的矛盾之中。我们千万不要认为恰好有一个由‘意义’所指的事物，这是非常重要的。一个名称大概是对于一个人所使用的专门符号；一个句子（或一个命题）大概是对于一个事实的专门符号。”①所以命题虽然与事实相关，但它不是事实的名称。命题与事实之间是用真或假两种逻辑关系联系起来。而某个特殊的名词与它的对象就只有一种关系，即命名的关系，如果名称不对任何东西命名，那它就只是一种“无意义的声音”。传统的哲学只注意到了名称与对象的关系，这在亚里士多德的《范畴篇》里面表现得相当明显，这些哲学家对命题与对象的关系没有任何考虑，所以他们在遇到“无”等问题时就产生了一些悖论。

（二）罗素的“复杂性”概念与关系外在性的观念

罗素关于事实和命题的一般思想是其关系理论的前提。由于他将命题表达的对象从事物转变为事实，命题中各词项之间的关系就不再是指事物各要素的内在关系，而是指构成事实的要素之间的外在关系。在命题中，由于各个词项之间是外在关系，命题整体是可以分析的，这样，罗素就打破了一元论哲学关于整体不

① 罗素：《逻辑与知识》（1901－1950年论文集），苑莉均译，张家龙校，商务印书馆，1996年，p. 224－225。

可以分析的神话。

我们知道，关系问题与“一”“多”的问题密切相关，而这个问题的根本就是对“复杂体”的理解。复杂体既然是“体”，那么它就是“一”；既然它是复杂的，那么它肯定同时就是“多”。如果撇开存在论的话，那么一与多肯定是一个相对的词，所以研究存在论的传统哲学家们通常都用辩证法将二者结合起来，而不相信辩证法的哲学家则认为这是一个奇迹，认为这体现了上帝的作用。亚里士多德主义传统认为命题的本质是主谓判断，认为所有谓词所表达的对象都存在于主词所表达的实体之中，所以，他们将实体的事物看成是复杂体。但是，在罗素看来，将事物的实体看成为复杂的，这一点并不是自明的，把不自明的实体当作“一”导致他们错误地得出一元论结论。他说道：“当然，日常生活中所有普遍的客体看起来都是复杂的实体：这样的事物有桌子和椅子、面包和鱼、人、领地和权利——这些事物从外表上判断都是复杂的实体。我们习惯上给予所有专有名称的各类事物从外表上判断都是复杂实体：例如，苏格拉底、皮卡迪利、罗马尼亚，主显节之夜或任何你愿意想到并能给予一个专有名称的事物。这些事物看起来都是复杂的实体。它们看起来像是被束缚在一起而成为某种统一的复杂体系，这种统一导致一个单一名称的使用。我认为，正是这种表面上统一的企图，在很大程度上导致一元论哲学，而且导致这样的联想：作为整体的宇宙在这些事物即我上述谈论的那种事物的意义上大约是一个单一的复杂的实体。至于我，并不相信有这种类型的复杂实体。我想视作为自明的复杂实体的例子的也不是这样一些事物。”①

---

① 罗素：《逻辑与知识》（1901－1950 年论文集），苑莉均译，张家龙校，商务印书馆，1996 年，p. 229。

由于文章篇幅我们不能详细介绍罗素反对将日常的专名所指的普通事物当作自明的复杂实体，我们只想指出，罗素认为像苏格拉底和皮卡迪利、罗马尼亚等名称所指的事物都是某种序列，罗马尼亚和皮卡迪利是某种物质实体的类组成的序列，而苏格拉底则等同于他的经验的序列，这些序列与类的序列一样，都具有虚构的本质。[①] 但是，罗素认为，尽管我们对苏格拉底的经验是模糊的，但是“苏格拉底有死”这是一个事实，这一点却是自明的。只有在谈论“苏格拉底有死”类似的事实的时候，我们谈论复杂体的复杂性才有意义。

罗素认为，我们的哲学分析只能从事实的分析开始，而不是对复杂事物的分析。他说道：“世界上的事物具有各种特性，并且相互之间有各种关系。事物具有这些特性和关系，这是事实，而事物及其性质或关系在某种意义上显然是具有这些性质或关系的事实的组成部分。因此一个人对复杂性的问题的思考必定开始于对各种事实的分析，而不是对显然的复杂事物的分析。”[②] 由于人们通常都习惯用“复杂体”“统一体”和“整体”等词语表示事物，所以有时候，罗素就根本不使用这些词语，只用“事实”一词来表示命题表达的对象。

各个成分在组成某个事实的时候，也组成了其他事实；命题的各个成分在组成这一个命题的时候也组成了其他命题；在一些成分发生变更时，事实与命题的另一些成分并不必然发生变化。罗素认为，在理想的语言下，除了少数词汇以外，命题与事实之间有一定的同构性。比如“柏拉图是有死的”和“苏格拉底是

---

① 罗素：《逻辑与知识》（1901－1950 年论文集），苑莉均译，张家龙校，商务印书馆，1996 年，p. 230。

② 罗素：《逻辑与知识》（1901－1950 年论文集），苑莉均译，张家龙校，商务印书馆，1996 年，p. 231。

有死的”这两个命题中对主词进行了变更，但是“有死的”这个词项并未发生变化；同样“苏格拉底是有死的”和“苏格拉底是人”这两个命题中谓词发生了更替，但是作为主词的“苏格拉底”并没有发生变化。

在这个意义上，罗素认为虽然命题和事实都是统一体，但是它们都可以分析。由于很多命题涉及动词和介词，罗素认为，动词和介词也可以在其他名词等变更时不发生变化，所以这些词语表达的关系存在。他对关系这样描述到：“任何组成成分是 x 和 y 的命题陈述的是 x 与 y 的关系，将 z 和 w 替换 x 和 y 之后所得到的命题陈述的是 z 和 w 之间的相同的关系。”① 在命题中的这种情况与事实中的这种情况是对应的。

罗素通过这种办法否定了布拉德雷等绝对论者认为命题中任何一个成分都与其他成分密切相关，某一个成分发生变化，另一个成分也要发生变化。“命题中和事实中一个项并不随着另一个项的变化而变化”，诚如前面所言，可以称作罗素外在关系学说的第一层含义，这层含义是罗素整个关系学说的基础。

（三）罗素的外在关系理论的核心内容

“事实和命题的可分析性”和“命题中和事实中一个项并不随着另一个项的变化而变化”的观点。虽然还是回应了像布拉德雷等绝对主义者的关系理论，但是它还不足以回应莱布尼茨等内在关系论者。罗素用来回应莱布尼茨的内在关系理论的，是我们可以称之为类型论意义上的外在关系理论，这是罗素关系理论的核心。它也是在上述第一种外在关系理论的基础上发展出来的。

---

① Bertrand Russell, '*Some Explanations in Reply to Mr. Bradley*', Mind, New Series, Vol. 19, No. 75, Jul., 1910, p. 375.

我们认为罗素的类型论意义上的外在关系理论有以下几方面的意思，第一是关系作为共相与殊相不是同一种类型，前者不能还原为后者；第二种含义是，如果将属性谓词看作一元关系的关系，那么一元关系可以转化为二元关系，二元关系也可以转化为三元关系，以后的可以类推，但是二元关系不能转化为一元关系，三元关系也不能转化为二元关系，等等，即一级关系可以转化为高一级关系，但相反情况是绝对不可能的。从高级关系类型不能转化为低级关系类型来看，关系也是外在的。

罗素通过这种语言分析得出了关系和逆关系不是同一个关系的结论，从而回答了中世纪理查德所提出的问题。

1. 外在关系的第一层含义：作为共相的关系与作为殊相的关系项是不同类型

关系作为共相不能还原为殊相，这在前面介绍罗素驳斥关系唯心论的过程中已经做过了一些介绍。但是我们现在还要补充几点。首先，殊相与关系等共相的区别。罗素认为殊相是自存的，但是这种自存性不是时间上的持存性；关系等共相也是自存的，但是它的自存性是在时间上永恒存在的持存性。我们不需要根据命题来了解殊相，而需要亲知来了解殊相。罗素解释说："一旦你亲知了一个殊相，你就完全充分地理解了那个殊相本身，这与以下的事实没有关系：存在着大量你尚不知道的有关这个殊相的命题。但是为使你能知道这殊相本身是什么，你完全没有必要知道关于此殊相的很多命题。"① 但是关系就不同，它只有作为关系联系关系项才能共现（compresent）出来，所以你如果想理解关系的共相，你就必须理解含有这种关系及其关系项的命题。罗

① 罗素：《逻辑与知识》（1901－1950 年论文集），苑莉均译，张家龙校，商务印书馆，1996 年，p. 246。

素说道：“一种关系只有作为关系才能出现，它决不能作为主词出现。如果不是真实的关系项，你就总得提出假设的关系项，例如‘如果我说 x 在 y 之前，我就肯定了 x 和 y 之间的一种关系’。正因为这样，你就必须扩充‘「之前」是一种关系’这样的陈述，以便能得到它的意义。”①

弗雷格从逻辑学的角度已经论述过这些思想，不过他采用的是函数的形式和函数的变元的方法解决的，罗素在其《数学原理》和《数理逻辑导论》中也是这样做的，但是现在罗素从哲学的角度采用柏拉图哲学中的共相学说来解释这种函数的形式。他明确地否定了布拉德雷关于直接经验中直接关系的学说和詹姆斯关于关系存在于感性之中的学说，因为他们都是从经验论的传统出发，没有看到共相不能还原为感性事物的一面。从罗素的角度看，布拉德雷反复强调关系不可能与关系项连接成为一个统一体，性质和实体也不可能成为统一体，其原因就在于布拉德雷将性质和关系等共相当成了与“这一个”的殊相并列的形式。所以罗素的“外在关系”一词虽然表面上与布拉德雷等人反对的“外在关系”一样，但是事实上完全不同。用布拉德雷反对外在关系的理由很难反驳罗素的外在关系理论，所以在罗素发表他的《数学原理》后，布拉德雷怎么也不懂为什么罗素在坚持外在关系的同时又特别强调“复杂体”的同一性。罗素自己也反复强调，经验论在抽象观念理论上存在巨大失误，唯理论从抽象观念的共相的角度看，唯理论的理由更加充分。布拉德雷和詹姆斯等人没有看到作为共相的关系和性质与作为殊相的主词之间的区别，这是因为他们被语言的表面现象迷惑了。语言中各种词在语

---

① 罗素：《逻辑与知识》（1901－1950 年论文集），苑莉均译，张家龙校，商务印书馆，1996 年，p. 248。

音和语法上的区分通常会遮掩它们属于逻辑上不同的类的事实。

罗素阐述了逻辑类型的定义，为人们区别词项的逻辑类型提供了一种方法。他说道："一个逻辑类型的定义如下：A 和 B 具有同样的逻辑类型，当且仅当给出 A 是其中一个成分的任一事实，就有一个以 B 作为一个成分的相应的事实，此事实或是由 B 代替 A 的结果，或是这个结果的否定。"① 他的方法还是通过词项的变更来看变更之后的命题是否还是一个有意义的命题。他举例说："苏格拉底和亚里士多德属于同一种类型，因为'苏格拉底是哲学家'和'亚里士多德是哲学家'都是事实；苏格拉底和喀利古拉属于同一个类型，因为'苏格拉底是哲学家'和'喀利古拉是哲学家'都是事实。热爱和杀害属于同一个类型，因为'柏拉图爱苏格拉底'和'柏拉图不杀害苏格拉底'都是事实。"②但是，如果我们将殊相换成共相，如将"苏格拉底"换成"杀害"或者"有死的"，我们看到的就是"柏拉图不杀害杀害"或者"柏拉图不杀害有死的"这样没有任何意义的句子了。

2. 外在关系的第二层含义：相对多元的关系不能还原为相对少元的关系

作为类型论的外在关系理论的第二个方面是，具有较少数量的关系项的关系虽然可以转化为具有较多数量的关系项的关系，但是相反具有较多数量的关系项的关系不可能转化为具有较少数量的关系项的关系。由于性质和关系都是共相，在命题中都不可能成为主词，它们的性质基本相同，所以我们可以将性质当作只有一个关系项的关系。这样看来，前面我们看到的罗素对莱布尼

① 罗素：《逻辑与知识》（1901－1950 年论文集），苑莉均译，张家龙校，商务印书馆，1996 年，p. 404。

② 罗素：《逻辑与知识》（1901－1950 年论文集），苑莉均译，张家龙校，商务印书馆，1996 年，p. 404。

茨等将关系命题还原为性质命题的批判，只是“具有较多数量的关系项的关系不可能转化为具有较少数量的关系项的关系”思想的一个特例而已。当然我们也应该注意罗素强调多元关系对具有较少关系项的关系的不可还原性主要是指非对称性关系，这是我们在前面论证非对称关系在秩序建构的过程中作用时就已经谈过了的。虽然对称的传递性关系可以转化为具有较少关系项的关系，但是那并没有实用意义，它反而将命题变得不简洁清晰了，所以我们既不要否定关系，也不要否定性质。由于这一部分的内容我们在“罗素对近代种种关系的理论的批判”部分就开始阐述，其基本意思已经比较明白，无须再介绍。

罗素的外在关系论主要是从逻辑类型的角度认为关系是外在于关系项的。为了更加准确地表述罗素的外在关系理论，我们必须将这种理论称之为“类型论的外在关系理论”，以突显其关系理论之“外在性”并非经验意义上的外在性。罗素本人对他的外在关系理论有一个完整而又精确的描述：“我们所说的外在关系学说是指什么呢？它主要是指：一个关系命题一般来说在逻辑形式上不等价于一个和更多的主谓词的命题。更精确地说，给出一个关系命题函项‘xRy’一般地并不出现下面的情况，即可以找到谓词 a、b 和 c，使得对于 x 和 y 的所有的值来说，xRy 相当于 xa、yb、（x，y）c（此处（x，y）代表由 x 和 y 组成的整体)，或者相当于这三种情况中的一种或者两种。这（并且唯有这）才是我肯定外在关系学说时所要强调的意思；而这显然至少是布拉德雷先生在肯定内在关系学说时所要否定的观点的一部分。”①

① 罗素：《逻辑与知识》（1901 - 1950 年论文集），苑莉均译，张家龙校，商务印书馆，1996 年，p. 407。

罗素的这种说明与他早年的陈述是一致的，并且早年的陈述用形式化的方法将外在关系的意思表达得更加简洁：“我认为‘x 有关联 y 的 R 关系’（x has the relation R to y）这样的事实，这样的关系一般不能还原为，仅仅关于 x 的事实和仅仅关于 y 的事实，也不能从单纯的 x 的事实和 y 的事实中推导出来：它们都不意味着 x 和 y 有任何复杂性，也不意味着 x 和 y 有任何不同于另一组没有关系 R 的 z 和 w 的内在属性。这就是我所说的‘关系是外在的’的含义。”①

罗素强调他的关系理论不是经验性的关系理论，如果从经验关系的角度，罗素并不全部否认布拉德雷曾经讨论过的那些关系与关系项的相互影响，但并不是罗素感兴趣的东西。这一点尤其反映在布拉德雷非常重视的“关系项是否可以独立于它们的关系”的问题上面，布拉德雷认为如果认为关系项可以独立于它们的关系，那么这就是主张外在关系理论。针对这一点，罗素说道：“如果我们说‘关系项独立于它们的关系’，我们的意思是‘两个具有给定的关系的项，假使它们不具有这种关系也是同样的’，那么这显然是错误的；因为不管这两者是什么，它们总具有这种关系，所以凡是不具有这种关系的东西，就是不同的。如果我们的意思——像外在关系的反对者以为的那样——是说关系是第三个项，它出现在其他两个项之间并且不管怎么样都依赖这两个项，那么显然是荒谬的，因为这样一来关系就不再是关系了，所有真正作为关系的东西就是关系对象的依赖。把关系作为其他两个项之间的第三项的概念违反了类型论的学说，必须极谨

① Bertrand Russell, ‘*Some Explanations in Reply to Mr. Bradley*’, Mind, New Series, Vol. 19, No. 75, Jul., 1910, p. 374.

慎地加以避免。”①

3. 关系与逆关系是统一的

最后，我们专门来讨论一下关系本身的问题。这也是一个历史上遗留下来的问题，我们在中世纪哲学家理查德那里就讨论过，即关系与它的逆关系是两个具有不同意指的关系，还是同一个关系的两种意指。或者举个简单的例子说就是“a 大于 b”和“b 小于 a”是两个事实，还是一个事实，a 和 b 之间是一个关系还是两个关系？个别讨论这个问题哲学家也只是简单地认定这两者属于同一个关系，而不作论证。

罗素在《论‘序’的概念》一文中回答这个问题。他旗帜鲜明地认为，这是两个不同的关系。他的论据仍然是从逻辑的角度提出来的。从分析的角度看，“大于”当然与“小于”是不同的，故“a 大于 b”和“b 小于 a”两个命题有着不同的组成成分。罗素认为两个命题之间确实有一种互相蕴涵的关系，即我们可以从“a 大于 b”推导出“b 小于 a”，相反亦然，但是这并不能证明它们是同一个关系，正是因为它们是两个不同的关系，我们才说它们是互相蕴涵的。罗素这样说道：“我们可以简单地这样说，AR_1B 蕴涵着 BR_2A，但是它与 AR_2B 和 BR_1A 是不一致的，这种两个命题之间的蕴涵关系是 R_1 和 R_2 这两个关系属于具有不同意指的不同关系的种的事实的结果。”②

罗素的这种结论不太令人满意，因为它会使得关系的事实增多，而达不到他本人所奉为金科玉律的“奥卡姆剃刀”的简易原则。与他同时的许多哲学家都对此提出了批评。

---

① 罗素：《逻辑与知识》（1901 – 1950 年论文集），苑莉均译，张家龙校，商务印书馆，1996 年，p. 407。

② Bertrand Russell，‘On the Notion of Order’，Mind，New Series，Vol. 10，No. 37，Jan.，1901，p. 41.

三、论因果关系和因果律

众所周知，因果关系在所有关系中有着相当重要的地位。但是在休谟以前，人们一直是将因果关系放到“先于”“相似”等关系一起讨论的，似乎“闪电是雷鸣的原因”与“闪电先于雷鸣”中的句法和逻辑都一样，休谟首先将因果关系与“相似关系”区分开来。他将一般的“哲学关系”（philosophical relation）分为七种类型，如类似关系，统一关系，时间和空间的先后、远近、上下等关系，数量关系，等等。而因果关系则不属于“哲学关系”，哲学关系属于“观念论”范围，而因果关系则属于“知识论”范围。在绝对主义者那里，因果关系与其他关系都是属于绝对实在，所以不需要分别讨论。

罗素继承了休谟关于因果关系不同于一般“哲学关系”的观点。他认为前面的那些关系都属于单纯的哲学分析的范围，而因果关系则不同，它要求我们从普通知识出发，对知识进行逻辑的分析，揭示那些更加简单、明确的知识前提，只有在对各种知识的前提进行分析后才能揭示因果关系的本质。罗素在《我们对外间世界的知识》的最后一章中对因果关系进行了研究。为了将因果关系与其他哲学关系区分开来，他一般将因果关系称为“因果律”。

罗素对因果律的理解是这样的：“一些事物凡以某种相互关系发生时（其中必包括它们的时间关系），与这些事物有固定关系的一个事物就将在它们的发生的日期有关的一个固定的日期发生。”① 这个命题中包含这样几层含义和特点：第一，因果关系

① 罗素：《我们关于外间世界的知识》，陈启伟译，上海译文出版社，1990 年，p. 161。

的关系项一定是殊相；共相之间的关系不可能是因果关系；第二，因果关系的关系项是殊相，它必定发生在时间之中；第三，关系项不是恒定的，但它们之间的关系是恒定的；第四，“相同的原因，相同的结果”这样的命题不足以表达因果关系，严格意义上相同的原因是几乎不存在的，人们也无须对原因的相同性有过多的重视；第五，因果关系通常不只是关系项之间的一对一关系，它还涉及许多其他材料；最后，因果关系不是内在关系，人们对因果关系的判定不是根据关系项的内在性质，而是根据它们的呈现以及它们所属的类的普遍性。

罗素认为因果关系要有殊相之间的作用才能呈现，但是这些殊相之间的作用反映的是这些殊相所从属的类之间的关系，这种类之间的关系是恒定的，这些类的关系的恒定性根本不取决于关系项作为“这一个”的殊相的特殊性，所以我们不要从内在关系的角度来理解因果关系。他说：“我们除了通过一个殊相之实际给予是不可能对它有所亲知的。因此，由因果律推知的殊相必然只能以或多或少的精确性加以描述；除非这个推论被证实了，否则它是不可能被命名的，再则，因为因果律是普遍的，可应用于许多事例。我们由之进行的推论的这个殊相必然由于某种普遍的特征而不是由于它恰恰是这种殊相才容许这种推论。”① 罗素用雷鸣与闪电的关系来说明这一点：“我们从雷鸣推出未感知的闪电，不是根据雷的任何特性，而是根据它与其他雷鸣的类似。因此一种因果律必须说明，某一种类的一个事物（或许多指定种类的许多事物）的存在暗含着与之有关的另一事物的存在。

① 罗素：《我们关于外间世界的知识》，陈启伟译，上海译文出版社，1990 年，p. 159。

只要前者属于该类事物，它就保持不变。”①

我们可以看到罗素对因果关系的论述与密尔的论述有许多相似之处。与密尔一样，罗素也认为因果关系的根据是“不可分析的齐一性”，这种齐一性不是休谟意义上的心理联想的齐一性，而是规律，是万有引力等意义上的客观规律。传统的因果观念认为原因和结果之间存在着能动与被动的差别，原因是能动的，结果是被动的。但是罗素认为根本不存在这样的差别，客观的规律才是因果关系中关键性的因素，它们之间有时间先后，或者虽然在时间上同时，但是有逻辑先后，在这个意义上我们将在先者称为“原因”，在后者为“结果”，但这仅是一种方便的名称。罗素说：“对世界的科学解释上，‘原因’一词仅属于很久以前的时代，那时人们探知了一些小范围内的初步的近似的通则，以便尔后获得更大范围的更恒定不变的规律。只要我们还不了解砒霜毒死人这个结果产生的确切过程，我们就可以说：‘砒霜是致死的原因。’但是在一种高度先进的科学中，对恒定规律的任何陈述都不包含‘原因’这个词。不过，对‘原因’一词的笼统模糊的用法也许可以保留下来。得到前科学应用的那些近似的齐一性结果可能除了极少的例外在一切情况下都是真的，或者说在一切实际发生的情况下都是真的。在这类情况下中，若能把在先的事件称为‘原因’，把在后的时间称为‘结果’，就很方便。”②

我们从上述罗素的关系理论的讨论中可以看出，罗素的外在关系理论并不是在所有的方面都反对绝对论的关系理论，例如他

---

① 罗素：《我们关于外间世界的知识》，陈启伟译，上海译文出版社，1990 年，p. 159。

② 罗素：《我们关于外间世界的知识》，陈启伟译，上海译文出版社，1990 年，p. 164。

强调某种关系并不能够联系所有关系项，关系项在某种关系中的变更只能在一定范围内才是可能的。但是从整体上，罗素的外在关系理论与布拉德雷等人的绝对论的关系论是针锋相对的，外在关系理论呈现了一种多元论的世界形象，而这是绝对论极力反对的。

另外，罗素的外在关系理论与詹姆斯所提倡的外在关系理论也针锋相对，因为詹姆斯的出发点是一种人本主义的实用主义，它将关系当作是感性因素，从而在整个理论风格上是反理智的，对数学等科学领域讨论的关系也持一种实用的态度，而不认为这些科学中讨论的关系是实在的；而罗素要求放弃价值观念的任何要求，他认为哲学在各种伦理学的态度中应该保持一种价值中立的立场，遵循严格科学的方法去进行哲学探究，坚持理智事物中“关系是实在的”观点，但这种实在的关系不是感性的，而是理智的。

罗素的这种鲜明的分析哲学的风格影响了相当多的哲学家，从而也使分析哲学能够成为一种强大的思潮，并且在英国的大学中彻底战胜绝对论。

第二节 摩尔：“关系改变关系项”命题的终结者

罗素将内在关系理论的核心归结为一切关系都可以还原为关系项的性质，从而认为内在关系理论在绝大多数关系中不成立，即使在少数关系中它可以成立，但是这种少数关系的内在性也可以通过外在关系理论得到合理解释。罗素对内在关系理论有许多误解，他对内在关系理论持一种一概否定的态度，给人留下了一种很不审慎的印象。

摩尔也是反对绝对论的当代先驱之一，但是他对内在关系的批判，相对于罗素而言，要审慎得多。摩尔不同于罗素，他比较同情内在关系理论，并且公开承认这一点；在内在关系的批评方面也是尽可能深入挖掘内在关系理论的具体含义，然后，针对内在关系理论的模糊性所带来的逻辑混淆，提出自己的批评。不过摩尔并没有独立的关系理论体系，他的关系思想是在批判内在关系理论的过程中确立的。他对内在关系理论的批评主要集中在《外在关系和内在关系》（External and Internal Relation）一文中，这是我们讨论的主要文本。

在摩尔看来，内在关系理论的主要论点有两个：第一是关系命题所表达的事实不能分解为它的组成部分；第二是关系规定和改变（modify）关系项。关于第一个论点，摩尔认为关系事实不能完全分解为它的组成部分，正如内在关系论所说的那样，它不仅包含了关系和关系项的组成部分，而且更加重要的是它表达了关系项和关系是一个整体，而不是一个个独立事物的聚合体。这种出发点是正确的，它对于任何关系都适用，从这个角度说，我们当然可以说一切关系都是内在关系。

但是，摩尔认为，内在关系论虽然将这一论点作为他们的主要论点，但是他们的主要目的不是在于这个论点本身，因为许多外在关系论者也承认这个论点，内在关系论者是通过这一个论点来暗示第二个论点，即关系规定关系项，关系的改变也同时会改变关系项。这样一种暗示容易达到内在关系理论的效果，因为第二个论点常常暗示一切事物彼此关联的整体主义的世界观。由于第二个论点由来已久，像罗素这样一个坚定的外在关系论者也在这个问题上同意了内在关系的主张，它值得我们详细讨论。

第二个论点“关系改变和影响它的关系项”的核心词是“改变”（modify）。摩尔认为，内在关系论者主要是在一种隐喻的意义上的使用“改变”这个词，因为很明显通常的“改变”

一词的含义只对于一部分关系命题是适合的，比如蜡烛放在火上就会融化，蜡烛与火之间的关系肯定会导致蜡烛的变化（change），但是从这个角度看，大多数关系并不会使关系项发生变化，所以在通常意义下的这个命题作为内在关系的根本论点就是错误的。所以内在关系理论明显不是在通常的意义上使用“改变”这个词，而是在一种隐喻的意义上使用这个词。

摩尔认为要揭示这个命题的隐喻含义，就必须区分关系与相关性特征。任何事物可能同时与很多其他事物发生关系，如A是B父亲，同时他也可能是C的父亲、D的父亲等等。在传统哲学中，“……的父亲”和“B的父亲”或者“C的父亲”等都可以称之为“关系”。所以“关系改变关系项”的含义就比较模糊，它不能确定究竟是“……的父亲”改变和影响A，还是“B的父亲”或者“C的父亲”改变和影响A。

要讨论内在关系论强调的“关系改变关系项”的具体含义，就必须解决上述语言中的歧义问题。摩尔认为必须将传统哲学一般都称之为“关系”的两种情况分别称为“关系”（relation）和“相关性特征”（relational property）。就上面的例子而言，“……的父亲”或者说“父亲关系”（fatherhood）表达的是关系，而“B的父亲”等表示的是“相关性特征”。[1] 从这种区分看，内在关系理论认为关系是内在的，他们的主要意思是指相关性特征是内在的，因为这些特征是关系项所拥有的。

因为相关性特征内在于关系项，所以人们当然可以说某个事物A拥有某个相关性特征P与它没有拥有这个特征P是不同的。在这个意义上人们可以说相关性特征改变了其关系项，而“改

① G. E. Moore：Philosophical Studies，Routledge and Kegan Paul Ltd，1922，p. 282.

变”就是指“在有关系特征和没有特征两种情况下关系项不同”。

但是摩尔提醒我们不要将“改变”的隐喻意义中的“不同”理解为“引起……不同”。某个事物在有了一种新的相关性特征以后就“不同于”它在没有这种相关性特征的时候，这种“不同”不是由某种事物引起的，而是伴随着相关性特征的变化而出现的。例如某人在做父亲以后和他在做父亲以前是不同的，但是这种“不同”并不是由于“父亲性”的关系，也不是“某某的父亲”的相关性特征迫使这个人变化的结果，而是只要他的相关性特征发生了变化，他就“必然”不同。

由此看来，“关系改变和影响它的关系项”这个内在关系理论的基本命题的核心含义就是某个事物在有了某个相关性特征之后与它没有这个相关性特征时是“必然”“不同”的，相反亦然。要判断内在关系理论的这个命题的合理性，我们就要具体分析这个隐喻命题中“必然”和“不同于”这两个词语的含义。

摩尔认为，这个隐喻命题中的“必然”要表示的是我们从一定的前提会得到一定的结论，如我们说“花是红的”，那么我们就会由此得出“花是有色的”，在这个隐喻中，“必然”表达的是“花是红的”和“花是有色的”之间的蕴涵关系，即：“说一个给定的相关性特征 P 改变或者内在于拥有它的关系项 A，就是说‘某物没有这个相关性特征 P’这个命题能够得出‘这个事物不同于 A’。”①

关于“不同”（different）或者说“差异”一词的含义，摩尔根据亚里士多德等人将“差异”区分为“号数上的差异”

① G. E. Moore: Philosophical Studies, Routledge and Kegan Paul Ltd, 1922, p. 285.

(numerical difference)[①] 和“性质上的差异”（qualitative difference）的方法。他认为内在关系理论认为相关性特征是属于关系项的，内在关系理论的隐喻性命题中“改变”的“差别”是“性质上的差别”，然而，内在关系理论不仅仅强调这种“改变”隐喻中的“差别”是性质上的差别，而且也是号数上的差别，这就混淆了这两类差别的性质。

摩尔认为从“差别”的两个方面的含义和“必然”在这个隐喻中的含义来看，内在关系理论在隐喻意义上的“关系改变和影响关系项”是错误的。摩尔认为，“A 有 P 的相关性特征，x 没有 P 的相关性特征，从这两个命题必然得出，x 有别于 A”，这是正确的，内在关系理论的错误就是将这个正确的推理与一个错误的推理混淆起来了，从而得出了一个与上述正确命题非常相似的错误的命题。他们认为，“如果 A 有 P 的相关性特征，那么从‘x 没有这种相关性特征 P’的命题，就必然得出 x 有别于 A。”

以上的推理说明，即使用“关系改变和影响关系项”的隐喻的意义也说明不了关系是内在的，它最多只能说明有的相关性特征是内在的。摩尔认为，只有一些相关性特征是内在的，而很多相关性特征并不是内在的，“相关性特征是内在的”不能推广到一切命题上，更不能在“相关性特征是内在的”的意义上说一切关系是内在的。

摩尔认为有些相关性特征不是内在的，其原因很简单，有些事物具有某种相关性特征仅仅是一种事实，并不能据此说明这个

① numerical difference 是一个非常难翻译的词，通常翻译为“数的差异”。与此词相对 numerical identity，通常译为“数的同一”。在吴寿彭先生《形而上学》的翻译中，他将 numerical identity 翻译为“于数为一”。在邓晓芒先生的《纯粹理性批判》中将“numerisch”翻译为“号数上的”。我们采用邓晓芒先生的译法。

事物的任何特性，即使没有这个相关性特征，也丝毫不改变什么。根据我们前面对布拉德雷的论述可以知道，布拉德雷非常反对这种“没有这个相关性特征，也丝毫不改变什么”的观点，在布拉德雷看来，如果关系变化了，那么它总是会要改变一点什么，即使我们根本不可能察觉出这种微小的改变。摩尔认为内在关系论者的这种观点事实上是以一种“不可分辨的同一性”的观点为出发点的，这种“不可分辨的同一性”是不能成立的，不过他没有说明任何理由。①

摩尔的关系思想的巨大贡献在于他澄清了“关系改变关系项”的命题，他使以后的学者们很少用“关系改变关系项”的命题来论证内在关系理论。就他自己而言，他并不反对有一些关系是内在关系，而是反对所有关系都是内在关系的绝对主义观点。在他看来，常识表明了有些关系是内在关系，有些关系是外在关系。

第三节　维特根斯坦：关系是可显示的事物连接方式

与罗素等人相比，关系理论在维特根斯坦早期学说中地位并不十分重要，在19、20世纪之交的关系问题的争论中，他的关系思想也不十分引人注目。但是这一点并不说明他的关系理论没有意义，或者说，他的关系思想不应该在关系研究中占一席之地。在英美国家，只有少数学者注意到了他的这些思想。I. M. Copi教授撰写的《论〈导论〉中的对象、属性和关系》就是这少数研究作品中的优秀作品。由于众所周知的《逻辑哲学

① G. E. Moore：Philosophical Studies，Routledge and Kegan Paul Ltd，1922，p. 307－308.

导论》一书简练的格言式的体裁，维特根斯坦的关系思想在该书中只有几句话的概括，所以我们只能结合他的整个思想才能理解他的关系思想。

一、关系共相不存在

罗素坚持命题与事实相对应，要求创造一种有别于日常语言的人工语言，维特根斯坦早年也同样是追求一种完善的人工语言。在他们看来，日常语言的歧义性是导致传统哲学中一些经典命题无效的重要原因。但是罗素的人工语言依据的主要原则是共相与殊相的区分，将共相当作逻辑常项，而殊相则当作变量，这些共相与殊相都是存在的，只是存在的类型不相同而已。在维特根斯坦看来，罗素的哲学和逻辑还是不彻底的，他保留了逻辑常项指谓共相的看法，事实上从一种原初语言的角度看，这些逻辑常项是没有任何必要的，关系也不必作为一种共相而存在。

在维特根斯坦所设想的语言中，原初命题是由名词组成的，而名词作为简单指号在命题中代表对象。维特根斯坦说道："原初命题是由名字组成的，是名字的一种联结，一种连缀。"(4.22)① 他又说道："命题指号之为命题指号在于其诸成分即诸语词是以一定的方式在其中互相联系着的。"（3.14）"如果我们想象命题指号不是由书写指号而是由空间对象（例如桌、椅、书）组合而成的，命题指号的本质就非常清楚了。那时这些事物彼此的空间位置就表达了命题的意义。"（3.1431）

① 由于本书涉及维特根斯坦《逻辑哲学导论》的引用之处特别多，所以我们按照通常的惯例只在行文过程中直接标出所引用句子的序列号，而不再标出其具体页码。如果没有特别说明，关于《逻辑哲学导论》一书，我们的译文全部来源于陈启伟先生的译本。陈启伟先生翻译的《逻辑哲学导论》属于涂纪亮先生主编的《维特根斯坦全集》（第1卷）（河北教育出版社，2003年）。

在维特根斯坦看来，没有必要将表达对象的名称与表达对象之间关系的关系词并列起来。名词只有在命题的连接当中才具有意义，所以名词出现在命题中，必然将罗素哲学的共相的词语带出来了；如果这些名词不出现在命题中，不被使用，那么这种名词就是无效的，应该用“奥卡姆剃刀”将它们去掉。所以在这个意义上，罗素哲学中的表达共相的那些词语在原初命题中就不能作为一种有指谓的词语存在，从而也就不能作为一种基本的概念引进原初命题。维特根斯坦针对罗素将一般的共相作为基本概念引进的情况说道：“形式概念已与归属其下的一个对象一起被给出了。因此我们不能将一个形式概念的对象和这个形式概念本身都作为基本的概念引进。因此，例如，不能（像罗素那样）将函项概念和具体的函项，或者将数的概念和一定的数，都作为基本概念引进。”（4.12721）维特根斯坦强调说：“命题之所以可能乃基于对象以指号为其代表的原则。我的基本思想是：‘逻辑常项’不代表任何东西。事实的逻辑不能为任何东西所代表。”（4.0312）维特根斯坦这里谈到的函项概念当然包括了罗素和弗雷格等所说的关系共相。

在他看来，罗素所说的那种可以作为指谓对象的关系是不存在的，它只是对象之间的连接的一种方式而已。维特根斯坦说道：“不是‘复杂指号「aRb」意指 a 和 b 有关系 R’，而是‘「a」和「b」有某种关系表示 aRb’。”（3.1432）①

既然不存在关系这样的实体和共相，那么就不存在什么内在关系和外在关系的问题的了，这场争论纠缠于关系的外在性和内

① 由于原文已经具有了两层的引号，所以笔者对翻译本中的标点符号作了适当的更改，将原文中的单引号改为了“「」”，而原文中的双引号则改为单引号。请参见维特根斯坦：《逻辑哲学论以及其他》，陈启伟译，《维特根斯坦全集》（涂纪亮主编）第 1 卷，河北教育出版社，2003 年，p. 196。

在性就完全没有必要了。对象在一定的事态之中自行连接，这种连接方式在原初命题的表达中自行呈现出来。“可能的事况间的一种内在关系的存在，通过表现这些事况的命题间的一种内在关系，自行表达在语言中。”（4.125）[①]“‘是否一切关系都是内在的或者外在的’这个争论的问题，在这里就这样解决了。”（4.1251）

维特根斯坦用了一个形象的比喻来表示他对事物之间的关系的一种理解，他认为，“在事态中，对象犹如一条链子上的诸环节那样互相衔接。”（2.03）在这个比喻中，对象被比作链子中的一个一个的环节，这些环节并不需要一个第三者将这些环节连接起来，它们自身就实现了这些连接。

罗素、摩尔、斯鲍尔丁等许多哲学家在论述关系的本性的时候也使用过一个比喻，即关系是一根连接两个事物的“绳子”，布拉德雷所批判的独立关系也是“绳子”。布拉德雷与斯鲍尔丁等人的分歧在于，布拉德雷认为如果关系是独立的，“绳子”完全独立，那么绳子就需要另一种东西将它自身与连接的东西连接起来，而这种第三者仍然是“绳子”。事实上绳子连接事物并不是依靠无数根绳子来实现的，这说明“绳子”的本性并不是与它连接的东西决然区分的。而在摩尔等人的思想中，这根绳子在本性上独立于它要连接的东西，正是绳子的这种独立性，它才能形成绳子“连接”事物的功能，如果绳子不能连接两个事物，而需要无数根绳子，那么这个东西就不是绳子。

在维特根斯坦的视野中，布拉德雷与罗素的差别仅仅在于布

① 陈启伟先生的这一句译文中“事况”德文原文是“Sachlage”，而郭英对它的翻译比较模糊，有时候翻译为“状态”，有时候翻译为“情况”。我们统一使用陈启伟先生的译名。

拉德雷不相信作为关系中介者的“这根绳子”能够将两个不是绳子的东西连起来，而罗素则相信“这根绳子”的作用，认为如果这根绳子不能把两个东西连起来，那么它就不是一根绳子。而维特根斯坦的关系项不需要这些绳子，也会联系起来，关系项不是被链条联系起来的，因为关系项本身就是这根链条。

维特根斯坦用上述关系思想也同样消解了传统哲学中的同一关系和差异关系。在传统哲学中，大多数哲学家都将同一和差异当作实在，并且这也是传统形而上学的基本信条之一。维特根斯坦根据原初命题的原则，认为同一关系毫无意义，正确做法应该是用指号①的等同和差异来显示对象的等同和差异。维特根斯坦这样说：“对象的等同，我用指号的等同而不用等同的指号（等号）来表达。对象的差异则以指号的差异来表达。”（5.53）在他看来，说两个事物是同一的，是无意义的，而说一个事物是自身同一的，也全然无所说。罗素的逻辑中，表达同一关系要使用“=”的符号，而表达差异的时候必须同时使用“~”和“=”符号。维特根斯坦的原初命题根本不需要“=”这样的独立符号，只需要将前面表达同一的表达式改写就好，所以，维特根斯坦反复强调“等号不是概念文字的一个本质成分”（5.533）。

维特根斯坦不仅将传统哲学中范畴性关系（如“在……左边”）排斥在原初命题之外，而且也将表达逻辑关系的连接词（如“并且”）排斥在原初命题之外。原初命题就是由名字按照一定的顺序和规则构成，但是这些规则不能通过某个词项来命名，它只在命题中显示出来。在维特根斯坦看来，原初命题与音乐是类似的，每一个音符都不表示我们所谓的关系共相，但是这

---

① “指号”是陈启伟先生翻译“das Zeichen”使用的译名，而郭英将它译为“记号”，这个翻译也是可以的，但本书采用陈先生译名。

些音符按照一定的规则排列出来就表现了一定的关系。所以我们可以将维特根斯坦的关系理论的要旨归纳为一句话，即：不可名相，只可显示。

二、命题与实在的关系及因果律

在了解维特根斯坦关系思想的核心内容之后，要说明语言、命题与实在的关系就相对比较容易了。而维特根斯坦的语言已经足够简练，几乎无需我们重新转述，只需用维特根斯坦自己的语句来介绍即可。这种图像论的内容可以由维特根斯坦的以下关于世界和事态的观点、关于图像的观点以及关于图像和事态之间摹绘[①]关系的思想简单地表达出来。我们认为维特根斯坦关于世界和事态的主要论点有如下 6 个：

(a)“世界是事实的总和，而非事物的总和。”(1.1)

(b)“发生的事情，即事实，是诸事态的存在。”(2)

(c)“对象是构成世界的实体，因此它们不可能是组合而成的。”(2.021)

(d)“世界的实体只能规定一种形式，而不能规定任何实质的特性。因为后者只能通过命题来表现，只能由对象的配置而成的。”(2.0231)[②]

(e)“对象的配置构成事态。”(2.0272)

(f)“事态是彼此独立的。”(2.061)

而维特根斯坦关于图像的观点可以归纳为下列 5 个命题：

(a)“图像表现逻辑空间中的事况，即事态的存在与非存

① “摹绘”一词是陈启伟先生对“die Abbildung”的翻译，郭英将它翻译为“描画”，二者都可以。

② 陈启伟先生将这一句话中“die Konfiguration”翻译为“配置”，而郭英将这个词语翻译为“形状”，笔者认为郭英的翻译明显不妥。

在。”（2.11）

（b）“在图像中图像的成分与对象相对应。”（2.13）

（c）“在图像中图像的成分代表对象。”（2.131）

（d）“图像之成为图像在于其诸成分以一定的方式互相联系。”（2.14）

（e）“图像是一个事实”（2.141）

而关于世界的事态与图像之间的关系也可以归纳为如下6个命题：

（a）“图像以一定的方式互相联系，这表明事物也是这样互相联系的。图像成分的这种联系称为图像的结构，这种结构的可能性称为图像的摹绘形式。”（2.15）

（b）“摹绘关系是由图像的成分和事物的相互对置关系构成的。”（2.1514）

（c）“事实要成为图像，必须与被摹绘者有某种共同的东西。”（2.16）

（d）“图像为了能以其自己的方式正确地或者错误地摹绘实在而必须与实在共同具有的东西就是它的摹绘形式。”（2.17）

（e）“不论什么形式的图像，为了毕竟能够（正确地和错误地）摹绘实在而必须与实在共同具有的东西就是逻辑形式，即实在的形式。”（2.18）

（f）“但是图像不能摹绘它的摹绘形式，而是显示它。”（2.172）

但是以上的图像论还只是涉及众多形式的世界的摹绘的一般表述，而作为思维和命题的图像则还应该在以上的图像论的基础上更进一步，当然一般的图像论仍然适应于它们。不过我们应该注意在日常口语中，世界、思维和命题好像分别属于三个不同的领域，事实上，这是受到了近代认识论和19世纪实证的心理主义的影响的缘故才将思维和命题分别开来。在古代，人们并没有将存在与思维严格区分开来，这种区分是到近代才兴起的；而思维和语言之间的区分，在黑格尔哲学以前至少是不严格的，哲学家们都在命题的分析中寻求思维的特性。关于思维与世界的关系，维特根斯坦认为："事实的逻辑图像就是思想。"（2.225）"真的思想的综合就是一个世界的图像。"（3.01）而关于思维与语言命题的关系，维特根斯坦的观点更加简单："在命题中，思想以可被感官感知的方式表达出来。"（3.11）"思想是有意义的命题。"（4）所以图像论在思想世界中就可以落实到命题与世界的实在的关系问题上来。所以我们可以说命题与世界实在的关系问题是古老的"思维和存在是否同一"问题的当代英美版。维特根斯坦关于这个问题的回答可以归纳成为他的如下4个命题：

（a）"命题是实在的一种图像。"（4.01）

（b）"命题传达给我们一个事况，因此命题在本质上必然与事况相联系。而且这种联系正是命题之为事况的逻辑图像。"（4.03）

（c）"一个名字代表一个事物，另一个名字代表另一个事物，而且它们是相互结合在一起的，而这个整体则如一幅生动的图像如此表象着事态。"（4.0311）

（d）"命题能表现全部实在，但是不能表现其为能表现实在而必须与实在共有的东西——逻辑形式。"（4.12）

以上维特根斯坦关于命题与实在的思想与罗素的思想是很类似的，他们的原则差异主要在于第四个命题。也正是最后这一段话的分歧，使得他们的思想在整体上完全不同。这个命题表达了命题或者语言与世界有一种内在的关系，当然这种内在关系是指语言和世界有着共同的逻辑结构这一点而言的。在前面的第一部分中维特根斯坦已经谈到除了名字以外的对象可以直接地表达出来之外，任何其他逻辑常项都是不能用名字表达出来的，它们都只能显示，不能用名字表述。而这种作为逻辑常项的东西恰恰是语言和它表达的对象共同的内容，它们是二者共同的核心结构，所以语言与世界对象的具体关系也不能表达出来，只可能在语言的实践中显示出来。维特根斯坦通常在这个意义上称语言与世界的关系是一种内在关系。

维特根斯坦上述关于语言与世界具有共同的逻辑结构的内在关系思想还表现在他对因果律的解释中。他认为因果律是一种规律的形式，这种形式体现在各种自然律当中，如力学规律等。维特根斯坦认为，“所有诸如充足理由律、自然界连续性定律、自然界最小消耗定律之类的命题，都是对于可能赋予科学命题以何种形式的先在识见。”（6.34）每一类自然律中都有一种先在因素，这说明了属于先在范围的逻辑与属于经验科学范围的自然律之间有着一种内在的关联。真正普遍的经验科学的自然律都不是通过归纳得到的，它们也不是描述具体经验对象，正如力学“不是谈论某些特定的物质点，而是谈论无论哪一个物质点”，虽然它讨论的对象还是世界。这些自然律的形式要素就是语言和世界共有的那种逻辑。在谈完力学是一个由一定的公理组成的系统之后，维特根斯坦说道：“现在我们看到逻辑和力学相关性了。……世界可由牛顿力学来描述，这一点对于世界也无所陈述，但是世界之被牛顿力学作为发生的事情那样描述，这一点却对世界有所陈述。”（6. 342）[①] 如果我们说罗素的因果观念比较接近密尔的因果观念，那么我们可以发现维特根斯坦比较接近具有康德因素的休厄尔的因果观。

通过对维特根斯坦的关系理论的讨论，我们可以发现分析哲学在维特根斯坦这里透露出一些绝对主义者想要表达但是一直没有表达出来的信息。维特根斯坦和布拉德雷的结论都具有浓厚的神秘主义气息，他们似乎都认为世界的秩序是不言而喻的，作为实在的世界与逻辑之间有着某种不能言明的相关性，这种逻辑肯定不是通过重言式的逻辑命题说明得了的。当然，相对维特根斯坦而言，布拉德雷的方式显得相当鲁莽和武断，他的逻辑推理几乎没有考虑多少形而上学语词使用的意义和合法性。而维特根斯坦的哲学预示着关系理论研究的局面出现了某种变化。罗素的理论颠覆了绝对论在英国学术界的统治地位，从而使得他们的学派得以在19世纪前20年蒸蒸日上，“外在关系理论”成了一个时髦的名词，但他们对内在关系论的论战也使得哲学界对内在关系理论的关注日益增多。

---

① 在第一句话中，陈启伟先生将“die gegenseitige Stellung von Logic und Mechanik”翻译为“逻辑和力学彼此相对的地位”，笔者认为这种翻译过于生硬了，并且中文中“相对的地位”含义比较模糊，会使人认为逻辑和力学属于完全对立的不同的领域。另外 Stellung 意义比较虚，中文将它翻译为“地位”，意义显得太实。郭英在商务印书馆的《导论》中译本将它翻译为“逻辑和力学的相互关系”，笔者认为相对比较准确。联系上下文，我将它以为“逻辑与力学的相关性”。

第四章　美国实用主义和新实在论的关系理论

新黑格尔主义发展非常迅猛，在19世纪末，它在英美学术界占主流地位。如果说布拉德雷和鲍桑葵是当时英国哲学学坛的领袖的话，那么罗伊斯等人的新黑格尔主义就是当时美国哲学的主流。美国作为一个移民的文化多元的国度，绝对主义的一元论不可能长久获得知识界的认同。如果说皮尔斯对黑格尔主义哲学还有相当多迷恋，那么詹姆斯等哲学家就要求彻底告别黑格尔主义哲学，开创一条适合于美国文化的道路。詹姆斯和美国的新实在论者就是具有美国本土特色的第一批具有国际声望的哲学家，他们抓住了关系问题争论的契机，向世界表达他们的独特哲学思考。

第一节　詹姆斯的镶嵌关系论

关系问题在詹姆斯的哲学中有着相当重要的地位，可以说，外在关系理论是他的“彻底的经验主义”或者“多元的宇宙观”

区别于近代经验主义哲学的核心内容。[①] 表面上他的彻底经验主义批判的是近代经验主义的元素论和理性主义，事实上，他的批判针对的是柏拉图以来将命题中具有鲜活含义的词项凝固起来的哲学倾向。柏拉图以后的哲学通常将无法固定的命题成分——主要是表达关系的虚词——当作非法成分而抛弃掉，求助更高的绝对概念实现意义的统一。詹姆斯认为，关系与关系项都是客观事物，都存在于原始经验中。

在这点上，詹姆斯不属于亚里士多德主义哲学家，他接受了柏格森对传统哲学的批判，回到了普罗泰戈拉的人本主义哲学传统。[②] 他的哲学继承了普罗泰戈拉宣传的人的世俗精神，在新时期下抵御新黑格尔主义和罗素等人的理性主义，恢复人的自然信仰，在有限的人类生活领域重建人类的信念世界。

相对于布拉德雷和罗素等人理智主义的关系理论，詹姆斯的关系理论主要强调的是关系是感性经验要素。他对关系理论的论证变化不大，我们可以将他在各本书中的论点概括起来介绍。他的关系理论主要集中在《心理学原理》《彻底的经验主义》《多

① 这一点詹姆斯本人说得非常明确，他在《真理的意义》一书的“序言”中对“彻底经验主义”做出的三个规定：“公设是：在哲学家中间唯一可以展开辩论的东西将是可以用从经验中抽出来的词项来说明的东西（具有不可经验的性质的东西的是可以任其存在的，不过这些东西的对于哲学辩论的材料毫无用处。）”“事实的陈述是：事物之间的关系，无论是结合性的或者分割性的，比起事物本身来，同样是属于直接个别经验的东西，不多不少恰好就是这样。”“因此概括的总结是：经验的各个部分通过关系——这些关系本身也是经验的一些部分——而一个接着一个地连接到一起。简言之，直接把握的宇宙不需要什么外来的超经验的连接性的支持，而是自己有权拥有一个相连的或者连续的结构。”（转引用自培里为《彻底的经验主义》作的序言，参见詹姆斯：《彻底的经验主义》，庞景仁译，上海人民出版社，1965 年，p. 4 – 5。）

② 詹姆斯本人没有清晰地表达过其哲学的这种历史渊源，但是同为实用主义者的 F. C. S. Schiller 在题为“Plato or Protagoras?”的文章中明确将实用主义与普罗泰戈拉联系起来。

元的宇宙》《实用主义》等著作以及《布拉德雷论相似性》《疯狂的绝对》等文章，还有他与布拉德雷关于关系问题争论的书信中。

一、感性关系理论

詹姆斯称他的经验学说为“彻底的经验主义”。“彻底的经验主义”是与近代英国以哲学心理学为核心的“经验主义”相对而言的。在詹姆斯看来，近代经验主义的经验原则是不彻底的，这导致了理性主义不仅仅在欧洲大陆占统治地位，而且到最后在经验主义的大本营——英国也占了统治地位。近代经验主义不彻底的地方在于，它由于坚持哲学心理学的立场，将具有持存性特征的各种属性当作经验的内容，从语言角度看，它只将实词作为经验对象；而将具有过渡性特征的各种关系撇开在经验之外，即它否认虚词所代表的关系是经验对象。所以，近代经验主义哲学从整体上并未超出亚里士多德主义哲学传统所发展的可能范围，这种理论的最终结果就是认为关系是心灵的产物，这就是近代经验主义最后被康德哲学取代的原因。斯宾塞等少数哲学家虽然认为外在关系存在，但是他们的哲学心理学不允许他们对关系本性进行更深入了解，所以他们的关系理论在英国并没有形成很大的影响。

正是认识到近代经验主义的缺陷，詹姆斯抛弃了哲学心理学，采用描述心理学。他不是只利用内省的方法，而是将内省的方法、试验的方法和比较的方法三者结合起来，承认内省经验是心理学出发点，同时也意识到经过命名之后内省经验的可错性。通过这种方法，詹姆斯的彻底经验主义克服了哲学心理学中对原子经验的虚构，确定经验的真正本性不是原子性的“微粒”（particulate），而是“流”（flow）。在“流”中，不仅持存性的属性等属于经验，而且过程性的关系也属于经验。这样，詹姆斯就认为一切词项的意义都来自经验，从而在每一个领域都彻底实现了经验主义，所以，他将其学说称为“彻底经验主义”。

詹姆斯的意识流理论和关系理论是相互关联的。意识流理论是关系理论的前提，而关系理论是意识流理论导出的结论。我们对詹姆斯关系理论的讨论应该从他的意识流理论开始，不过对他的意识流理论的阐释也不应当脱离关系理论，因为关系理论才是这里讨论的主题。

前面已经讨论过，近代经验论在其哲学心理学的立场上将经验视作为原子式的微粒，这种对经验微粒的设定说明近代经验论受到近代原子观念的影响。但是原子论在物理学上的成功并不能说明它在心理领域也是正确的，事实上，他们论述过的经验只是经过知性处理过的感觉，而不是原初的直接性的感觉。詹姆斯抛弃了这种对经验的设定，强调心理学的出发点是对经验的描述，而非设定。由于“感觉”在近代的不恰当的使用，詹姆斯对经验的描述时抛弃了“感觉”这个概念。在《彻底的经验主义》中，他采用“生活之流”“经验之流”和“纯粹观念”来描述这种最直接的经验形式，在《心理学原理》中他采用“思想流”这个词。当然“思想流”这个词语的范围可能要比“纯粹观念”要稍微宽泛一些，但是主要的对象基本相同。[①] 本书采用国内通常使用的“意识流”表示纯粹经验。

这种意识流是什么呢？我们可以通过两种方法来揭示它：一是直接描述，二是说明它的特征。詹姆斯在《事物和它的关系》

---

① 关于这些术语的选用问题，詹姆斯在《心理学原理》的“心理学方法和陷阱”一章中作了专门的说明。参见詹姆斯：《心理学原理》，田平译，中国城市出版社，2003 年，p. 260－262。

一文描述了这种意识流“纯粹经验”：“我把原初的生活之流叫作‘纯粹经验’，这种直接的生活之流供给我们后来的反思与概念性的范畴以物质材料。只有新生的婴儿，或者由于从睡梦中猛然醒来，吃了药，得了病，或者挨了打而处于半昏迷的状态中的人，才可以被假定为具有一个实足意义的‘纯经验’，这个还没有成为任何确定的‘什么’，虽然它已经准备成为一切种类的‘什么’；它既充满着‘一’，同时也充满着‘多’，但是各方面都并不显露出来；它彻头彻尾在变化之中，然而却是如此模糊不清，以致它在各个方面相互渗透，人们连他们的统一和差异之处都抓不住。在这种状态中的纯粹经验不过是情感和感觉的别名。但是纯粹的经验之流一来就立即用一些重点去充实它自己，这些突出部分被同一化了、固定化了、抽象化了，这样一来，经验之流现在就像用一些形容词、名词、介词、连接词被射穿一样。”①

在《心理学原理》中，詹姆斯总结了意识流的五个特点，在这里詹姆斯称意识流为“思想流”。“（1）每一个意识都趋向于是个人意识（personal consciousness）的一部分。（2）在每一个个人意识中，思想都始终在变化着。（3）在每一个个人意识中，思想都是可感知地连续的。（4）它似乎始终在处理独立于它自己的对象。（5）它对这些对象的某些部分感兴趣，而对另外一些部分不感兴趣——总之，在它们中间进行选择——始终是这样。”②

詹姆斯强调经验之“流”就是要强调经验的各个要素之间既有间断性也有连续性的特点。詹姆斯认为在这个连续性的经验

① 詹姆斯：《彻底的经验主义》，庞景仁译，上海人民出版社，1965 年，p. 49 -50。

② 詹姆斯：《心理学原理》，田平译，中国城市出版社，2003 年，p. 316 -317。

之中，有些要素突出一些，有些要素却非常的隐晦，但是这些不突出的部分虽然非常地晦暗不明，但是不可否认他们依然存在。经验的这种特点对间断性和连续性问题的解决有极大好处。在詹姆斯看来，经验之流的连续性本身就包含着关系和事物个体性的关联和分裂性的可能性，它使得事物在经验之中既拥有一定独立性，也可以互相关联起来，同时在关联过程中并不失掉自己的独立性。同时这种经验之流的连续性本身也设定了它和另一种经验之流之间的非连续性和外在性，虽然这些不同的连续性在某一个点上可以重复起来。在《事物和它的关系》中，詹姆斯说道："这个流，不论作为一个整体或就其各个部分来看，都是连接的事物之流，同时也是分离的事物之流。巨大的时空连续和自我包容了每一个事物，在各个事物中间一起流动而各不相扰。他们所包容的事物在某些方式上是分开的，而同一些方式又是连续的。某些感觉同某些观念联合在一起，而同另外一些感觉则是不能联合的。各种性质共同渗入一个空间，或者从一个空间里面互相排斥出去。它们强固地粘合在一起，成为组，这些组有些是联合行动的，有些是分散行动的。它们的变化是突然而来或者是不连续的；它们的种类相同，或者不相同；并且这样做的时候，它们就落入一些或是正规的或是不正规的系列中去。"① 詹姆斯认为，他的这种观点"绝对对等"看待了事物之间的连接和分离，连续性和分离性都得到了同样的重视，在"流"中得到了同样合理的解释和说明。

微粒的经验观倾向于从间断性方面看待事物，对于本来就独立的事物的分析而言，微粒的经验观有着一定理论优势；而对于本来就是连续的事物的分析而言，微粒的经验观就显示出它们的

① 詹姆斯：《彻底的经验主义》，庞景仁译，上海人民出版社，1965 年，p. 50。

理论的劣势。那么，是不是可以说詹姆斯“经验之流”的学说在看待事物的连续性方面有着他独特的优势，而在对待事物的间断性方面有所不足呢？如果这样，那么詹姆斯的“绝对对等”看待事物的分离和联系就是一句空话。答案不能简单化，问题的关键是理解詹姆斯哲学中的间断性、同一性与连续性概念与传统哲学中这些概念的差异。而这就涉及对上述《心理学原理》关于“思想流”的特点中第（2）点和第（3）点的理解。

在詹姆斯看来，意识流存在于时间之中，总在发生变化。因为客观环境、人自身状态以及在环境中的位置等都在变化，所以任何感受都在变化，绝对的同一性是不存在的，即洛克等人强调的简单观念是不存在的，差异性才是经验中真正的现实。詹姆斯的这个结论与柏格森的结论是一致的。詹姆斯这样说道：“严格地说我们关于一个给定事实所拥有的每一个思想都是独一无二的，它与我们关于这一个事实的其他思想只是在性质上有类同之处。当同一个事实再次发生时，我们必须以一种全新的方式来思考它，以多少有些不同的角度来看它，在与上次它出现于其中的不同关系中来理解它。而我们由以认识它的思想，是关于处在这些关系中的它（it - in - those - relations）的思想，这思想充满着关于那整个模糊的关系背景的意识。”①

从没有绝对的同一性的意义上说，人们只能从关系的角度去看待感性经验，连续性在关系经验中占住了统治地位。在这种角度看，关系的意义是绝对性的，而事物的同一性只有某种假设的意义。从表面上看，詹姆斯的这个结论和布拉德雷的结论非常相似，但是我们要注意的是詹姆斯的这个结论是为了证明关系存在，并且是在感性的范围里存在，而不需要设定一个“绝对”

① 詹姆斯：《心理学原理》，田平译，中国城市出版社，2003 年，p. 327。

概念。另外，这些事实虽然与关系密切相关，但是它的存在并不是与一切都相关。我们从它们的关系角度去理解它们，但是这并不证明它们的实存也依靠所有的一切关系，而对于布拉德雷等绝对主义者来说，这种结论只有从绝对角度看才能如此，并且从绝对的角度看来，这种关系也不能简单地叫作关系，因为它们已经超越了关系。

虽然没有绝对的同一性，事物之间没有绝对的间断性，但是这并不意味着没有相对的同一性和间断性。如果从相对的角度来看待同一性和间断性的问题，那么在经验上这其实就是经验在一定的事件内保持稳定性的问题。这个经验的稳定性问题只是涉及经验的变化速度问题。在詹姆斯看来，这种相对的同一性和间断性是存在的，经验之流虽然一直在发生变化，但是，变化的速度却不是均匀的，有变化比较慢而且平稳的时候，有变化比较急速的时候，并且也不可能一直是急速的或者是缓慢的，这种缓慢之流和急速之流总是在交替进行的。由此奠基于这种相对同一性的由命题中的实词表达的感性对象的本性和表示实词之间过渡的关系词的本性就可以固定下来。詹姆斯认为当速度比较慢的时候，我们以比较平静的方式经验对象，我们将这些对象说成是经验的“实在部分”；当经验的速度比较快的时候，经验就是这些实在部分之间的一种转变、过渡和关系。詹姆斯将经验比作小鸟，而经验之流比喻为小鸟的运动，或者飞行，或者栖息。“就像一只小鸟的生命，它似乎是飞行和栖息的交替所构成的。语言的韵律表达了这一点，在语言中，每一个思想由一个语句表达，每一个语句由一个句号结束。栖息之地通常由某种类型的感觉想象所占据，这些感觉想象独特之处在于，它们能够无限长时间地保留在人们的心灵之前，并且不加改变地被人们沉思；飞行之地充满着关于静态或者动态的关系的思想，这些关系多半存在于相对宁静期间的事物之间。”①

詹姆斯的这个比喻相当生动形象，它成功地表达了感性对象的经验与感性关系的经验之间的关系。首先，二者并不像绝对主义者所想象的那样是一种内在相关关系，飞行和栖息是完全不同的两种状态和经验，它们没有任何性质上的相同性，二者更加不是一种包含关系；其次，二者之间有一种相互引导和过渡的关系，正像不可能有永远的飞行和栖息一样，经验中也不可能只是具体实词表达的词项或者是虚词表达的关系词项，正如栖息会导向飞行一样，实词总是会引导着经验流向关系词，相反亦然。

詹姆斯还从心理学的生理基础阐释了这个由相对同一性和非同一性、连续性和非连续性带来的事物的确定感觉和关系经验的问题。詹姆斯认为大脑内部是一种动态的平衡，有些部分的波动快些，有些部分的波动慢些，即使就某一个部分的平衡来说，其节奏也是有起有伏。在这种波动的过程中，经验的各种要素总是在不停地调整和变化，这些相对稳定的要素经验和不稳定的要素经验在其中交替发生着。这样，这些相对稳定的经验在大脑中不停重新排列，它会引起一种延迟时间相对较长的某些形式的张力，而不稳定的经验却只是在不停地出现和消失，不能留下较长时间的延迟。詹姆斯认为，这种现象可以解释我们命题中各种词项的本性，“延迟时间较长的意识，如果是关于简单对象的，我们就根据它是清晰的还是模糊的，称之为‘感觉’（sensation）或者‘表象’（image）；如果是关于复杂对象的，当清晰时，我们就称之为‘知觉’（percept），当模糊时，我们就称之为‘概念’或者‘思想’。对于快捷的意识，我们只有用‘过渡状态’

① 詹姆斯：《心理学原理》，田平译，中国城市出版社，2003 年，p. 339。

或者‘关系感觉’这些我们已经使用过了的名词。”①

詹姆斯通过阐释“思想流”思想，不仅说明了经验的性质，而且也说明了他对对象和关系本性的基本认识，从而奠定了其彻底经验主义的核心观点，即“连接各经验的关系本身也必须是所经验的关系，而任何种类的所有经验关系都必须和该体系里的其他任何东西一样被算作是‘实在的’。”② 这样的经验也是一种“经验之流”。詹姆斯通过这种“流”的概念，强调了此经验与彼经验之间的连续性、相互渗透性、相互过渡性和整体性。他说道：“在所有的这些情况中，连续和不连续都是直接感觉的绝对对等的东西。连续性同分别和分离一样都是‘事实’的原始成分。通过同一行为我既感觉到这个正在度过的时刻是我生命的一个新的冲动，又感觉到旧的生命连续于新的什么之中，而且连续之感与一个同时的新鲜事物之感是毫不冲突的。它们也是互相渗透、非常和谐。”③ 在詹姆斯看来，语言不仅实词有一定的经验内容，而且虚词也有相应的经验内容，它与各种经验之间的过渡经验密切相关，他明确地认为“介词、系词、连接词”等都是从纯粹经验之流中涌现出来的，它们的经验性和形容词、名词等实词的经验性是一样的。他说道：“‘是’‘不是’‘那么’‘在前’‘在其中’‘在上’‘在外’‘在其间’‘其次’‘像’‘不像’‘如’‘但’，都是从纯粹经验之流——具体的事物之流或者感觉之流——中开出的花朵，和名词、形容词开出的花朵一样自然，而且当我们把它们应用到流的一个新的部分上去时，它们也

① 詹姆斯：《心理学原理》，田平译，中国城市出版社，2003 年，p. 344。

② 詹姆斯：《彻底的经验主义》，庞景仁译，上海人民出版社，1965 年，p. 22。

③ 翻译有所修改。詹姆斯：《彻底的经验主义》，庞景仁译，上海人民出版社，1965 年，p. 50－51。William James：*Essays in Radical Empiricism*, New York：Longmans, Green and Co. . 1922，p. 95.

一样顺利地再次融合到纯粹经验之流里去。”①

当然，詹姆斯在坚持关系和关系项之间的连续性的同时，也清楚地看到了它们的间断性。在詹姆斯看来，绝对主义过于重视事物和关系之间的连续性，而忽略了它们的分离性，所以他们只强调关系的内在性；而罗素等人只看到了关系和关系项之间的分离性，而忽略了关系与事物之间的相互过渡的特点，从而认为关系是外在的；詹姆斯虽然在很多场合下，为了显示自己的哲学与绝对主义哲学的不同，将自己的关系理论称为外在关系理论。但是我们根据他对关系和关系项之间连续性和间断性的公平对待，将他的关系理论称为镶嵌的（mosaic）关系理论。② 詹姆斯的关系理论是外在关系理论和内在关系理论之间的中间理论形态，它试图调和这两种理论。他调和这两种理论的方法是将关系作为感性经验的实在内容，从而否定这两种理论的理性主义倾向。

二、关系与关系项之间的“镶嵌”关系

根据经验流的理论，詹姆斯说明了关系和关系项来源于经验，二者既连续也分离，二者之间是镶嵌的关系。在这种理论解释下，事物之间不仅仅可以有关系联系起来，而且也可以没有任何联系而分离存在，这种理论的解释与我们的经验现象完全一致。所以，不像绝对论者想象的那样，“关系”需要经过超越才能将事物联系为整体。用詹姆斯的话来说，关系可以用自己的

---

① 翻译有所修改。詹姆斯：《彻底的经验主义》，庞景仁译，上海人民出版社，1965 年，p. 51。William James：*Essays in Radical Empiricism*，New York：Longmans，Green and Co. . 1922，p. 95.

② “镶嵌”一词是庞景仁先生的对 mosaic 的翻译。詹姆斯用他来描述自己的整个哲学体系的特征，本人将它用来表达詹姆斯对关系的看法，笔者认为，由于“外在关系”一词有歧义，所以尽管詹姆斯本人用“外在关系理论”表达他对关系的看法，但是本人用“镶嵌的关系论”一词来描述他对关系的看法。

“票面价值”（face value）发挥作用。詹姆斯说道：“彻底经验主义看待连接性的关系是按照这些关系的票面价值，认为它们是和它们所连接到一起的关系项一样实在。彻底经验主义把世界表现为一种集合，它的某些部分是连接性地关联着，而另外一些部分是分离性的关联着。两个本身是分离的部分却可以通过媒介来结合在一起，它们各自同这些媒介连接着，而整个世界最后也同样可以由于某种连接性过渡的途径结合起来，通过这种连接性的过渡，从它的一个部分过到另一个部分是永远可以分得出的。”①

在上一节，镶嵌关系理论利用连续性和分离性概念对关系与关系项之间的关系作了一般的介绍，但是詹姆斯认为，如果要完全将内在关系理论和外在关系理论统一起来，将它们对一些具体关系的解释统括在一个体系之中，那么连续性和分离性概念就应该更加具体。詹姆斯创造了“紧密性”和“相通性”概念，在詹姆斯哲学中，“相通”（intimate）是一个比较重要的哲学词汇，它通常有两种用法，一种用法是表示关系与关系项之间相互关联的因素，关系项可以引向关系，关系也可以引向关系项，二者之间有共同的论域，这是绝对论者也经常强调的这种关系现象；另外一种情况是和 foreign 作为一对词语使用，用来代替传统的“合理的”（rational）和“不合理”（irrational）一对词语，表达某个命题和事实的价值的评价，它不仅有着某种逻辑上的评价，而且更主要的包含了在经验上和情感上的评价。在《彻底的经验主义》的庞景仁先生的译本中，它被翻译为“亲密的”，其名词 intimacy 翻译为“亲密性”；而在《多元的宇宙》的吴棠

① 詹姆斯：《彻底的经验主义》，庞景仁译，上海人民出版社，1965 年，p. 57。William James：*Essays in Radical Empiricism*, New York：Longmans, Green and Co. . 1922, p. 108.

先生的译本中，被译为“本质的”。笔者主张将这种译名与詹姆斯的整体思想联系起来，尝试着将 intimacy 翻译为相通性，而他的形容词 intimate，在它表达事实的时候，我们翻译为“相通的”，而在它表达对命题的评价时，翻译为“通的”或者“通畅的”；而 foreign 在表达对命题或人与宇宙的关系时，我们翻译为“隔膜的”，在表达某一个具体的关系项与关系的关系时，我们译为“间隔的”。这两个概念能够将连续性的不同紧密程度表达出来。内在关系理论和外在关系理论中所表达的所有关系都是连续的，所以关系就能够按照“紧密性”和“相通性”的程度进行分类。这样，詹姆斯就可以用“紧密性”的不同程度将“内在性”和“外在性”统一起来。所以詹姆斯认为按照“紧密性”和“相通性”的程度的不同对概念分类是其工作的“第一个任务”。

在《一个纯粹经验的世界》一文中，他对关系是这样分类的：“各种关系在亲密程度上有所不同。某些事物在一个领域中，在这里，它们仅仅具有彼此‘一起’的关系，这是关系中最外层的关系，这种关系似乎没有任何更进一步的关系；接着是同时和时间间隔；其次是空间毗邻和距离关系；再次是相同和差异，由它们又可以推论出许许多多的关系；这以后是活动的关系，它们把各种关系项结成串，其中有改变、趋向、抗拒以及一般来说的因果次序；最后是各关系项之间所有经验的关系，这些关系项形成一些记忆精神状态并且直接意识到彼此互相连续。把各个记忆、意图、奋斗、遂意或者失意组成一个体系作为自我。这算是一切关系中最亲密的关系，这种关系的关系项似乎在许多情况下实际上是渗透和散布在彼此的存在里的。”①

詹姆斯上述关系类型的区分也体现为命题中表达关系的虚词的相通性和相容性的程度的不同。在语言中，关系和关系项之间相通性的不同可以用它们论域的不同来解释，每一种不同的论域都是一种不同类型的相通性程度的统一体。“哲学总跑不出文法上的一些虚词，如‘一起（with）’‘相近于（near）’‘下次（next）’‘如（like）’‘从（from）’‘向（toward）’‘对（against）’‘因（because）’‘为（for）’‘由（though）’和‘我的（my）’等，这些词用来制定各种类型的连接性的关系，这些类型大致是按照其相通性和相容性越来越大的次序排列的。我们能够先在地想象一个有‘一起’而没有‘下次’的论域（universe），或者一个有‘下次’而没有‘如’的论域，或者有‘如’而没有‘活动’的论域，或者有‘活动’而没有‘目的’的论域，或者有‘目的’而没有‘自我’的论域。这些都可以是一些论域，其中每一个都有自己的同一性的等级。人类经验的领域，在它的这一个或那一个部分上，一一具有所有这些等级。它是否有可能享有更为绝对的统一等级，还没有显露出来。”②这一段话虽然总体意思非常明白，但是我们还是应该注意这一段话和前面引用的关于关系亲密性程度的那一段话之间仍然存在着微小的差别。在前面论述关系的等级的时候，他将活动的关系，这种关系“把各关系结成串，其中有改变、趋向、抗拒以及一

① 翻译有所改动。参见詹姆斯：《彻底的经验主义》，庞景仁译，上海人民出版社，1965 年，p. 24。William James: *Essays in Radical Empiricism*, New York: Longmans, Green and Co. . 1922, p. 44 –45.

② 翻译有所改动。参见詹姆斯：《彻底的经验主义》，庞景仁译，上海人民出版社，1965 年，p. 24。William James: *Essays in Radical Empiricism*, New York: Longmans, Green and Co. . 1922。p. 45 –46.

般来说的因果次序"，这些关系在这一段中就对应着"从（from）""向（toward）""对（against）"、因（because）""为（for）"和"由（though）"等词语表达的关系。但是在这一段话中，詹姆斯从这种活动关系中分离出目的性的关系，即将"为（for）""由（though）"等词语表达的关系与其他区分开来；另外在前面论述的经验的关系在这里被浓缩为自我的关系。

詹姆斯通过论域的思想当然可以解释绝对主义强调的关系和关系项的相通性，而避免了绝对论者将一切关系都不分青红皂白地当作内在关系的情况。他说道："任何单独一种类型的连接都不能适用于组成我们的论域的一切经验。如果我们拿空间关系来说，各种空间关系都不能把各种心灵连接成为任何一种正规体系。原因和目的等关系只有在特殊系列的事实中间才能起到这种连接作用。自我关系似乎极端有限，他不能把两个不同的自我连在一起。"

在很多人看来，这种论域的思想与绝对主义者统一体的思想是一致的。其实二者之间有很大差别，因为鲍桑葵等人关于这种论域的观点事实上是一种内在关系论的绝对论思想，而詹姆斯的论域思想表达的是一种对关联和分离都公平对待的镶嵌哲学思想。詹姆斯将绝对主义者思想中的"论域"比作一个"金鱼缸"，而自己的"论域"比作原始人代阿克人"风干了的人头"，这两个比喻清楚地显示出他与绝对主义者论域思想的差别，从而完整地表达了他的镶嵌哲学的思想。"乍看起来，如果你要把绝对唯心主义的论域比作一个养鱼缸——金鱼正游泳于其中的一个水晶球体——那么你就必须把经验主义者的论域比作好像是婆罗洲的代阿克人用以装饰他们的住屋的一些风干了的人头那样的东西。头骨做成一个牢固的核心；但是数不尽的羽毛、叶子、小绳、串珠和各种各样的飘带，从其中飘浮下来，而这些东西彼此除了都终止在头骨中这一点而外，似乎彼此毫不相干。我的经验和你的经验，也是同这一样的飘浮着，它们固然都终止在一个共同知觉这一核心里，但是绝大部分都是彼此看不见、不相干、不可想象的。这种不完满的相通性，经验总和中这些部分和那些部分之间的这种单纯的在一起的关系，是普通经验主义在反对理性主义上过分强调的事实，而事实却一向为理性主义所过分忽视。相反，彻底经验主义对于统一和分散这两个方面都予以公平对待。它看不到有什么理由把哪一种作为虚幻。它对每一个都给予确定的描述范围，并且认为似乎有些现实的力量在起作用，这些力量随着时间的进展，使统一逐渐扩大。"①

以上所谈的关系都是经验关系，詹姆斯很少讨论数学关系和逻辑关系。他的哲学是以经验实在为基本出发点，他将数学和逻辑事物以及其他概念都当作经验的实在替代品，它们本身也是经验，但是它们与其他经验之间的过渡是通过"代替"的关系实现的。有些经验干脆取消它们先前的经验，而另一些经验，通常人们都认为它们增加了和扩大了先前经验的意义，追随它们的目的，或者使我们更接近它们的目标。

许多浪漫主义者和个别的绝对主义者认为数学、逻辑等逻辑学科以及各种经验科学都是抽象和替代，这些抽象和替代改变甚至破坏了原来的经验，所以他们对这些概念性科学中的各种关系怀有敌意。与这些人不同，詹姆斯认为，这种代替关系本身不值得指责。他说道："一个经验能够行使的唯一职责就是导向到另一个经验里去；而我们能说的唯一的完成就是达到某一个所经验

① 詹姆斯：《彻底的经验主义》，庞景仁译，上海人民出版社，1965 年，p. 24 –25。William James: *Essays in Radical Empiricism*, New York: Longmans, Green and Co.. 1922, p. 46 –47.

的目的。当一个经验导向和另一个经验所导向的是同一个目的，那么它们在职责上就是一致的。但是作为当前被给予的经验其整个体系是杂乱无章的，通过这种几乎是混沌的东西，我们可以从一个起点顺着很多方向走出来，然后归到同一个终点上去，中间通过许许多多可能的途径一点接一点地移动过去。”① 我们可以看出，詹姆斯对这些抽象的概念性学科的态度是比较中性的。这些概念之间的关系因为经过了替代的过程所以也不能单纯用内在、外在或者镶嵌来表达，因为它们在经过了替代过程后它们的规则就是设定的规则，而不是感性的规则了。

三、镶嵌式的认识关系

近代哲学心理学以及康德主义的哲学在认识者和被认识者之间设定了一条巨大的鸿沟，经验主义者认为我们无法跳过这条鸿沟，詹姆斯还是用他的彻底的经验主义来解决这个问题。在他看来，纯粹经验是世界上唯一的实在，这个认识的鸿沟之间的关系问题还是经验要素之间的过渡或者关联问题，这种关联和过渡的关系本身也是经验的一部分。他在《“意识”存在吗》这一篇文章中这样说道：“如果我们首先假定世界上只有一种原始的素材或者质料，一切事物都由这种素材构成，如果我们把这种素材叫作‘纯粹经验’，那么我们就不难把认知作用解释成为纯粹经验的各个组成部分相互之间可以发生的一种特殊关系。这种关系本身就是纯粹经验的一部分，它的一端变成只是主体或者担负者、

---

① 翻译有所修改，参见詹姆斯：《彻底的经验主义》，庞景仁译，上海人民出版社，1965 年，p. 34。William James: *Essays in Radical Empiricism*, New York: Longmans, Green and Co. . 1922, p. 63.

知者，另一端变成所知的客体。”① 所以，詹姆斯否认了认识论上实体性的二元论，认识的这种二元性只是关系意义上的，是可以证实的和具体的二元性，而不存在任何的神秘之处。

理解认识关系就是要理解这些关系项的过渡的方式或者结合的方式。詹姆斯认为，认识中经验之间的有三种过渡方式，即“（1）知者和所知是同一经验，它在不同的结构里被计算两次；（2）它们是属于同一个主体的两件现实经验，在它们之间有着连续性的过渡的确定地带；（3）所知是那个主体和另外一个主体的一个可能的经验，上述的那些连接性的过渡，如果经过了连接性的过渡，如果经过充分延长是会引起到那个经验上去的。”② 詹姆斯认为，就形式而言，第三种类型的关系可以归为到第二种类型里面。所以只需要讨论其中的第一和第二种两种类型就可以了。詹姆斯将认知归纳为“亲知”（acquaintance）和“知晓”（knowledge - about）两种类型，这两种类型的认识就与经验的两种过渡关系相对应。

acquaintance 和 knowledge - about 两个概念在詹姆斯的认识论思想中有着重要的地位，同时也是许多哲学家的重要认识论概念，其中我们比较熟悉的罗素使用 acquaintance 一词就相当频繁。在国内中文版的《彻底经验主义》的庞景仁先生的译本中将这两个词语译为“亲习”和“间接认知”。而罗素著作汉译本通常都是将 acquaintance 译为“亲知”，我也将他翻译为“亲

① 詹姆斯：《彻底的经验主义》，庞景仁译，上海人民出版社，1965 年，p. 2。William James：*Essays in Radical Empiricism*, New York：Longmans, Green and Co.. 1922, p. 4.

② 詹姆斯：《彻底的经验主义》，庞景仁译，上海人民出版社，1965 年，p. 28。William James：*Essays in Radical Empiricism*, New York：Longmans, Green and Co.. 1922, p. 53.

知”。“间接认知”这个词语由于语气上非常强调“间接”，在一般的印象上，好像它是与“直接认知”相对并用的。但是在詹姆斯以及包括黑格尔在内的很多哲学家都是将“纯粹经验”或者“感性确定性”当作直接性，而知觉和知性的东西都是间接的认识。詹姆斯的“亲知”并不是“纯粹经验”，knowledge－about也不是知觉和知性，而只是知性的一部分。所以，我们不采用“间接认知”这个词，而使用“知晓”这个词与日常生活用语比较贴近，也可以表示非当下呈现对象的经验。

在亲知的情况下，将当前的物体与心灵中的亲知区分开来，只是把同一种经验放到两个不同结构中计算两次。在《“意识”存在吗》一文中，他更加明白地说：“我认为一部分既定的、未分的经验，在一套相互关联的组织结构里扮演知者的角色、精神状态的角色、意识的角色；然而在另一套结构里，这同一段经验扮演着所知的物的角色，一个客观的‘内容’的角色。总之，它在这一组里表现为思想，在那一组里又表现为事物。”① 客观世界和主观世界在经验上是一致的，只是二者各自所处的结构不同，用詹姆斯的话来说，是各自的“路线”不同。二者在某一个点上能够重复起来，并且由于这个点，主观的经验可以过渡到客观的经验中去。

在这一点看来，认识的亲知关系和其他关系一样在本质上是镶嵌的，而不是内在关系，也不是完全不相干的。詹姆斯用某个具体房子的两个不同方面之间的关系来说明这一点，一方面是房子在其主人面前主观状态的呈现，另一方面是这个房子自身的历

---

① 詹姆斯：《彻底的经验主义》，庞景仁译，上海人民出版社，1965 年，p. 5。William James：*Essays in Radical Empiricism*，New York：Longmans，Green and Co. . 1922，p. 9－10.

史。这两个方面是完全不相容的系列。就实在的世界而言，火会烧掉这个房子；而就主观的心理状态而言，可以是熊熊烈火燃烧它，但是它还是完好无损。就其为外在对象而言，我们要用钱才能占有这套房子，而在内心的状态中，我们占有它不需要任何钱。所以我们可以说，作为主观的经验与作为客观的经验是不同的两种结构，彼此外在。

这两种经验又是完全独立的，它们通过镶嵌的关系可以过渡。首先，这些经验的要素是完全一样的，它们二者只是在不同的结构中被计算了两次。另外，这两种结构的经验在当下有一个重复的点，这个重复点就是当下的经验。詹姆斯将不同的经验结构比喻成经验的不同线，而它们的结合点是这些线的交点。从某个角度上虽然这个交点可以算作为两个点，它从属于两条线，但是在实在上它只是一个点，我们说这个交点是两个点，只是我们把它“当作”两个点而已。詹姆斯说道：“同一个房间为何能够存在于两个地方，这个谜归根到底和同一个点为何能够存在于两条线上一样。如果这个点处在两条线的交点上，它就能够同时存在于两条线上；同样，如果关于房间的‘纯粹经验’处在两个进程的交点上，两个进程分别把它连接到不同的组里去，由于它既属于这一组，又属于那一组，因此我们就可以把它计算两次，就可以不严格地说它存在于两处，虽然不拘何时它在数目上仍然是一个单一的东西。经验是各种不同进程中的一个成员，我们可以从这个成员出发，顺着完全不同的线走。同是一个东西，它同经验的其余部分有着如此多的关系，以至于你能够在完全不同的联合体系里碰到它，而且能够把它看成是置于互相对立的结构之中。在其中一个结构里，它是你的‘意识场’；在另一个结构里，它是‘你坐在其中的房间’；而且它完整地同时进入两个结构中，使人找不到什么借口能够说它以其一部分或方面结合于意识，而以另外一部分或者方面结合于外界的实在。”①

如果亲知的认识关系是同一种经验在不同的结构里被所计算两次的话，知晓的认识关系就正如前面所说的是“同一个主体的两件现实的经验”，“在它们之间有着连接性的过渡经验的确定地带”。它主要指概念性知识，它可能是清晰的，也可能是模糊的，但是这些都不重要，重要的是这些知晓经验的内容中一定要有连接性的经验。如果没有连接性的经验，那么即使这些知晓的经验内容是非常清晰的经验，即使它与外界对象相符合，它也仅仅是偶然符合；如果在知晓的各种经验内容中有连接性经验，那么即使这些知晓内容不生动，也不完全，这种经验也有认知的意义。

詹姆斯举“纪念堂”的例子来说明这一点。如果距离书房数十分钟路程的地方有一个纪念堂，我们坐在这个书房里面，我不可能亲知纪念堂。在这种情况下，我们对这个纪念堂只可能有知晓的经验。在这个时候，这种连接性过渡经验就十分重要了，没有这种经验，那就不能说明我们对这个纪念堂有所认识。詹姆斯说道：“例如，如果你问我，我用我的影像指的是什么堂，而我答不出来，或者如果我不能给你指出哈佛纪念堂或不能领你到那里去，或者如果你把我领到那里去之后我不能确定我所看到的纪念堂，那么你就有理由否定我，认为我绝没有‘意指’过那个特殊的堂，尽管我的心理影像可以在某种程度上与它相似。在这种情况下，相似性会被认为仅仅是处于偶合，因为在世界上属于一类的各种事物都是彼此相似的，用不着因此认为它们能够彼

---

① 翻译有所修改，参见詹姆斯：《彻底的经验主义》，庞景仁译，上海人民出版社，1965 年，p. 6 – 7。William James：*Essays in Radical Empiricism*，New York：Longmans，Green and Co.. 1922，p. 12.

此相似。”① 清晰的经验本身并不能说明经验与对象一致，如果没有与对象之间的连接性经验，任何经验都不能证明它与幻觉的经验有何差别。但是，如果这种过渡性的经验存在，那么就可以说我们认识了这个纪念堂。比如，某人去纪念堂，他对纪念堂的历史和当前用途有着种种的观念，正是这些观念促使他去纪念堂，引导他去参观纪念堂的各个部分。在此人去参观纪念堂的过程中，如果他对纪念堂种种观念与他参观纪念堂时的种种感觉是一致的，那么，詹姆斯认为，这就可以说这个人对纪念堂是有知识的。詹姆斯说道：“如果我对纪念堂及其周围事物的影像的结合与我们对纪念堂周围事物的感觉的结合一致，我越往前走，这个系列的每一项就越与那一系列的相对应的项相符合，那么我的心灵具有预见性，我们就可以认为我的观念知道实在的认知（cognizant），大家也会公认这就是认知。”② 由此，我们可以看到詹姆斯把他的经验的镶嵌关系贯彻到了认识关系上，否定了认识过程中的神秘主义因素，也否定了近代经验主义中的怀疑论因素。

他不仅仅将镶嵌关系贯彻到了认识关系上，而且他还把这种镶嵌关系贯彻到了一种宇宙观上，这就是他称之为“多元的宇宙”的观点。詹姆斯论证这种“多元的宇宙”的宇宙观是通过对关系与关系项之间的镶嵌关系的类比来实现的。“多元的宇宙”不能通过证明而揭示出来，它只能通过我们对关系和关系

① 詹姆斯：《彻底的经验主义》，庞景仁译，上海人民出版社，1965 年，p. 29 – 30。William James: *Essays in Radical Empiricism*, New York: Longmans, Green and Co. . 1922, p. 55.

② 译文有修改，参见詹姆斯：《彻底的经验主义》，庞景仁译，上海人民出版社，1965 年，p. 30。William James: *Essays in Radical Empiricism*, New York: Longmans, Green and Co. . 1922, p. 56.

项之间镶嵌关系的“以小见大”的类比和想象揭示出来。我们将他的关系理论理解为“镶嵌的关系理论”，与此相对应，我们可以将他的宇宙观称为“镶嵌的宇宙观”。

第二节 新实在论：外在关系理论的拥护者

美国新实在论受到了罗素的分析哲学和詹姆斯彻底的经验主义学说的影响，由于詹姆斯和罗素都是外在关系理论的倡导者，美国的新实在论者都相信外在关系理论。美国新实在论的主要代表人物有马文、培里、斯鲍尔丁、蒙太古、皮特金和霍尔特等。我们先介绍他们在关系问题上的共同观点，然后着重介绍培里对关系理论中占有相当重要地位的“独立性和依存性”问题的研究，最后介绍斯鲍尔丁对“分析”范畴所做的研究。培里和斯鲍尔丁对这两个范畴的研究，使得关系理论有了新的突破。

一、新实在论者对关系问题的共同看法

马文等六位实在论者于1910年联合发表了《六位实在论者的方案和初步纲领》(*The Program and First Platform of Six Realists*)，在这个纲领中，虽然他们独立撰写自己研究领域的主要观点，但是这些观点都是他们“一致同意”的。不过，这是一份联合纲领性文件，并没有充分展开和论证他们的观点，而只是罗列一个一个的论点。他们的总体精神是外在关系论和多元论。我们可以按照实在关系和认识关系两个方面来梳理他们对关系理论的一般看法。

他们一致认为一般的实在关系是外在关系，并且外在关系的观点可以先于一般的科学和形而上学而成立。我们选择性地介绍他们的几个观点。

马文用符号形式表达外在关系理论的基本特征："在'关系项 a 是处于与关系项 b 相关的关系 R 之中'的命题中，aR 决不会构成 b，Rb 也决不会构成 a，而 R 也既不会构成 a，也不会构成 b。"①

皮特金的观点是从"关系是否改变关系项"的角度理解关系是否是外在的。他认为关系不能包含关系项，所以，关系是外在的。他将其外在关系的思想表达为三个命题，即："（1）同一个关系项可以处于许多关系之中；（2）一个关系项可以改变与一些关系项的某些特定关系，而并没有改变与这些关系项的所有关系，也不需要改变与所有其他关系项的所有关系；（3）由于关系的特定变化而改变的那些关系不能简单地归因于它涉及的关系项的本性或者关系的本性。"②

斯鲍尔丁将他的外在关系理论称为"关系的外在性观点"，其基本要点是："（1）关系项和关系都是（不可改变的）要素或者实粒（entity）；（2）关系项既可以只在一个关系中，也可以同时处于多个关系之中；关系既可以只有两个关系项，也可以有多个关系项；（3）任何关系项和关系出现或者不出现，都不是

① Edwin B. Holt; Walter T. Marvin; W. P. Montague; Ralph Barton Perry; Walter B. Pitkin; Edward Gleason Spaulding, "The Program and First Platform of Six Realists", *The Journal of Philosophy, Psychology and Scientific Methods*, Vol. 7, No. 15 (Jul., 1910), p. 395.

② Edwin B. Holt; Walter T. Marvin; W. P. Montague; Ralph Barton Perry; Walter B. Pitkin; Edward Gleason Spaulding, "The Program and First Platform of Six Realists", *The Journal of Philosophy, Psychology and Scientific Methods*, Vol. 7, No. 15 (Jul., 1910), p. 399.

已经出现的或者一直不变的关系和关系项的改变的结果。"① 斯鲍尔丁认为，如果从逻辑的角度看来，这种外在关系的观点是任何学说都必须支持的，任何学说必须在这种外在关系的学说的基础上建立起来。

以上只是新实在论代表人物的部分观点，在他们的《纲领》中，他们基本上涉及自亚里士多德以来的大多数外在关系理论的传统哲学的论点，可以说这份《纲领》是传统外在关系理论的最为完备的总结。但是这种总结虽然受到了罗素和詹姆斯观点的影响，但是罗素和詹姆斯的外在关系的特定含义并没有被归纳进去。

由于这些哲学家哲学的出发点通常都是具体经验科学，在他们的哲学中，知识与对象的关系（或者认识关系）有着重要的意义。他们认为认识论并不是最基础的，有一些存在判断的命题在逻辑上先于认识论。逻辑、数学和自然科学的研究对象和事实在任何通常的意义上都不是心灵的产物，它们都不以认识者的认识为条件，它们与心灵的关系是一种外在的关系。

在这些实在论者中，蒙太古从一种自然主义的立场上将认识看作自然界中的一种事实，它与对象的认识关系仅仅是许多实在关系中的一种。他说道："（1）意识是一种存在于一个活着的生命体和任何实粒（entity）之间的特殊的关系；（2）意识与它的对象一样都属于同一个世界，它在自然的秩序中也有着它的位置，意识中并没有什么超验的和神奇的东西；（3）意识渗透到自然的范围和它出现和持存的条件问题是一些仅仅由经验主义方

① Edwin B. Holt; Walter T. Marvin; W. P. Montague; Ralph Barton Perry; Walter B. Pitkin; Edward Gleason Spaulding, "The Program and First Platform of Six Realists", *The Journal of Philosophy, Psychology and Scientific Methods*, Vol. 7, No. 15 (Jul., 1910), p. 400.

法和自然主义方法就可以全部解决的问题。”①

皮特金严厉地批评了观念论者。在他看来，观念论强调的“没有主体就没有客体”的命题是废话，这种命题事实上只是对意识情景的一种描述，正如说任何经验到的东西都是被经验到的一样，它事实上只是对关系中相关者和被相关者在关系境域中的连接作了描述，而丝毫没有涉及它们的本性。如果利用外在关系理论，则这个意识问题就比较容易处理了。他说道：“正如关系项对于它所处其中的关系一样，实粒也是超越于所谓的认识的心灵或意识的，这种超越有两种完全不同的方式：（1）正如关系项并不等同于它所处的那种特定关系一样，在知识关系中的事物也不是这种关系本身；（2）正如关系项进入或者脱离某种特定的关系并不会由此而改变和损毁一样，知识的对象先于这种知识关系而实存，在进入或者脱离这种知识关系时同样实存。于是‘超越’首先就意味着差异，其次就意味着功能上独立（functional independence）。”②

在斯鲍尔丁看来，传统唯心论的问题在于根据关系与关系项之间的依存关系得出了“对象内在于意识”的观点。他认为任何根据关系的依存性得出内在关系结论的人最终自相矛盾，关系项存在于意识关系之中的事实并不意味着关系项之间互相依存，能够相互改变也不意味着关系项与关系之间互相依存，能够相互

---

① Edwin B. Holt; Walter T. Marvin; W. P. Montague; Ralph Barton Perry; Walter B. Pitkin; Edward Gleason Spaulding, “The Program and First Platform of Six Realists”, *The Journal of Philosophy, Psychology and Scientific Methods*, Vol. 7, No. 15 (Jul., 1910), p. 397.

② Edwin B. Holt; Walter T. Marvin; W. P. Montague; Ralph Barton Perry; Walter B. Pitkin; Edward Gleason Spaulding, “The Program and First Platform of Six Realists”, *The Journal of Philosophy, Psychology and Scientific Methods*, Vol. 7, No. 15 (Jul., 1910), p. 399.

改变，因为处于认识关系之中的任何两个关系项还处于其他关系之中。如某人在认识某种矿石时，他同时还是另外一个人的配偶、父亲等，这个矿石在被他认识的时候，还处于某种风化、地理关系之中。斯鲍尔丁说道："反对实在论的大多数理论都预设了这种'内在性观点'，但是我们能够证明这种观点是自相矛盾的，并且要预设'外在性观点'。"[①]新实在论的这些观点对我国哲学家金岳霖先生产生了重要影响，金先生很多论证直接与新实在论相关。

二、培里对"独立性"和"依存性"的分析

培里"独立性"（independence）和"依存性"（dependence）是关系理论中最重要的概念之一。对这两个概念的不同理解使得在关系问题上出现了两种对立的哲学派别。很多内在关系论者就是将关系与关系项之间的相互依存性当作内在关系的关键论据，相反很多外在关系论者也一直将关系项与关系之间的相对独立当作外在关系的证据。但是"依存性"和"独立性"两个概念也是互相依存的，内在关系理论强调的那种依存性是一种抽象，所以从最终意义上内在关系和外在关系都不正确。另外，在关系问题的争论中经常要使用到的"关系必须奠基于关系项的性质基础"命题中的"奠基于"或者"植根于"（ground in）概念在本质上也是基于"依存性"这个概念。由此可见"独立性"和"依存性"概念之重要。我们从两方面讨论培里对这两个概念的研究，一是他对"依存性"和"独立性"概念的厘清；二

---

① Edwin B. Holt; Walter T. Marvin; W. P. Montague; Ralph Barton Perry; Walter B. Pitkin; Edward Gleason Spaulding, "The Program and First Platform of Six Realists", *The Journal of Philosophy, Psychology and Scientific Methods*, Vol. 7, No. 15 (Jul., 1910), p. 400.

是他对“独立性”和“依存性”概念的应用。

（一）培里对“依存性”概念和“独立性”概念的厘清

“独立性”（independence）和“依存性”（dependence）是关联概念，前者的含义来自后者，它只是对后者的否定，所以要理解这两个概念的核心就是要把握“依存性”概念，“依存性”概念并不源于“独立性”，必须从它具体的使用过程中去发现其含义。培里将人们通常采用的“依存性”一词区分为9个不同含义，通过逐一讨论，培里认为，只有4种含义的“依存性”才是严格意义上的依存性。

1. 全体－部分。全体依存于它的部分，依赖于它所包含的东西，并且能够被分割、被分析为它所包含的东西。培里将这种全体与部分之间的依存关系区分为具体的依存和形式的依存，具体的依存关系表示的是变项的特殊值之间的关系。例如“这一届美国政府”和“某某总统”之间的关系；形式的依存关系表示的是变项自身之间的关系，他举的例子是政府与它的政府首长之间的关系。

2. 部分－全体。如果全体是一个有机整体的话，人们通常会强调部分依存于它的全体。显而易见的例子是亚里士多德曾经举过“手”等身体器官与整个身体之间依存关系的例子；另外人们在一些数理对象，如三角形的问题，通常也认为部分依赖于整体，如直角三角形斜边的概念依存于整个三角形的概念。前面所说的具体的依存关系和形式的依存关系的分类仍然是适合的。

培里认为，这种依存性关系中有歧义。我们可以将这种依存关系转化为别的依存关系。例如，“直角三角形斜边依存于整个三角形”中的依存关系事实上可以转化为整体对部分的依存关系。因为我们说“直角三角形斜边依存于整个三角形”的时候，实际上说的是三角形斜边的概念依赖于整个三角形的概念，这是从部分参与全体的角度来说明部分的，它表达的只是：“没有全体，则一个部分不能成为部分，即部分是属于全体的。”培里认为：“这等于说，部分与全体这个符合关系依赖于作为这一复杂关系的一个项的全体。而这是一个全体对部分而不是一个部分对全体的依存关系的实例。”① 另外，比如人们通常说三角形的斜边的长度具体依赖于其他两边的长度和角的大小。培里认为，这种依存性事实上说明的是部分之间的相互依存构成整体的性质。而这种部分之间的依存性事实上是因果关系和相互关系的内容，我们在后面要谈到。这里我们需要明白的是，在这种情况下的部分对整体的依存性说明：“部分的依存性是以它在全体中的地位为条件的，并且它的依存性是依赖于其他的部分，而非依赖于全体。”②

而生命有机体的部分对整体之间的依存关系事实上也是说明整体对部分的依存关系以及部分之间有着一种复杂的因果关系。培里举呼吸系统为例来说明这个问题：“呼吸系统如果没有全部有机体就不能是一个活的功能。但是这仅是说它如果没有一个有机体可以隶属的话，它就不能隶属于一个有机体。要说清楚部分的依存性，我们必须把部分说成是全体的部分。但是‘有机体的组成部分’对于有机体的依存性并不是一种部分对全体的依存性，而毋宁是一种全体对部分的依存性。它所说的是一种复杂关系对于这种复杂关系中某一个项的依存。但是呼吸系统对循环系统的依存，其意义却是说：这两个系统是由于它们所隶属的那个复合过程的种种规律而结合在一起的；或者说这两个系统互相

---

① 霍尔特等：《新实在论——哲学研究合作论文集》，伍仁益译，商务印书馆，1980 年，p. 112 - 113。

② 霍尔特等：《新实在论——哲学研究合作论文集》，伍仁益译，商务印书馆，1980 年，p. 113。

充作另一个系统的必要条件；上述二种关系与其说是部分－全体的依存性，都毋宁是因果的依存性。”①

3. 事物－属性。这是很多哲学家和普通人都经常使用的一种依存性的场合。当然也有一些哲学家并不认为事物依存于它的属性，这种哲学家通常属于不可知论者。但其他人都认为事物依存于它的属性，他们认为事物由属性所构成或者用属性去定义和界定事物，属性是“在事物中”的，所以这种意义的依存关系可以说属于全体－部分的依存关系。

4. 属性－事物。培里认为这个问题非常类似于部分依存于全体的问题，它根本不是一种本原意义上的依存性关系。在培里看来，与前面提到的“如果没有三角形，某根线段就不是三角形的斜边”一样，如果没有玫瑰花，红色就不是玫瑰的属性，也就没有与玫瑰的香味等其他属性的特定关系。

5. 因果关系。在人们日常生活中，人们最容易想到的依存性关系就是因果关系。培里对因果关系是这样规定的：“因果关系是一种具体的在两个复合体之间的关系，是从两个复合体的组成的变项之间的一种本原的、形式的关系中得出来的。……各个变项之间的关系叫作‘规律’，而——按照规律之所规定的那样的——这些变项的值的具体的决定，就是因果。”②

我们可以看到，培里不仅仅抛弃了创造说中的原始因果观念，而且对密尔、罗素等人的因果关系的理解也作了较大的修正，这种因果观念采纳了密尔和罗素关于因果的恒常齐一性的理论，但是认为这只是因果关系中的形式方面，即恒常的齐一性只

① 霍尔特等：《新实在论——哲学研究合作论文集》，伍仁益译，商务印书馆，1980年，p. 113－114。

② 霍尔特等：《新实在论——哲学研究合作论文集》，伍仁益译，商务印书馆，1980年，p. 115。

表明了因果关系中的规律因素，它本身还不是因果关系。维特根斯坦的因果观念事实上比罗素等人的因果观念更进一步地强调了形式的要素，事实上它已经过分地从逻辑的角度去看待因果性，虽然这种因果观与传统的因果观中的对世界逻辑秩序的信仰有着某种亲缘性，但是我们认为这种因果观念与口语中的因果关系相差太大，而培里对因果关系的理解与我们日常使用的因果概念更加接近一些。

在培里对因果观念的理解中，因果关系受到规律的制约，因果关系只可能在规律所规定范围内发生，并且可以说是因果性关系是规律的一个事例（instance），但是这并不能说明因果关系依存于规律。培里这样说道："这些系统和规律在一定条件下决定了因果活动，但并不证明这些条件本身是必需的。因为，一个特定的复合体应该根据某一个系统去说明它，而同时它也符合于另一个系统的要求，这样的情形是很有可能的。"① 培里认为只有在某个事实被唯一的另一个事实决定的时候，我们才可以称这个事实依存于另一个事实，但是事实上除了这种排他性的因果关系外，大部分的因果关系并不是这样的。

6. 交互关系。培里认为人们只是在因果关系的基础上略去时间的因素来谈论交互关系的，这样的交互关系事实上只是规律制约下的各个变项之值的相互决定而已，所以我们可以在因果关系的依存性是交互的意义上讨论交互关系的依存性，这样我们就可以不将交互关系的依存性作为一种本源意义上的依存性含义来讨论。

7. 蕴涵。蕴含表达的关系也许不是逻辑关系中最终的逻辑

① 霍尔特等：《新实在论——哲学研究合作论文集》，伍仁益译，商务印书馆，1980 年，p. 116。

关系，这一点是罗素已经讨论过的问题，但是在逻辑必然性的意义上，我们仍然可以讨论蕴涵的依存性意义。培里强调在逻辑的必然性意义上蕴涵的依存性关系不是一种对称性的关系。这一点可以反映在三段论中，在结论不真的情况下，其大、小前提不能为同真；而大、小前提都假，而结果为真，这仍然是一个真的推论。因此，培里认为："能蕴涵者是在一种意义上依存的；而被蕴涵者是在另一种意义下依存的。……只有蕴涵者对于被蕴涵者的依存才是确实的和没有附带条件的。"①

8. 被蕴涵。培里认为，被蕴涵者只有在前面讨论过的那种经过特殊限定的因果关系意义上才是依存于蕴涵者，如果蕴涵者不是唯一被一个蕴涵者所充分决定的话，那么就不能认为被蕴涵者依存于蕴涵者。所以，数学上概念之间蕴涵关系都不是依存性的。

9. 关系。与前面 8 种依存性的情况比较起来，这种对依存性概念的使用显得相当特殊。日常用语里面通常都认为关系是一种依存性关系。事实上依存性才是关系的一个特殊形式，而很多关系却不是依存性的，在很多关系和关系项之间，或者关系项和另一个关系项通常都是彼此独立的。培里非常重视"关系"与"依存性"两个概念之间的区别，他认为："把'关系'和'依存性'区分开是新实在论的基本特征。"②

通过上述 9 种"依存性"含义的讨论，培里认为只有全体 – 部分、排他性的因果关系、能蕴涵和排他性的被蕴涵 4 种才可以说是依存性的。培里认为，要说明某实粒 a 依存于 b，那么就

① 霍尔特等：《新实在论——哲学研究合作论文集》，伍仁益译，商务印书馆，1980 年，p. 117。

② 霍尔特等：《新实在论——哲学研究合作论文集》，伍仁益译，商务印书馆，1980 年，p. 119。

必须指出 a 与 b 之间是否是这 4 种依存性含义中的一个，如果不是这 4 个中的任何一个，那么我们可以认为 a 和 b 之间不具有依存性关系。而如果 a 和 b 之间不具备上述 5 种含义上的依存性，就可以说明 a 和 b 就是相互独立的。

“独立性”不是关系，而是关系的否定和缺乏，所以“独立性”本身不是对任何实在的定义。在关系中，关系和关系项以及关系项与关系项之间都可以是独立的，但是这并不说明它们之间不能相互影响和改变，即使关系和关系项之间有着相互影响和改变，但是它们的独立性表明，某个事物是否进入某种关系而成为关系项却不是必然的。“实在论并不否认：当 a 进入一种，像认识那样，为 a 所独立于它的关系时，这时候 a 获得了这种关系，并且因此在这个程度上与以前不同；实在论只是否认这个附加的关系对于原已存在的 a 是必然的。”①

（二）“依存性”和“独立性”概念在各种关系问题上的应用

按照培里对“依存性”和“独立性”的解释，我们容易知道他对如下关系类型的理解，即实体与属性、整体与部分、因果关系与相互关系、逻辑关系和认识关系等等。他的出发点是一切单纯的实粒都是相互独立的。对应于培里对依存性的整体 - 部分含义的理解，他得出了这样几个关于整体与部分关系的命题：“单纯实粒独立于它们作为分子的复合体”，“各复合体就它们的单纯的组成成分来说是相互独立的”，“作为整体的复合体是依存于它的单纯的组成成分的”，“当第二个复合体是第一个复合体的一部分时，则第一个复合体依存于第二个复合体”。

对应于他对依存性蕴涵的含义，他提出了蕴涵关系的两个命

① 霍尔特等：《新实在论——哲学研究合作论文集》，伍仁益译，商务印书馆，1980 年，p. 123。

题，即："当第一个复合体蕴涵第二个复合体时候，则第一个复合体依存于第二个复合体"，"当第一个复合体被第二个复合体所蕴涵，而且此外并不被其他复合体蕴涵时，则第一个复合体依存于第二个复合体"。他最后总结说："凡第一个复合体不在以上列举的任一意义下依存于第二个复合体时，不管这两个复合体以其他方式相关联，第一个复合体必独立于第二个复合体。"①

培里将上述思想直接应用于对各种意识关系的解释。他承认一个物体或者实粒被认识，它就进入关系之中，就同另一个复合体有了关系。但是他按照上面的思想认为，因为这种实粒与这个复合体之间不存在前面提到过的那 4 种类型的依存关系，所以实粒独立于认知者。他的结论可以归结为如下 4 个命题：（1）"单纯的实粒不依存于意识"；（2）"复合体就它们的单纯的组成成分说是独立于认识的"；（3）"逻辑和数学的命题是独立于意识的"；（4）"物理的复合体是独立于意识的"。②

"逻辑的、数学的以及物理的复合体"的认识问题比较复杂。由于心灵参与了它们的复合过程，所以近代经验论者认为它们是属于内在关系的。不过，虽然它们的形成受到了心灵的影响，但是它们仍然拥有它们自己的独立性。培里是按照因果关系的原则来阐述心灵的活动在形成复杂事物过程中的作用，由于前面对因果关系作为一种依存性关系作了严格的限定，但心灵在复杂事物过程中的作用不在那种限定范围之内，所以，培里认为这些复杂事物相对于认识来说也是独立的。

但是意识关系的另外一个方面，即主观世界与意识活动之间

---

① 这一段的所有命题都出自霍尔特等：《新实在论——哲学研究合作论文集》，伍仁益译，商务印书馆，1980 年，p. 123 – 127。

② 这一段的所有命题都出自霍尔特等：《新实在论——哲学研究合作论文集》，伍仁益译，商务印书馆，1980 年，p. 132 – 137。

的关系，这种关系完全不同于对象与意识关系。他是这样阐述的：（1）意识的部分作为意识的部分，是依存于意识的整体的。（2）意识的部分在意识体系中彼此相互依存，但只是在有限的意义之下是如此——换句话说，一个东西构成意识的一部分是由于其他部分的作用；它一经如此，它的行动就遵循意识的规律。（3）在一个复合体中只有某些因素的出现是依存于意识的选择活动的。（4）在一个复合体中一些因素的同时出现依存于意识结合的活动。（5）价值是依存于意识的。（6）工艺作品是依存于意识的。（7）更高的复合体如历史、社会、生活或反省的思维是依存于意识的。①

意识关系还存在第三个层次，即意识作为一种事实与另一种事实之间的关系，培里认为意识作为一种事实独立于另一个对象事实。他将这种情况归纳为“主观性不依存于从属的意识”，并将这类关系表述为以下 5 个命题：（1）意识的主体不依存于所知者。（2）一个意识可以不依存于另外一个意识。（3）心理内容不依赖于内省。（4）价值是不依存于对价值的判断的。（5）知觉和单纯的理智不依存于反省的思维。②

三、斯鲍尔丁对“分析”的解释

斯鲍尔丁是“外在关系理论”的忠实信徒。他将罗素的外在关系理论所倡导的分析方法运用于他的实在论哲学，并称其哲学为“分析实在论”。分析实在论的基本论点是：“分析是一种认识的方法，这种方法可以发现出和那被分析的整体在同一个意

① 这一段的所有命题都出自霍尔特等：《新实在论——哲学研究合作论文集》，伍仁益译，商务印书馆，1980 年，p. 143 - 148。

② 这一段的所有命题都出自霍尔特等：《新实在论——哲学研究合作论文集》，伍仁益译，商务印书馆，1980 年，p. 150 - 155。

义下真实的诸实粒或者部分。”①

斯鲍尔丁的分析实在论针对的是新黑格尔主义者和柏格森等人的哲学。新黑格尔主义和柏格森等人认为分析会破坏对象的原有统一性，从而分析的结果不可能是真理。针对这一点，斯鲍尔丁积极捍卫分析是一种最为重要的理智活动。分析作为一种活动，根本就不存在绝对主义者和柏格森强调的那种破坏性。事实上，所有的哲学活动都要进行分析，包括绝对主义哲学本身的结论都包含着很多的分析成果，所以反对分析哲学从根本上只可能是自相矛盾的。

从根本上看，斯鲍尔丁对分析的阐述和罗素所强调的“分析”没有多大差别，但是他的阐述更加详尽，并且自觉地将对“分析”概念的分析置于其外在关系理论的核心。“分析”的合法性与关系的外部性，在斯鲍尔丁看来，是一体两面的关系。如果对象的关系不是外在关系，那么就无法通过分析的活动揭示认识对象的关系和关系项的性质。在斯鲍尔丁看来，“分析”的合法性与他是否得到最终极的认识没有关系。如果在一个层面上揭示了对象的结构，即使在这个层面下还蕴涵着尚未揭示出来的东西，这种分析活动也是有效的。

绝对主义者和柏格森等认为分析会改变对象。这涉及分析的不同类型在分析过程中作用于对象的不同方式。斯鲍尔丁联系作为整体的不同类型，考察了不同类型的分析。最为明显的两种不同类型分析就是形式的分析和实质的分析。“实质的分析”也常常被斯鲍尔丁称之为“实验分析”。其最典型的形式有化学的、物理学的、生物学的分析等等。知觉是先于一切科学假设的一种

① 霍尔特等：《新实在论——哲学研究合作论文集》，伍仁益译，商务印书馆，1980 年，p. 158。

实质的分析。在知觉过程中，分析、辨别和选择的过程和各种化学分析的过程是基本相同的。

形式的分析是对典型的整体（typical wholeness）分析，如对数的连续性、电流的流动、时空的连续的分析。斯鲍尔丁说，这种分析的特点是："在分析这些事物时，部分是区别了、发现了，然后让它原封不动。"① 形式的分析只是一种纯粹的发现活动，它只是将对象的事实显露出来，而不包含任何"臆造"和"误解"的成分。

对应于分析的不同形式，作为分析对象的整体也有不同形式，斯鲍尔丁利用罗素的分析哲学，将这些对象分为4类。即：（1）以任何秩序相结合的任何数目的东西的聚集或者集合，如和我们相关的一切事物的集合；（2）由本身并非类的部分所构成的类，如碳原子、电子等等；（3）由从属的"类"构成的或者合成的"类"，如元素、数目等等；（4）统一体或者有机体。这些对象都不是像绝对主义者和柏格森等人想象的那样是一种绝对的整体，是完全不可以分析的。相反，这些对象都是可以分析的，并且只有通过分析，我们才可能发现它们的复杂性。

斯鲍尔丁对上述四种类型的对象进行了分析，指出它们都是可以分析的。在这里我们不详细讨论，我们只需要了解斯鲍尔丁是根据集合论证明第（1）类对象的分析是成立的。对第（2）类对象，他依据近代数学、逻辑学和物理学的成果，分析了算术概念、空间和时间、加速度以及原子等概念。对第（3）类对象的分析，他的根据是罗素的结论，他证明知觉和概念的分析是有效的。而对第（4）类事物，他驳斥了古老的"隐德来希"学

① 霍尔特等：《新实在论——哲学研究合作论文集》，伍仁益译，商务印书馆，1980年，p. 159。

说，他认为对于生命有机体的解释，柏格森倡导的生命活力论从本质上与机械论一样，都是从力的角度来解释生命，“活力论不过是一种不纯粹的机械论”。斯鲍尔丁通过他的分析理论，得出结论，即“关系可以通过分析而被发现”；也证明了分析的理智活动是合理的哲学和科学活动。

斯鲍尔丁通过“分析”的说明，获得了“外在关系理论坚定拥护者”的名声。他坚定地从科学的实践活动出发，并且始终用科学发展的最新成果来解决哲学争论。这使他成了形而上学捍卫者的攻击对象。他通过对“分析”的解释而维护的外在关系理论，使他与罗素并列成为外在关系理论的两位主要代表。不过我们可以发现，罗素主要是从逻辑学的角度提出的外在关系理论，而斯鲍尔丁的外在关系理论则是从科学方法论上提出的。

第五章 现象学传统中的关系思想

德国的现象学传统在19、20世纪之交对关系理论也进行了非常多的研究。诚如人们所熟知，布伦塔诺发掘出中世纪哲学中的意向性概念，为现象学奠定了基础。在布伦塔诺之后，弗雷格、迈农和胡塞尔等人对心灵、语言、对象的研究相互影响，各自影响了后来语言哲学、实在论和现象学的发展。弗雷格和胡塞尔之间的关系①、迈农与胡塞尔的关系②已经有过很多的学术研究。从前，哲学教科书通常将迈农当作实在论的主要代表，今天

① Robert Solomon, "Sense and Essence: Frege and Husserl", In: Solomon, eds. *Phenomenology and Existentialism.* (1972) New York: Harper and Row, p. 259 - 261; Ronald McIntyre, "*Husserl and Frege*" [J]. *Journal of Philosophy*. 1987 (10); J. N. Mohanty, "Husserl and Frege: A New Look at their Relationship". *Research in Phenomenology*. 1974; R. Tieszen, "Frege and Husserl on number", *Ratio*. 1990; J. Mohanty, *The Philosophy of Edmund Husserl: A Historical Development.* Yale University Press. 2008. 李岱巍:《谁终结了心理主义，胡塞尔还是弗雷格》，《前沿》，2010年第1期；李义民:《数的本质：弗雷格与胡塞尔之争》，华东师范大学博士论文，2016年。

② 对于迈农和胡塞尔的相互影响，从迈农角度探讨的，参见 David F. Lindenfeld, *The Transformation of Positivism. Alexius Meinong and European Thought*, 1880 - 1920, Berkeley: University of California Press, 1980. 从胡塞尔角度出发的，参见 Robin D. Rollinger, *Husserl's Position in the School of Brentano*, Dordrecht: Springer, 1999. 倪梁康 :《意向性理论的现象学视角与心理学视角——对胡塞尔与迈农之间关系的思想史重审》，《广西大学学报（哲学社会科学版）》，2014年第2期；高新民、李佳佳:《现象学的"抄袭公案"与迈农的现象学创始人地位》，《学术界》，2020年11期；龚艳、何浩平:《关系理论的概念与分类——迈农"观念性关系"与胡塞尔"心理性关系"的比较研究》，《南京大学学报（哲学·人文科学·社会科学）》，2020年第4期。

人们逐渐认识到迈农的理论与实在论有本质的不同，与现象学有着更深的关系，很多学者将迈农的理论当作现象学的奠基性理论。20 世纪初的德国哲学除了现象学，还有新康德主义、马赫主义等有着重要的影响，但本书基于他们对关系理论研究的影响相对要小一些，我们只将讨论的重点放在现象学的范围之内。

第一节　迈农对观念关系与物理关系的初步区分

大体而言，迈农一直在布伦塔诺所开创的描述心理学的基础上讨论对象和关系，他们都认为对象和关系是呈现在心灵之中的东西。学界对迈农的对象理论比较熟悉，他关于非存在的存在对象的观点已经被写进了哲学史教科书。关于“非存在的存在对象”实在拗口，但只要我们意识到迈农所谓的“对象”（Objekt）是指能“呈现”在意识中的任何东西，是任何能被思考的、能被任何心理行为指向的对象。这样的“呈现”，迈农用 es gibt 表示，一般学者翻译为“有”。如此说来，我们通常所谓“存在物”（Beings）就是可以用 be 去言说的对象，这样的“存在物”只是对象物的子类，这种可以言说的存在物可以指我们生活中的实存物（Existence），也可以指我们观念中的各种共相，如数理事物和价值。这类共相，虽然并没有出现在时空之中，但它没有矛盾，是掌握各类实存物必要的东西，所以，迈农称之为“持存”（Subsistence），而那些呈现在心灵中的、但又自相矛盾的对象，如方的圆，迈农称之为“不可言说物”（Aussersein）。

有学者将迈农的Subsistence概念翻译为“潜存”①。笔者认为这种翻译会对理解迈农思想带来了不好的联想。“潜存”概念与亚里士多德哲学传统中的“潜在”概念非常近似，但是迈农对此概念的理解丝毫与“潜在”无关，Subsistence表示的“共相”的存在与生活中的实存不同的地方主要是，实存在生活中受时间影响，具有生成毁灭性，但是数理事物和价值事物都具有恒常普遍性，是持续存在的，所以，此概念还是翻译为“持存”比较妥当。有学者将迈农的Aussersein概念翻译为“虚存”。② 笔者认为Aussersein本身并没有“虚”的意思，并且它也呈现在心灵之中，不涉及虚构、虚拟等问题。不过我们要注意的是，对于实存物，迈农仍然不是在从实在论的角度来把握它，而从呈现在心灵之中的对象角度来把握它，他将各种特殊的感觉当成单一物（Simple）（如感觉中呈现的这一种特定的红、这一种特定的圆），而将具有多种属性的具体对象当成当作众多单一物结合在一起的复合物（感觉中呈现的这一种特定的红、这一种特定的圆等结合起来的这一个特定的复合物，即“这一个苹果”）。

在此基础上，迈农提出了他的关系理论，他很早就写出了《休谟研究2：关系理论》，国内学者龚艳和何浩平在《关系理论的概念与分类——迈农“观念性关系”与胡塞尔“心理性关系”的比较研究》中对迈农这篇文章的内容有比较深入的介绍，我们只择其要点介绍。

在关系的基础的问题上，迈农提出，关系是人们的心智主动地比较关系项产生的结果。他说：“就关系是人的心理活动的产

① 宁如：《心理体验及其对象类型——试论迈农的意向性理论》，《现代哲学》，2002年第4期。

② 宁如：《心理体验及其对象类型——试论迈农的意向性理论》，《现代哲学》，2002年第4期。

物而言，很清楚的是，严格说来，即便是对实在论者而言，关系也只能是主观性的。”① 他还明确地说道：“表象着关系的主体，是以一种非常特别的方式主动着的，所以在这些情形中，主观性因素比之在对所谓的绝对性质的感知中，更为显著。确实地，在许多情形中，对关系的断言完全独立于对它所联系的关系项的存在与否的断言。”②

不过，迈农也意识到人们对这些关系项的比较也是有条件的，它必须基于关系项本身的性质。迈农以距离的关系为例来说明关系项性质确立关系时的意义。如果我们用 Ra 来表示“距离关系”，用 Ra（A，B）表示 A 物体和 B 物体构成距离关系 a。无疑，Ra 独立于 A、B，原因在于 Ra（A，B）与 Ra（C，D）中的 Ra 没有任何本质的不同。不过，尽管 A、B 对 Ra 没有什么影响，但迈农认为，A、B 的位置与 Ra 相关，A、B 的空间关系性能够确立 Ra，即 A 和 B 在空间中的位置决定了 Ra。我们可以更形式一点地说，Ra（A，B）中，Ra 不受 A∨B 影响，但能被 A（R）∧B（R）决定。“所以，要说明 A 和 B 的距离关系，

① Alexius Meinong, “*Hume - Studien* Ⅱ. *ZurRelations Theory*,” Sitzungsberichte der Philosophisch - Historischen Klasse der Kaiserlichen Akademie der Wissenschaften in Wien, Bd. 101, Wien, 1882. S. 614. 龚艳、何浩平：《关系理论的概念与分类——迈农“观念性关系”与胡塞尔“心理性关系”的比较研究》，《南京大学学报》，2020 年第 4 期，p. P96 - 97。

② Alexius Meinong, “*Hume - Studien* Ⅱ. *ZurRelations Theory*,” Sitzungsberichte der Philosophisch - Historischen Klasse der Kaiserlichen Akademie der Wissenschaften in Wien, Bd. 101, Wien, 1882. S. 609. 龚艳、何浩平：《关系理论的概念与分类——迈农“观念性关系”与胡塞尔“心理性关系”的比较研究》，《南京大学学报》，2020 年第 4 期，p. 97。

我们必须说明 A 和 B 的空间位置，作为它们的距离关系的基础。”①

正如学者们注意到的那样，迈农似乎将比较得到的关系当成了所有关系的基本形态，他正是从这种假设出发，认为比较关系项会产生“同一”关系和“不同一”关系的两类不同关系，而“不同一”的关系又可以进一步区分为相似关系和不相似关系，“同一”的关系是“相似”关系和“不相似”关系的基础。

有学者认为，迈农对关系基础的说明是“分裂的”，也就是说是关系由人比较而产生与它基于关系项的基础而成立，这二者是矛盾的。② 笔者认为，这种批评并不能切中迈农的薄弱处。迈农的确会认为关系要基于关系项的基础，但我们应该注意，他所强调的关系项的基础并不是指关系项的绝对性质，而是它的相关性的性质，而对象是简单物的复合的观点，这些相关性的性质本质上也是在心灵中呈现的简单物，所以，按照迈农的观点，这种关系的产生事实上并不是一次比较的产物，而是多次心灵行为的结果。我们仍然可以以 A 与 B 之间的位置关系 Ra 为例来说明。前面我们已经说过了 Ra 独立于 A 和 B，A 和 B 的绝对性质也不能决定 Ra，但是 A 或 B 都占有一定的位置，他们的位置就是他们的相对性质，而非绝对性质，是 A 的位置和 B 的位置确定了 Ra。但 A 或 B 的位置本身还依据一定的空间关系，是牛顿空间，还是爱因斯坦空间，这样 A 和 B 的位置就不是完全独立于心灵

---

① Alexius Meinong, “*Hume - Studien* Ⅱ. *ZurRelations Theory*,” Sitzungsberichte der Philosophisch - Historischen Klasse der Kaiserlichen Akademie der Wissenschaften in Wien, Bd. 101, Wien, 1882. S. 696. 龚艳、何浩平：《关系理论的概念与分类——迈农“观念性关系”与胡塞尔“心理性关系”的比较研究》，《南京大学学报》，2020 年第 4 期，p. 97。

② 龚艳、何浩平：《关系理论的概念与分类——迈农“观念性关系”与胡塞尔“心理性关系”的比较研究》，《南京大学学报》，2020 年第 4 期，p. 98。

的，而同样也是与心灵相关的。

迈农上述关系理论，他后来称之为“观念性关系”。我们根据他对观念性关系基础的说明，我们可以认为，他对这一类关系的理解与新黑格尔主义的内在关系论相差不大。但是，迈农毕竟不属于新黑格尔主义传统，他从布伦坦诺的那里继承而来的分析性理论特质决定了他会更全面地看待关系问题。在《休谟研究二》的结尾部分，迈农就提到，上述由人类心灵比较而产生的关系只是众多关系中一类，除了这种关系外，他认为还有一种“实在性关系”。① 实在性关系的特点就在于这种关系不是人类心灵比较的产物，它是关系项本身之间的。对这种实在关系，迈农的说法是：“如果主体对于关系而言只是一个观察者，只是判断已经在那里的东西，那么关系是真的存在于基础之间的，否则它就无法在其中被观察到。”② 观念性关系是心灵能动地比较的结果，那么实在性的关系也是呈现在心灵之中的关系，但这种呈现在心灵之中的关系是被动地观察或者感受、感觉得到的。心灵的主动与被动的区分还会引出关系经验是先于关系项经验，还是后于关系项经验的区别。由于观念性关系是心灵能动活动的结果，所以这种关系能先于关系项的经验而存在；而在实在性关系中，

---

① Alexius Meinong, “*Hume – Studien* Ⅱ. *ZurRelations Theory*,” Sitzungsberichte der Philosophisch – Historischen Klasse der Kaiserlichen Akademie der Wissenschaften in Wien, Bd. 101, Wien, 1882. S. 715 – 720. 龚艳、何浩平：《关系理论的概念与分类——迈农“观念性关系”与胡塞尔“心理性关系”的比较研究》，《南京大学学报》，2020 年第 4 期，p. 98。

② Alexius Meinong, “*Hume – Studien* Ⅱ. *ZurRelations Theory*,” Sitzungsberichte der Philosophisch – Historischen Klasse der Kaiserlichen Akademie der Wissenschaften in Wien, Bd. 101, Wien, 1882. S. 720. 龚艳、何浩平：《关系理论的概念与分类——迈农“观念性关系”与胡塞尔“心理性关系”的比较研究》，《南京大学学报》，2020 年第 4 期，p. 98。

人类只有在获得关系项经验之后才可能具有关系的经验，这是由于实在性经验中心灵的被动性相关的。在他看来对某个物体（如红苹果）的某一种性质的感觉（某种特定的苹果红）与另一种性质的感觉（某一种特定的圆）的连接关系就是这种实在关系。① 我们知道这后一种关系其实就是胡塞尔在《逻辑研究》中谈到的“质料结合的先天原理”

从上述迈农关系理论的讨论来看，迈农确实不是一般的共相实在论者，他的理论更多充满的是现象学对意识内容的分析精神。

第二节 胡塞尔对关系问题的哲学探索

在关系逻辑出现之后，与大多数同时代哲学家一样，胡塞尔也注意到了它对颠覆传统形而上学的意义。胡塞尔和迈农均是布伦塔诺的学生，他在早期《数的概念》和《算术哲学》中也提出了一种关系理论，此关系理论与形式上类似于迈农的学说，这引起了学界对二人关系的争议，但今天的学者一般都认为，胡塞尔是在迈农提出期关系理论的同时期独立地发展出了他自己的关系学说。② 这种争议以及胡塞尔的早期思想都不属于现象学时期的胡塞尔思想，都不是本书要讨论的核心。我们只需要讨论胡塞尔在其思想成熟后对关系理论的思考就够了。

---

① Alexius Meinong, “*Hume - Studien* Ⅱ. *ZurRelations Theory*,” Sitzungsberichte der Philosophisch - Historischen Klasse der Kaiserlichen Akademie der Wissenschaften in Wien, Bd. 101, Wien, 1882. S. 716. 龚艳、何浩平：《关系理论的概念与分类——迈农“观念性关系”与胡塞尔“心理性关系”的比较研究》，《南京大学学报》，2020 年第 4 期，p. 98。

② 龚艳、何浩平：《关系理论的概念与分类——迈农“观念性关系”与胡塞尔“心理性关系”的比较研究》，《南京大学学报》，2020 年第 4 期，p. 98。

一、关系判断与属性判断之关系

胡塞尔认为作为传统形而上学核心的存在论所赖以依存的重要语言表达形式“S是p”的表达值得进一步思考。根据亚里士多德主义的观点，这个表达形式中的S是具有独立的、具有规定性的基底，即实体，而p则是非独立的规定性，它与S相适应。如果p具有独立性，那么它就不应该是形容词性的谓词，而是具有名词性的、属于谓词范围的宾词，这就不能用“S是p”来表示，只能用“S具有T”的形式表示，这是一个关系判断的形式。也就是说，“S是p”只有一个独立的对象，而“S具有T”具有两个独立的对象。胡塞尔认为，“S是p”和“S具有T”具有同样的原始性，“因为每一个规定性基底都是一开始就既能按照其非独立的各部分，又能按照其独立的各部分而被摆明，并因此而被谓词化。”[①] 并不像亚里士多德认为的那样，似乎只有“S是p”是本源性的，“S具有T”是派生性的，胡塞尔坚持认为属性判断（“S是p”）和关系判断（“S具有T”）二者都具有本源性，并不存在何者更本源的问题。

胡塞尔认为关系判断“S具有T”和“S是p”都具有一般性的、本源性的使用，也有对这些日常本源性用法进行处理之后的“变样”。比如，“苹果是红的”，这是日常生活中最本源的用法，但“苹果具有红色（redness）”就是从前者转化出来的，是一种派生性的用法，“苹果具有红色（redness）”与“苹果具有果皮”形式上是一样的，但前者是一种非本源性的关系判断，而后者则是一种本源性的关系判断。

撇开非本源性的“S具有T”，一般本源性的“S具有T”中

---

① 胡塞尔：《经验与判断》，三联书店，1999年，p. 258。

的T具有独立性，它不能被转化为“S是p”的形式。这是因为一个原始独立的对象，绝不可能失去独立性，而变成为一个非独立的规定性。不过，“S是p”中的形容词性的p本来不具有独立性，但我们可以通过将它专题化，从而使那些非独立对象得到独立，也就是我们可以通过反思的方式将那些形容词转化为名词，“S是p”的表达就转化为“S具有T”。例如，“苹果是红的(red)”可以转化为“苹果具有红色（redness)”。

他这样论述这两种判断之间的关联性：“在目前的关联中，下面一点是很重要的：即没有任何原始的‘具有’判断，因而没有任何使一个基底的独立部分谓词化的‘具有’判断可以被转化为一个‘是’判断。倒是相反，基于名词化的可能性就有这样一种可能性，即任何‘是’判断都可以转化为一个‘具有’判断，这就是说，可以使某种最初产生一个形容词性的谓词的、在起源上是非独立的规定性如‘S是p’（‘S是红的’）名词化，并且现在使它在新的判断中不作为主词发生作用，而是与自己原始的基底对象这样对峙起来，正如有一个独立的规定性与这个原始基底对象相对立那样，这样就产生了一个形式为‘S具有p’的判断（‘S具有红色’)。”[①]值得注意的是“S具有红色”是派生性的，尽管所有的属性判断‘S是p’都可以转化为这个关系判断的形式，但由于这种关系判断是通过处理之后得到的，所以我们绝对不能像分析哲学那样认为所有的判断都是关系判断。

读者对这一段观点可能会产生这样的疑问，他们会像亚里士多德主义者那样坚持认为关系判断也能转化为属性判断，在他们看来“苹果具有果核”这句话可以转变为“苹果是有果核的”。对这一类疑问，胡塞尔并没有进行解释。如果我们顺着胡塞尔的

① 胡塞尔：《经验与判断》，三联书店，1999年，p. 260－261。

思路，可以认为“苹果具有果核”和“苹果是有果核的”是两种性质不同、意义不同的命题，前者是对现实事实的陈述，而后者则是性质的陈述，后者中的性质不一定是现实，可能只是一种潜能。

二、以超越性观察为基础的外在关系判断

胡塞尔的关系研究总是属于现象学的理论框架，现象学理论区别于语言哲学的主要地方在于它不仅重视各种语言形式，而且重视各种语言判断内容的心灵形成过程。胡塞尔的关系理论并不像罗素等分析哲学家那样激进地取消存在判断的地位，并没有将存在判断转化为关系判断，但是他也要像分析哲学家那样解释关系逻辑中关系互逆推理的可能性问题，需要解释“a 比 b 大”可以推导出“b 比 a 小”这种超出了传统三段论的推理问题。

胡塞尔在对这种关系推理解释的过程中，我们看到他的思路完全不同于分析哲学的思路。他还是和传统哲学一样将“a 比 b 大”看做主谓判断形式，他认为这种主谓判断与一般的主谓判断的差别只是这种表达关系的主谓判断比普通的判断更加复杂一点。复杂的地方就在于，普通主谓判断的谓词部分并不涉及其他独立对象，只是一种规定性的属性，但这类关系判断要涉及其他独立对象，但他同时认为，这类判断尽管复杂，但它的整个复杂的谓词部分“比 b 大”仍然是用来表述主词“a”的规定性的。“比 b 大”作为“a”的规定性，其中“比 b”与“a”无关，并不是从“a”的基础上产生的，它是心灵的联想过程引起的；“比 b”也不是从“更大”的基础上产生的，既可以“比 b 更大”，也可以“比 b 更小”，但他们共同构成一个复杂的谓词，它们结合起来一起构成一个非独立的形容性的规定性，这个非独立的规定性只有建立在主词的基础上，才具有现实的意义。它与

“红”等形容词一样也具有接受性的直观性，这个观点和詹姆斯对关系的看法基本类似。具体而言，胡塞尔这样描述这个“a 比 b 大”的意识过程：“我们回忆一下，在接受性的阶段上这种规定性是如何达到‘更大’的：在把握性的目光从 A 过渡到 B 时，A 作为规定性的基底就已经被保持在手中了，并在这个过渡的基础上丰富了自己，正如它仍然在‘比……更大’这一规定性上保持在手一样。现在如果要得出在此之上建造起来的谓词表述，那么首先就必须重新把在规定性上被丰富了的那个 A 抓在手中，并主动地实行向规定性的过渡。但由于这个规定性的意义也应该包括与 B 的关系，所以想规定性的过渡必须与向 B 的重新过渡相一致。这种一致是作为‘比 B 更大’的谓词而产生出来。”[①]

我们除了上述“比 b”的意识过程分析外，我们也要重视“大”这一类形容词不同于“红的”这类形容词的逻辑意义。胡塞尔将“大”这一类形容词称之为“相对的形容词”，将“红的”这一类形容词称之为“绝对的形容词”。前者是“以超出性观察、关系性协调作用以及在此之上建造起来的关系判断为基础而产生出来的”，这种形容词不仅要求有一个起主词作用的名词作为基底，而且在主词之外还要求有一个与主词相对的另一个名词，即一个相关的宾词；后者“产生于内在的说明和规定之中的某种非独立的规定性的基底因素”，它要求有一个主词就够了。[②] 尽管这两类形容词有这些不同，但“相对的形容词”也和“绝对的形容词”一样，也可以转变为名词，整个判断可以从关系性的“是”判断转化为“具有”判断。胡塞尔举例说：“譬如我们可以设想从‘A 是相似于 B 的’向‘A 具有与 B 的相似性’

---

① 胡塞尔：《经验与判断》，三联书店，1999 年，p. 262。

② 胡塞尔：《经验与判断》，三联书店，1999 年，p. 263。

这种形式的转化。”①

正是因为关系性判断是超越性的观察基础上产生的判断活动，这种超越性的观察活动就会有主观意向的方向问题，方向不同，关系就会有不同的表述方式。对于认知意义的关系问题，它们总与这种意向的方向密切相关，胡塞尔说道：“因为只有在超越性的观察的判断活动中，诸对象才会现实地在主题上相互发生关系。”② 这一点为解释关系命题的可逆性提供了依据。在胡塞尔看来，关系命题的可逆性是因为意向的兴趣方向的调整所导致的。在这个关系判断中，两个观察对象本身是相互独立的，相互独立的对象作为关系项不存在何者为先，何者必须作为基础的问题，建立起相互关系的是意识活动，意识活动可以自己设定随便哪一个关系项为判断的主词，另一个为宾词。胡塞尔说道：“这种基于双方之上的独立性就为任何时候的可逆性提供了基础。这并没有在本质上预先规定，哪个对象作为主词以及哪个对象作为相关的宾词而起作用：这个判断既可以说成‘A 比 B 大’，也可以同样有效、同样本源地说成‘B 比 A 小’。这仅仅取决于每次的兴趣方向。”③

第三节 海德格尔对关系理论的生存论批判

目前学术界有一种观点认为，海德格尔的存在哲学是一种关系主义的哲学，“此在在世界之中存在”体现了这种关系主义的性质。威廉·巴雷特就说：“人在世界之中，因为由于他完全处

① 胡塞尔：《经验与判断》，三联书店，1999 年，p. 264。
② 胡塞尔：《经验与判断》，三联书店，1999 年，p. 264。
③ 胡塞尔：《经验与判断》，三联书店，1999 年，p. 264。

于存在之中。根据海德格尔的观点，存在本身意味着置于自身之外，超越自身。我的存在并不是某种发生在我的皮肤（或者皮肤内的某种非物质实体）之中的东西，而是延伸于一个场或者领域，及其所关注的世界。对爱因斯坦的物质场论加以类推，似乎可以把海德格尔关于人（及其存在）的理论称为人的场论（或者存在的场论），假如我们把这仅仅看作是一种类比。"[①] 巴雷特还说海德格尔的存在理论可以"称为存在的背景关系理论"，"所有存在者都在这个背景中显现出来……这种共同背景不是别的，就是存在本身。"[②]这种解读当然有一定的道理，无论是海德格尔早期哲学对物存在的思考还是晚期对 Ereignis 的思考，都有很多与学术界常见的关系主义有一定的相似性，他在晚期依据天、地、神、人"四方"之间相互映射、相互居有的世界提出物的新解释更是与人们所说设想的关系论非常相似，甚至有类似"本然，乃是一切关系的关系"[③] 的表述。

然而，在笔者看来，"关系的关系"毕竟不是一般的"关系"，上述学者仅仅为了反对传统形而上学的哲学实体观就将海德格尔理解为关系主义，这是有失偏颇的。海德格尔的确反对实体论的形而上学传统，然而，他与当代其他反对实体观的其他哲学家对关系的理解彻底不同，我们不应该只重视海德格尔对实体的批评，而要重视海德格尔自己对关系的正面思考，而这项工作一直还没有引起人们的重视。下面笔者将重点介绍海德格尔在早期《存在与时间》中的关系思想和他晚年成熟时期的关系思想。

---

① 威廉·巴雷特：《非理性的人——存在主义哲学研究》，商务印书馆，1995年，p. 214。

② 威廉·巴雷特：《非理性的人——存在主义哲学研究》，商务印书馆，1995年，p. 221。

③ 海德格尔：《走向语言之途》，商务印书馆，2004 年，p. 267。

一、关系理论是形式的空谈

《存在与时间》并没有对关系进行专门讨论，它在很多零星讨论“关系”的时候也使用 Relation 和 Beziehung 两个不同的概念，目前的英语译本和汉译本将它们都翻译为“关系”，这种情况大大增加了讨论此文本关系思想的困难。但是目前学界认为“在世界之中存在”的作为意蕴的指引联络的“世界”是关系性的世界的观点却根本就没有意识到海德格尔对关系理论的批判恰好是他的世界理论的重要内容。

海德格尔似乎看透了别人会从关系理论的角度去解读他的世界理论，他说道：“我们就这样把上手事物的存在（因缘）乃至世界之为世界本身规定为一种指引联络。这样一来，我们岂不是使世内存在者的‘实体存在’消失在一种关系系统中了？既然关系总是‘想出来的东西’，世内存在者的存在岂不就消解到‘纯思’中去了？”[①] 海德格尔明确承认这种关系思维从比较低的层次上具有一定的合理性，因为我们在讨论世界的时候，如果只是限定在讨论“世界之内首先照面的存在者的存在”（上手状态）和对这种上手状态进行规定的那种存在者的存在（现成在手状态），那么这两类存在概念确实就是范畴，“它们关涉的存在者不具有此在式的存在”，海德格尔明确地说：“人们可以从形式上把指引联络把作为一种关系系统。”[②]

但是，海德格尔只说人们可以“从形式上”把指引联络把作为一种关系系统，这意味着即使在存在者的层面上，关系思维仍然非常肤浅的，不足以把握指引联络本身的实质。之所以如此，是因为在生存论意义上世内存在者（不管是现成在手状态

① 海德格尔：《存在与时间》，三联书店，1987 年，p. 103。

② 海德格尔：《存在与时间》，三联书店，1987 年，p. 103。

还是上手状态）的“指引”都是作为“用具”标志来指引的，虽然“指引是一种关系”，关系是最普遍的一类存在论概念，所以，“指引是一种关系”也只是“极端地从形式上看”得到的泛化的理解；反过来，关系不是指引，“指引大概可以分化为标志、象征、表达、含义等等。”“关系却不是作为这些‘种属’的类来起作用的。”从这个角度上看，海德格尔明确指出胡塞尔在《大观念》的第十节所说的关系都只能算作表面的形式性规定。他说道：“一切指引都是关系，但并非一切关系都是指引。一切‘显示’都是指引，但并非一切指引都是显示。此中就暗含着：一切‘显示’都是关系，但并非一切关系都是显示。这样一来，关系的形式上的普遍性质就摆到明处了。要想探究指引、标志乃至含义这类现象，靠把他们标画为关系终将一无所获。甚至最终还要显示：由于其形式上普遍的性质，‘关系’本身的存在论上还源于某种指引呢。”① 正是这样，海德格尔对这种关系理论表达了一种厌恶的心态：“而今我们尤其容易具有一种倾向，那就是循这样一种‘关系’为主导线索，使一切存在者都服从于某种‘阐释’，这种‘阐释’总是‘入调’的，因为它根本什么也没说，犹如那种不费吹灰之力的形式内容表。”② 这种从关系角度来形式化地理解世内存在者的思路也是有害的，他提醒我们注意：“诸如此类的形式化会把现象敉平，乃至真正的现象内容消失不见；特别是意蕴包含在自身之中的那些‘简单’关联更容易出现这种情形。”③

海德格尔似乎知道弗雷格、罗素等人将关系的共相理解为函

① 海德格尔：《存在与时间》，三联书店，1987 年，p. 91。

② 海德格尔：《存在与时间》，三联书店，1987 年，p. 103。

③ 海德格尔：《存在与时间》，三联书店，1987 年，p. 103。

数，将关系项的殊相理解为函数中的变量的思路，他对此也进行了不点名的批评："像'为了作''为其故'、因缘的'何所缘'这类'关系'与'关系项'，就其现象内容来说本来就都拒绝被弄成数学上的任何一种函数。"① 在海德格尔看来，这种关系思想有两个问题。首先，这些关系并不是像罗素等人考虑的那样是一种柏拉图主义的思维共相，不能从形而上学的角度去理解关系，而应该从生存的角度去理解它们。他说道："它们也绝不是什么想出来的东西，不是在'思维'中才刚积淀下来的东西。它们是操劳寻视本身向来已经持留在其中的关联。"② 其次，关于世内存在者的关系不能独立于世界来看待，虽然海德格尔认为我们可以"从形式上"将世内存在者看作关系，但是这种"世内存在者"本质上还是"世界之内的"，既然如此，它即使作为关系也必须从"世界之为世界"的整体中得到其具体规定，而"世界之为世界"不是"世内存在者"，它不能从关系的角度来把握，它必须从存在的角度来理解。海德格尔说道："作为世界之为世界的组建因素，这种'关系系统'也根本不曾把世内上手事物的存在挥发掉，而且恰恰是由于世界之为世界，这种存在者才能就其'实体的''自在'得到揭示。"③ 与人们常常鼓吹的那种"从存在到关系"的口号完全相反，海德格尔坚持关系只有在存在的基础上才能得到规定，他说道："唯当世内存在者能够来照面，才有可能在这种存在者的园地里通达只是现成在手的东西。唯基于这种只还现成的存在，我们才可能用数学上的'函数概念'从'属性'着眼来规定这种存在者。只有事涉那种

① 海德格尔：《存在与时间》，三联书店，1987 年，p. 103。

② 海德格尔：《存在与时间》，三联书店，1987 年，p. 103。

③ 海德格尔：《存在与时间》，三联书店，1987 年，p. 103。

其存在性质是纯实体性的存在者，这种方式的函数概念在存在论上才是可能的。函数概念始终只有作为形式化了的实体概念才是可能的。"[①]

在近代哲学界，人们除了讨论世内存在者的关系外，还会将关系理论应用到人与世界关系问题上，他们称之为"主客体关系"或者"心物关系"。《存在与时间》和《现象学的基本问题》等早期文献都详细讨论了这个问题，近代所谓的"主客体关系"是从笛卡尔对主体性的强调，发展到海德格尔同时代的哲学阶段表现为李凯尔特的主客体相互关系论。[②] 他们的基本观点是："所有主体只有对于客体来说才是它所是的东西，反之亦然。"[③] 海德格尔认为，这种观点在具体细节和整体规定上都缺乏说明，在细节上，它并没有告诉我们主客体的相关关系的各个具体环节是什么，他们是如何具体关联起来的；在整体规定性上，这个主客体的关系整体的性质肯定不能从关系的角度去说明，而应该依据这个整体的存在规定性来说明。海德格尔说道："然而，在这种形式的入手方式中，相关关系的各环节和这种相关关系本身一样在存在论上仍然都无所规定。但是，归根到底，这种相关关系的整体必然被设想为'无论如何'存在着的，所以就必然是从某种确定的存在之观念的角度来被考虑的。"[④] 在海德格尔看来，这种主客体关系的讨论也是一种"形式化的、在存在论上无关宏旨的关系"[⑤] 他认为，哲学史上之所以会提出

① 海德格尔：《存在与时间》，三联书店，1987 年，p. 103 - 104。

② 有关哲学史对主客体关系的讨论，具体参见海德格尔：《现象学之基本问题》，上海译文出版社，2008 年，p. 206 - 210。

③ 海德格尔：《存在与时间》，三联书店，1987 年，p. 239 - 240。

④ 海德格尔：《存在与时间》，三联书店，1987 年，p. 239 - 240。

⑤ 海德格尔：《存在与时间》，三联书店，1987 年，p. 240。

这种形式化的主客体关系理论，主要是因为在近代“世界”内的存在者成为人们最重视、最为熟知的现象，人们对世界的认识就“或仅着眼于‘世界’谈及‘世界’”，这种认知模式也成为人们对心灵的认知模式，也“仅着眼于‘心灵’谈及‘心灵’”，这样一种世界和心灵的认知方式就不会让人们去思考“世界之为世界”和“在世之在”的问题，而会从世内存在者的现成存在的角度来看待人和世界，这样二者之间的“关系”就变成不言而喻的了。海德格尔说道：“因为在存在论上还始终无法通达在世这种存在结构，而它在存在者层次上却已被经验为存在者〔世界〕与存在者〔灵魂〕之间的‘关系’；又因为人们在存在论上执拗于存在者从而把存在首先领会为世界之内的存在者，于是，人们就立足于这两种存在者，就它们的存在的意义来尝试着理解上述存在者之间的那种关系，也就是说，把这种关系理解为现成存在。直到如今人们还在这种不适当的解释的阴影下来认识此在的建构，非但如此，人们还把它当作某种自明的东西呢。于是乎，这种不适当的解释就变成了认识论问题或‘知识形而上学’问题的‘明白确凿’的出发点。因为：一个‘主体’同一个‘客体’发生关系或者反过来，还有什么比这更不言而喻呢？必得把这个‘主客体关系’设为前提。”①

在海德格尔看来，这种主客体关系的理论不会去讨论为什么主体就需要客体，客体为什么需要主体的问题，因为这些问题意味着它要深入到主体的内部去。只要我们去思考这个问题，我们就可以发现，主体的规定事实上并不依赖它与客体的关系，之所以如此，是因为主体对客体的关系事实上不是由客体确立的，而是由主体自己确立的，这是主体之为主体的含义之所在。海德格

① 海德格尔：《存在与时间》，三联书店，1987年，p. 69。

尔说道："主体对客体的关系就不包含于客体之内；与客体的自行相关就属于主体自身之存在建制。自行相关包含在主体这个概念里。主体就自在而言便是自行相关者。"① 而这种自行相关与朝向对象这两个主体的规定性来自哪里呢？海德格尔认为，这两个规定性事实上是此在的生存论规定决定的，而不是有主体的存在论规定决定的。在此在的生存论规定中，意向性就属于此在之生存，此在的生存本身就意味着它与其他存在者之间的关联，而无需任何主客体之间的关联，相关主客体之间的关系要建立在此在生存的关联基础之上。如果从生存论出发去考虑，主客体关系的思考模式就没有触及此在生存于世界之中的实情。

二、海德格尔晚期对关系理论的再思考

海德格尔晚期通过天、地、人、神四方（das Vier）的映射游戏来阐释物之物化，这给学界对海德格尔晚期哲学有了关系主义的想象。这种想象有一定的根据，因为海德格尔在论述大地、天空、有神性者和终有一死者这四者中任何一个的时候，他都会说这一句："当我们说到××时候，我们同事就已经出于'四方'之纯一性而想到了其他三方。"② 这种表述就给人一种内在关系论的想象。

然而，如果我们仔细考虑海德格尔此观念的具体内容，我们仍然要提醒学界注意，海德格尔的这种四方观念仍然是对当时流行的、今天许多学人仍信以为真的关系理论的批判。关于天、地、人、神四方来阐释物的推理过程，这不是本书要考虑的重点，有兴趣的读者可以参考海德格尔晚期作品《物》《筑·居·

---

① 海德格尔：《现象学之基本问题》，上海译文出版社，2008 年，p. 210。

② 海德格尔：《演讲与论文集》，三联书店，2005 年，p. 186 - 188。

思》等。为了阐释，海德格尔的四方思想事实上是反对关系主义的，首先，我们将指出这四方与关系理论中的关系项是完全不同的；其次，我们将指出这四方之间的映射也绝对不能认定是“关系”。

关于四方与关系项之间的区别，海德格尔谈得非常明白，即关系项是指世内存在者，是现成事物或上手事物，然而，天、地、人、神的四方都不是现成事物或者上手事物。如果，我们将天地人神理解为现成事物或者上手事物，那么毫无疑问就完全没切中这四方的具体规定。海德格尔似乎预见到有人会有这方面的误解，他针对这种误解说道：“当人们把统一的四方仅仅表象为个别的现实之物，即可以相互论证和说明的现实之物，这时候，统一的四方在他们的本质中早已被扼杀了。”① 然而在海德格尔对物的论述中，我们可以看到这四方的任何一方都绝不是在认知意义上的对象性的存在，它们只可能在生存论的意义上通过对生活中某物的认识活动的考察才能遇到这四方。他以壶为例，说明了单纯从认知出发就会认为他是由一个有边界的虚空，只有从生存论的角度上才能看到它是容纳和倾倒饮料（酒或者水）供我们饮用的器具，而壶在生存活动中盛放和倾倒酒水供我们饮用的这种规定，使我们能认识到壶与天地之间的关系。“在赠品之水中有泉。在泉中有岩石，在岩石中有大地的浑然蛰伏。这大地又承受着天空的雨露。在泉水中，天空与大地联姻。在酒中也有这种联姻。酒由葡萄的果实酿成。果实由大地的滋养与天空的阳光所玉成。在水的赠品中，在酒的赠品中，总是栖留着天空与大地。而倾注之赠品乃是壶之壶性。故在壶的本质中，总是栖留着天空与大地。”海德格尔对天、地的这种表述显然不是任何外在

① 海德格尔：《演讲与论文集》，三联书店，2005 年，p. 188。

关系论和内在关系论所讨论过的对象。天和地在这里并不是关系中的任何一种关系项，而是任何关系项得以发生关系的终极视域。他明确反对这种认知的意义上去把握物的规定。他说道“世界之世界化之所以不可说明和论证，是因为诸如原因和根据之类的东西是与世界之世界化格格不入的。一旦人类的认识这里要求一种说明，它就没有超越世界之本质，而是落到世界之本质下面了。”①

另外，我们要注意，四方之间的映射并不是关系。在目前的中译本中将四方之间的 Spiegeln 都翻译为“映射”，这种翻译会让人产生误解和偏离海德格尔思想的联想。汉语中的“映射”是现代哲学在思考关系理论中常使用的一个概念，如函数中每一个自变量和因变量之间的映射关系等。不过，在德语中，表达函数中的映射关系的概念是 Abbildung。即使在讨论光线的映射语境中，德语的常用词汇是 Reflektion，而不是 Spiegeln。从这一点看，海德格尔对中文“映射”概念的用法显然与关系理论完全不同，他非常明确地强调这种映射与从希腊哲学以来一直到现代哲学中所强调的思维对对象的“摹写”关系的不同就在于它在映射它者的过程中映射自身。他说道：“四方中的每一方都以它自己的方式映射着其余三方的现身本质。同时，每一方又都以它自己的方式映射自身，进入它在四方的纯一性之内的本己之中。这种映射并不是对某个摹本的描写。映射在照亮四方中的每一方之际，具有它们本己的现身本质，而使之进入春意的相互转让之中。”② 所以，这种映射本质上就是一种游戏，他称之为映射游戏（Spiegel - spiel）。世界的这种映射游戏他还称之为“居有之

① 海德格尔：《演讲与论文集》，三联书店，2005 年，p. 188。
② 海德格尔：《演讲与论文集》，三联书店，2005 年，p. 187。

圆舞”（der Reigen des Ereignens）。从这些映射的名称我们就可以看出，它根本就不是作为共相的关系了。

总之，海德格尔的哲学绝不是什么关系理论，更不是从关系的角度规定存在，他对同时期的关系理论都持批判态度。

第六章　对关系理论的非主流反思

我们已经讨论了新黑格尔主义、分析哲学、美国詹姆斯的实用主义、新实在论的关系思想和现象学对关系理论形式化倾向的批判。这些流派代表了关系理论的三种典型形态，即通常所说的内在关系理论、外在关系理论和对这二者批判立场。这三种立场在 20 世纪的前二十年几乎就代表了关系理论的主流。

但是还有一些边缘性的哲学家对关系理论进行细致的考察。我们不能将这些哲学家明确归于某一个哲学流派，他们的共同点是他们注重分析一个一个的问题，而非建构某种世界观的关系理论。他们接受分析哲学的方法，但是反对多元论；他们接受新黑格尔主义的部分观点，但是不接受他们的绝对主义。这些哲学家的分析显得过于小心谨慎，以致人们很难知道其理论的具体目的。

在我们介绍的哲学家中，威尔逊对内在关系理论的反思，拉古那、施韦策和荷兰兹对外在关系理论的反思在关系理论的研究中都产生了重要的影响。而艾温既对内在关系理论、也对外在关系理论进行了反思，他的思想具有系统总结性的特征。

第一节　威尔逊对“关系无限后退”问题的解决

在我们即将要讨论的这些哲学家中，威尔逊（James Cook

Wilson，1849－1915）出道较早，但在中国很少为人所知，有必要介绍一下。他是牛津大学新学院（New College，即新圣玛丽学院，成立于1379年）威克姆讲座的逻辑学教授，是牛津实在论的奠基人，牛津实在论在20世纪前二十年是非常知名的一个哲学派别。他不仅仅批评唯心论，也批评经验论，他消除了唯心论在牛津大学的影响，其思想成了牛津日常语言学派和道德直觉主义的源头，深刻地影响了赖尔、奥斯丁等知名哲学家。在二战后，他几乎被人们所忘记，在今天，人们只在麦克唐纳德等哲学家的著作中可以看到他的影响。在英美学界，他是最早对唯心论哲学进行批判的哲学家。

在17世纪70年代，绝对唯心主义哲学在英国还在走上坡路，格林、布拉德雷等刚刚崭露头角，威尔逊听过格林等人的课后开始批判这种绝对唯心主义。在他的课堂中，他条分缕析地分析绝对唯心主义的错误，向学生们传播充满经验主义色彩的实在论思想。只是到了他生命的最后一段时间，他才开始总结自己的思想。所以，他的思想虽然与布拉德雷、弗雷格和詹姆斯等人基本在同一时代形成，但是，只有在1910年以后他才在哲学界引起众人的重视，这甚至已经是在罗素和摩尔之后了。

威尔逊不像布拉德雷、詹姆斯、罗素等人那样有一套成熟的关系理论，他也没有对绝对主义的“关系理论”进行全方位的驳斥，他对关系理论的贡献主要在于对关系“无限后退”这个难题的破解。这个难题延续了近千年，在绝对唯心主义者那里得到了空前的重视，很多人都将它当作关系不能存在的决定性证据。

我们在前面已经介绍了“无限后退”的关系难题，其根本要点是：作为两个关系项A与B之间关系r，因为r不同于A和B，也不是A和B的一部分，所以r与A或者B之间就必须还有

其他关系 r_1，r_2 等。这个难题的突出特征就是设定了一个 r_1，正是因为有了这个 r_1，才会出现后面的无限后退。威尔逊认为，这个 A 与 B 之间的关系 r 当然存在，但是 r_1 是否存在却值得怀疑。绝对唯心主义认为，人们只要承认关系的实在性，那么就必定要承认 r_1 的存在。但是，威尔逊质疑的并不是抽象的 r_1 是否存在，而是如果 r_1 存在，它究竟是什么。道理很简单，如果它什么也不是，那么它就不存在。威尔逊认为如果像绝对唯心论者那样抽象地想象 r_1 存在的话，那么 r_1 并不是与 A、B 和 r 不同的新东西，根本不存在所谓的“无限后退”；另外，关系的“无限后退”的观点认为 r 与 A 或者 B 之间的关系 r_1 是差异关系，但是这种 r 与关系项之间的差异其实只是我们将它叫作关系而已，它只是名义上的关系，而不是实在的关系。

我们可以详细讨论一下威尔逊关于 r_1 不是与 A、B 和 r 不同的新关系的论证。威尔逊的论证从“A 等于 B”的例子开始。在生活中，我们一般都很少用到“关系”这样的普遍概念，只是在进行分析的时候，我们才会使用作为普遍概念的“关系”。在“A 等于 B”这个句子中，我们只提到了“等于”，但是并没有提到“关系”，“等于”相对于“关系”而言是具体概念，而“关系”则是普遍性概念。我们也可以将“A 等于 B”改换为“A 处于与 B 的相等性关系中”。我们用 r 表示具体的“等于”，用 R 表示“相等性关系”。“A 等于 B”就是“ArB”，而“A 处于与 B 的相等性关系中”就是“ARB”。那么按照关系的“无限后退”的观点，这两者都可能产生新的 r_1。

我们先看“ArB”中 r_1 的情况。作为具体关系的 A 与 B 之间的相等性 r 与 A 之间的关系是什么呢？我们在考虑这个问题的时候绝对不能再用符号来表示，“A 等于 B”的命题中根本就没有包含相等性关系与它的关系项的关系。如果贸然使用符号，那只会妨碍我们思考关系本性。威尔逊认为，“等于”（r）与它的关系项 A 之间的关系只能是“它是 A 与 B 之间的关系”（R），或者准确地说，这种关系只是 A 与 B 之间相关的作为种的关系，即作为 r 的本性的普遍性的关系 R。[①] 这样我们可以发现 r_1 并没有出现，这种对关系的追问并没有超出与 r 本身的本性范围。

在“ARB”的情况下，情况也类似。因为 R 与 A 之间的关系并不是别的，而只是作为具体存在的关系 r，除此以外，没有别的任何关系。所以虽然我们有追问关系与相关项之间的关系的权利，但是，事实上我们得到的不可能是新的关系，只能是它们的具体的或者普遍的关系形式。前面我们已经提到，司各脱虽然很早就回应了关系“无限后退”的观点，虽然他在实存上摆脱了无限后退的问题，但是，他并没有摆脱意义的无限后退的问题。威尔逊的这种反驳则是在关系意义的层面上成功地说明了关系与关系项并不需要新的关系，从而彻底摆脱了这个无限后退的问题。

其次，关系“无限后退”观点中所谓的 r_1 是差异关系的说法也不能成立。因为我们不能指出这种差异是何种差异，我们只能反复说 A 是 A，r 是 r，A 不是 r，r 不是 A，这些都只是陈述一种二者没有相关时的一种既成事实，没有说出它们在相关时的具体差异。所以，威尔逊认为这种差异只是口头上所谓的差异（verbal differences），而不是实在的关系。[②] 威尔逊关于差异的解释也比较具有说服力。他并不像许多哲学家那样否定差异是关系，也不认为一切被称为差异的东西就是关系。他也不像辩证法

---

① James Cook Wilson, *Statement and Inference*, Oxford University Press, 1926, p. 693.

② James Cook Wilson, *Statement and Inference*, Oxford University Press, 1926, p. 694.

家们一样，将关系分为几个不同的认识层次。他将黑格尔等人认定为内在反思的差异规定为口头的差异，而将在实在上相互影响的差异称作为实在的差异关系。他认为，唯心论者根据口头的差异的无限后退就断定实在的差异上无限后退，这是非常荒谬的。

根据上面的论证，威尔逊认为布拉德雷关于关系与性质之间存在着某种关系的想法是错误的。他用“容器与容器的表面”二者关系为例进行说明：容器与容器的表面有明显差别，但是容器表面只是容器的边界而已。按布拉德雷的观点，容器与容器的表面之间有着某种关系，但是威尔逊认为，这种关系不是别的，只是“表面就是容器的边界”这个事实而已。同样，其他事实，如某个物体和它的重量的关系等等，都是如此。

威尔逊对关系的思考非常重视具体事例的分析，而不是将事例普遍化成为符号。尽管布拉德雷、詹姆斯等人都非常警惕语言的抽象化的问题，都认为语言容易造成误导，但是，在威尔逊看来，语言在表达关系实在时不会造成任何问题，出现问题的不是我们的语言，而是人们任意将语言变为抽象的无意义符号的习惯。虽然这两者都是语言符号，但是我们不要根据第二种符号的缺陷轻易地放弃第一种语言。

第二节　拉古那、施韦策和荷兰兹对外在关系理论的科学反思

威尔逊的学术年代远早于罗素等从事分析哲学工作的年代，他的工作主要是反绝对主义关系理论，而不是反对罗素的关系理论。拉古那、施韦策和荷兰兹三者为反驳罗素的关系理论提出了各自理由。不同于绝对主义者批评外在关系论的地方在于，他们重视从逻辑、数学等形式科学的角度去思考外在关系理论的缺

陷，尊重现代科学的成果，从各种逻辑和数学等形式科学中得出的内在关系理论的结论。

一、拉古那对外在关系理论的批判

拉古那（Theodore De Laguna）是在绝对主义阵营之外首先对罗素的关系思想发难的人。在1911年11月，即在美国新实在论发表《新实在论》一书之后的4个月内以及罗素的《数学原理》的第1卷出版不到一年的时间内，他就发表了《论关系的外在性》（The Externality of Relation）一文，对罗素和新实在论的观点进行批驳。他同意一切的实粒都存在于关系之中的观点，将这个观点作为其关系理论的前提，他也同意将ArB的表达形式作为关系分析的最为清晰的表达形式，但是他认为这不意味着这种关系式的含义也是清晰的，每个词项的含义也是清晰的，也不意味着这种表达式表达的就是外在关系。

他认为外在关系理论有三种不同的主要形式，第一种外在关系理论认为，不管实在是个体的，还是类的，或者观念的，关系都外在于所有实在的本质性。他们认为“是者本是，是其所是，而无关于任何其他事物”（what is，is；and it is what itis，without consideration of anything else）。[①] 这种关系理论的核心就是将本质性的东西与非本质性的东西区分开，认为是者之所是与任何关系无关，而只与其本身有关。这种看法在柏拉图中期作品中就已经出现了。他们认为实在都有一个本质，这种本质或者是简单的、不可定义的，或者是可以用简单词项来定义；而关系不可能是本质的组成部分。这样他们就将实在的性质区分为本质性和非本质

① Theodore De Laguna，The Externality of Relations，The Philosophical Review，Vol. 20，No. 6（Nov.，1911），p. 611.

性，或者内在的性质和外在的性质。

拉古那认为，即使在罗素等人的外在关系理论运用得最为成功的领域，即数学和逻辑学领域中，这种区分也是不正确的。在数学和逻辑学领域中，有一些基本的概念是不可定义的，但是它们可以通过一定的公理来获得它们的意义，可以说公理表达的关系就是这些概念和术语的意义。我们可以说，包含着一定关系的公理表达的意义对于数学概念来说就是本质性的。在数学和逻辑学中是这样，在其他思维领域也是这样。任何词语的意义都是由它的用法来决定的，而这些词语的用法和其他词语的使用以及使用的场合都是联系在一起的。不通过词语的具体的使用方法，不通过将这个词语与其他词语联系起来，没有一定的使用场合，任何人都不可能将“红”的概念清晰地表达出来，不可能使人明白这个概念的意思。

但是这只是说明了有一些关系是本质性的，而没有说明是否一切关系是否是本质性的。拉古那认为，要对这个问题进行说明，就要说明本质性和非本质性的界线是否有效。拉古那从历史角度思考这个问题，他认为这种界限从历史的角度看来没有意义，词语的意义总是在变化，人们对它的理解随着与它相关的事物的理解的深化而日益深化，它的定义也随着而扩展。[①] 从前被视作为外在的性质和关系，后来常常被证明是本质性的。所以外在关系理论从本质性和非本质性的角度来获得的证明不能成立。

拉古那还批判了外在关系理论的第二种形式和第三种形式。对这两种形式的外在关系理论的批驳，拉古那没有给出很具有说服力的证明，我们只作简单介绍。第二种形式的外在关系理论的

---

① Theodore De Laguna, The Externality of Relations, The Philosophical Review, Vol. 20, No. 6 (Nov., 1911), p. 615.

观点认为，关系与性质之间存在着绝对的区分，所以关系的改变不会引起关系项性质的改变。拉古那认为，关系与性质的绝对区分是不存在的。通常我们认为“红的”是一种性质，而“近的”是一种关系，但是，“重的”与这二者有所不同，同一个物体的重量在不同地方不同，所以我们不能简单套用关系或者性质来定义它，区分性质和关系的标准就失效了。拉古那认为，事实上，用这种视角反过去再看“红的”的性质和“近的”的关系，我们就会发现“红的”等性质并不都是绝对的，并不是本质性的；而“近的”等关系也不都是外在的，表面的东西。地点的变更常常会导致颜色的变化，虽然这种情况并不是必然的，但是它足以反驳性质是绝对性的观点。

第三种形式的外在关系理论认为，关系之间是彼此外在的。拉古那部分认可这种观点，因为很明显，在很多关系中，一种关系是不受其他关系影响的。如一个给定的点与一条给定的直线之间的距离关系，并不随着它与这条直线中各个点的距离变化而变化。一个人也不因为他与其他人之间关系的变化，他就与另外某一个人的关系发生变化。绝对主义者在这个问题上的看法当然是错误的，并且也过于简单地处理了这种问题。不过他认为，即使他承认这一点，他也不能证明所有的关系相互之间都是独立的。他认为在许多关系中，关系相互之间就有着彼此依存的关系。牛顿已经证明了物质之间的距离关系与物质之间引力关系是相关的，而一个点与三个给定的平面之间的距离关系就确定了他的空间关系。所以也不能简单地从关系相互之间的独立性来证明外在关系理论。

拉古那认为，简单地说关系是外在的或内在的，这没有任何意义。在普遍的意义上，认为关系不是任何实在的本质本性的观点毫无疑问是错误的，它只是一种成见。但是，不能因为这一点，就认为每个关系都必然和性质联系在一起。同理，简单的内在关系理论也是错误的。这个问题的出路如下：“关系是外在的或者内在的”或者“关系是本质性的或者非本质性的”究竟意味着什么？拉古那认为“本质性”有三种含义。第一种含义是从人的具体目的出发来考虑，对于实现人的某种具体目的影响比较大的就是本质性的，否则就是非本质性的。从这个角度看，某种性质或者关系对于某个具体目的是本质性，但是对于另一个目的来说可能是非本质性的。第二种含义是相对于概念来说的，对于概念来说，某个东西如果能将给定的概念与其他概念区分开来，它就是本质性的，否则就是非本质性的。拉古那认为，如果用历史的眼光来看，随着理解的深入，很多从前看起来不是本质性的东西后来变成了本质性的，所以在本质性和非本质性之间进行绝对的区分也是不合适的。第三种含义是相对于实在来说的。很多东西首先看来是非本质性的，后来却发现是本质性的，相反情况也同样可能，这是随着人们对于实在的认识深入的结果。我们常常会认为，概念中的本质性的因素在实在上是非本质性的。但是拉古那认为，这种情况只能发生在“再思”（afterthought）之中。[①] 拉古那通过对“本质性”一词的分析，得到的结论是在普遍性理论意义上的“外在关系理论”是不成立的。

二、施韦策对“分析”和“非对称性关系”的反思

在1914年新实在论者联合出版《新实在论》一书以后，施韦策（Arthur R. Schweitzer）很快就发表了《对分析实在论的若干批评性评论》一文，对这本书之中的核心观点“外在关系理

① Theodore De Laguna, The Externality of Relations, The Philosophical Review, Vol. 20, No. 6 (Nov., 1911), p. 619-621.

论”进行了批判。施韦策认为斯鲍尔丁等人的观点只是贯彻了罗素的外在关系理论，所以他将外在关系理论称作为“罗素－斯鲍尔丁学说”。施韦策对外在关系理论的批评包括很多方面，但是在这些批评中有两点最重要：一是对斯鲍尔丁和罗素“分析”方法的批评，二是对罗素提出的“非对称性关系是外在关系，它是关系理论的基础”观点的批评。

首先，“分析”不是完全有效的科学发现方法。他认为，分析对于未解决的问题而言，它并不像外在关系论者想象的那样有效，“分析”根本不是斯鲍尔丁所强调的那样是一种“发现的工具”。斯鲍尔丁认为，人们通过分析“发现”的所有东西，其实都只是他们已经知道的东西。很多人认为“分析”是一种创造性地解决数学难题的方法，但是数学家们通常认为，数学问题的解决并不是像斯鲍尔丁想象的那样用分析的方法可以实现的。即使罗素自己解决数学问题的方法时也不是用分析的方法，而是用非常典型的归纳方法。而且，对已知内容的处理，也不是像斯鲍尔丁说的那样用分析的方法，归纳仍然非常重要。皮尔士曾经说过：三段论的推理过程中也包含了观察。在斯鲍尔丁自己对时空、运动等问题的处理上，我们也发现他主要使用的也是观察的方法，而不是分析的方法。

其次，非对称关系并不能用来证明外在关系理论。对罗素和斯鲍尔丁提出的“非对称性关系是外在关系，它是关系理论的基础”，施韦策进行了重点批评。此批评有两个步骤，第一就是批评罗素等人将非对称关系作为所有关系的基础，而对称关系不是本质性的关系的观点；第二就是批评罗素等人认为非对称关系是外在关系。

施韦策认为对称性关系可以转化为非对称关系，事实上不存在非对称关系和对称关系中哪一个具有本质性、哪一个具有非本质性的问题。他以几何学为例说明，在通过对称性的传递关系和非对称性的传递关系两种方法构成的N维空间是等值的。[①]

施韦策对“非对称关系是外在的”的观点的批判是从同一性不是关系的观点出发的。关于同一性是不是关系的观点，维特根斯坦和新实在论者斯鲍尔丁认为同一性不是实在的，罗素则坚持它是一种实在的关系。施韦策认为同一性不是关系，多样性也不是关系。

从同一和差异不是关系的原则出发，施韦策认为所有的关系都可以通过关系项的相关性特征表达出来。施韦策将事物的相关性特征（trait）与关系区分开来，因为前者谓述关系项，即内在于某个实体的；而关系则不能这样，它是处于两个关系项之间的。施韦策认为，可以用两个内在于关系项的相关性特征来解释这种处于两个关系项之间的关系，从而实现罗素所反对的那种内在关系的主张。就我们经常所谈论的关系的公式xRy而言，它表达的是“x拥有与y相关的关系R”。这样我们也可以说x有一个与y相关的特征，如果设定（xy）是功能性的序列化的二元体（functional ordered dyad），那么我们可以将xRy表达为（xy）R_1（xy），其中R_1表达的就是一种对称关系，（xy）R_1（xy）表达的就是这个功能性的序列化的二元体在我们比较的过程中是可以重复的。[②] 在施韦策看来，由x R y转化为（xy）R_1（xy），显示出一种内在关系的基础性意义，而外在关系的观点确实是作为方

① 由于这一点涉及当代几何学方面的专业知识，笔者不能完全理解施韦策的意思。他虽然将这个作为他的重要论据，但是没有对这个论据做出详细的说明。读者请参见A. R. Schweitzer, Some Critical Remarks on Analytical Realism, The Journal of Philosophy, Psychology and Scientific Methods, Vol. 11 No. 7 (Mar., 1914), p. 176.

② A. R. Schweitzer, Some Critical Remarks on Analytical Realism, The Journal of Philosophy, Psychology and Scientific Methods, Vol. 11 No. 7 (Mar., 1914), p. 178.

便才使用的。

罗素的数学观念是建立在一种单个的数的基础上，然后用一种固定的关系将这些数排列起来。在施韦策看来，比罗素的数学观念更加准确的是格拉斯曼（H. Grassmann）的数学观念。在格拉斯曼的《扩张理论》（Ausdehnungslehre）一书中，他认为数的量级不是断裂的量，不是一组量，而是一个连续的量的商，它不以断裂的概念为前提。①

应该说施韦策对非对称关系的批评反映了当时许多人对罗素哲学的共同看法。他的观点在新黑格尔主义哲学阵营中也引起了广泛的反响，并且也鼓励了人们用内在于关系项的相关性特征来构造非对称关系的逻辑表达式的做法。虽然施韦策的逻辑表达式还比较原始，它也不可能与罗素建立起来的那种逻辑体系抗衡，但是它表明了人们对内在关系的信仰转化为逻辑表达式的可能性。

三、荷兰兹对外在关系理论的反思

施韦策对“非对称性关系”的批判对荷兰兹（Edmund H. Hollands）也有着正面的影响。在荷兰兹看来，外在关系理论的最为坚实的证据在这种批判之下不再是牢不可破的了。他在施韦策的基础上对外在关系理论进行了更为全面的反思。他对外在关系理论的反思包含三方面：第一，在施韦策的基础上，继续批评外在关系理论的“非对称性关系”；第二，批评外在关系理论的认识论；第三，批评外在关系理论关于关系独立于关系项的思想。

---

① A. R. Schweitzer, Some Critical Remarks on Analytical Realism, The Journal of Philosophy, Psychology and Scientific Methods, Vol. 11 No. 7 (Mar., 1914), p. 179.

荷兰兹对非对称性关系的思考建立在施韦策的思想基础上。他在施韦策的理论的基础上进行了一些补充。他认为，呈现在我们面前的所有词项都不是自足的（self - sufficient），在其自身之内也没有包含所有的关系，它们也并不是一个不允许差异存在的同一体和整体。① 实在是可认识实粒组成的合理系统。在区分这些实粒的时候，我们就会发现这些实粒的特殊本性，而在我们考察它们是如何联系起来的时候，我们就会发现它们的本性在某个合理的系统连接中有着自己的特定位置。呈现出来的实粒的本性和合理的系统是分离而存在的，但是，它们在形而上学里是不可分的。②

荷兰兹将这种思想用来解释非对称关系不可能是外在的。在他看来，A 大于 B，A 之所以大于 B 是由于 A 和 B 是一定的量，这些量在一个系统序列中间占有不同的位置，A 大于 B 是由这个系统的序列决定的。这个序列不仅仅决定了 A 大于 B，而且也决定了 B 小于 A，"A 大于 B" 和 "B 小于 A" 是等价的，二者可以互相蕴涵。对比罗素对非对称关系的理解，二者都承认有一个确定的秩序，但是，这个秩序的整体是先在的还是由具体的关系构成的呢？罗素认为秩序的整体是被构成的，反对他的人认为是先在的。当然反对他的人不仅仅包含绝对主义者，也包括其他像荷兰兹、施韦策等哲学家。罗素和荷兰兹等人的理论各有优势，罗素的理论有助于破除神秘主义，而荷兰兹等人的理论则在解释 "A 大于 B" 和 "B 小于 A" 是同一种关系的问题上更加简单。

荷兰兹批判了外在关系理论对内在关系理论的认识论的误

---

① Edmund H. Hollands, The Externality of Relations, The Journal of Philosophy, Psychology and Scientific Methods, Vol. 11, No. 17 (Aug., 1914), p. 465.

② Edmund H. Hollands, The Externality of Relations, The Journal of Philosophy, Psychology and Scientific Methods, Vol. 11, No. 17 (Aug., 1914), p. 465.

解，也批判了他们的“分析”思想。在罗素和斯鲍尔丁等外在关系论者看来，内在关系理论认为认识是不可能的，因为对象不是客观的，不独立于认识者而存在。荷兰兹认为这完全将内在关系理论当成了主观唯心主义。真正的内在关系理论的认识论只是认为“知识能影响对象”、“所有的知识的对象都是可知的”，它假设“一切实在都是合理智的（intelligible）”。[①] 从这些古老的命题，我们知道对象的复杂性与知识的复杂性是相关的。然而外在关系理论否认这一点。事实上，外在关系理论在认识论上是矛盾的。外在关系理论主张：（1）任何给定的实粒是许多不同复杂体的构成要素；（2）相关性（relatedness）并不意味着关系项中的复杂性。从命题（1）看来，认识之前的某个可知事物 A 和认识之后的可知事物 A 是相同的，如果是这样，荷兰兹认为，在认识 A 之后，至少我们就认识到 A 是可以认识的，而认识行为就奠基于这个 A 是可以认识的事实的基础上。如果 A 不可以认识，那么就不存在这种认识行为，但这与命题（2）矛盾。所以荷兰兹认为彻底的外在关系理论的认识论是错误的。

荷兰兹对外在关系理论的“分析”概念的批评与他对命题的看法联系在一起。斯鲍尔丁在定义“分析”时说：“分析是一种认识的方法，这种方法可以发现和那被分析的整体在同一个意义下真实的诸实粒或者部分。”[②] 但是，外在关系理论也认为，关系是复杂体的成分，在命题中是独立的词项。命题表达了许多的关系，如矛盾、蕴涵等等。在荷兰兹看来，不管是新实在论，还是绝对主义，还是实用主义，还是分析哲学，它们的一个共同

---

① Edmund H. Hollands, The Externality of Relations, The Journal of Philosophy, Psychology and Scientific Methods, Vol. 11, No. 17 (Aug., 1914), p. 465 – 466.

② 霍尔特等：《新实在论——哲学研究合作论文集》，伍仁益译，商务印书馆，1980 年，p. 158。

点就是它们认为命题是对实在的一种陈述。如果我们坚持外在关系理论，认为关系并不意味着关系项的复杂性的话，那么命题不可能表达矛盾、关系等复杂关系了。

荷兰兹的第三个批判针对的是外在关系理论关于关系与关系项的构成要素没有关系的观点。罗素等认为 A 事物与 B 有某种关系，这并不要求 A 事物的构成要素与这个关系相符合。在荷兰兹看来，这种观点确立了一种绝对简单的关系项和关系，它之所以被关系理论者所认可是由于他们预设了两个被认为是毋庸置疑的命题，即（1）存在着绝对简单事物，（2）如果没有绝对简单的事物，那么所有事物就是无限复杂的。

荷兰兹认为，就实存的具体实粒而言，第一个预设的命题是不成立的。这种不包含任何内部差别、没有任何特别特征的实粒是不可知觉、不可想象的。任何具体实存的实粒都是差别的统一体。就独立的持存物（subsistent）而言，确实有不可定义和可以定义的两种类型。可以定义的东西当然不是简单的。对不可定义的持存物而言，一般都出现在某些学科中，这些事物一般都可以通过公理来得到说明。[①] 上面拉古那用包含关系的公理说明了数学中的不可定义的持存物的情况。这些都说明不存在外在关系理论所说的那种绝对简单的事物或者词项。

对于第二个预设的命题，荷兰兹认为外在关系论忽视了关系项的系统背景。并不是强调复杂性就会必然导致无限的复杂性，事物的本性就必然由无限的关系构成。关系并不要求全部对象要素都奠基于关系项的本性之中，复杂性只涉及事物或者词项所出现的那个特定系统的整体。荷兰兹认为音乐就是明显的例子。任

---

① Edmund H. Hollands, The Externality of Relations, The Journal of Philosophy, Psychology and Scientific Methods, Vol. 11, No. 17 (Aug., 1914), p. 468.

何一个音符本身都只有在其整体中获得其本性，将单独的音符独立出来，它就丧失了任何性质。

荷兰兹通过对外在关系理论的驳斥达到了两个结论：（1）发生关联的关系项都有复杂性，这种复杂性与它的关系相符合，或者它本身就是这种关系的基础；（2）科学的发展依靠于对关系的研究和确定，认为关系项中没有复杂性的观点将会导致科学走进死胡同。

不过，在荷兰兹批驳了外在关系理论的同时，他并不否认罗素等人哲学的重要意义。罗素等人的哲学引入了语言哲学，而不是用认识论的方式来讨论关系问题，这样就避免了很多无关紧要的问题。在认识论的方式下讨论关系问题，常常会要讨论关系是不是能够独立于知识而存在，依存性是不是一种关系等无休止的问题。罗素的讨论方式就避免了这些问题。荷兰兹非常赞赏这一点。

表面上，他的关系理论与绝对主义的关系理论比较相近，但是事实上，他对绝对主义的关系理论的批评也很尖锐。他认为绝对主义者过于简单地处理了关系问题，他们把关系问题当成所有形而上学问题的解决方法，从关系问题的逻辑学讨论直接过渡到了神学。绝对主义的关系理论意味着如果某人把握到了宇宙的任何一个事物，他就把握宇宙中所有事物。这是极端错误的。另外，绝对主义哲学中的另一个巨大的缺陷是他们的主观主义（subjectivism）。他们将内在关系认为是心灵的关联活动（relating activity）的结果，并且以它来证明绝对意识的存在。这种绝对主义的关系理论则充满着许多的陷阱，不小心的人常常会由此而上当。相比之下，实在论相信哲学是由具体问题构成的，不能通过任何捷径去解决哲学的所有问题。荷兰兹非常赞赏实在论的这个特点。

第三节 艾温对"内在关系"概念的分析

分析哲学、新实在论对新黑格尔主义关系理论的批判从20世纪初开始出现，到20年代的时候，可以说基本上取得了压倒性胜利，但是，哲学界对分析哲学和新实在论的批评和内在关系理论的辩护也一直没有停止。艾温（Alfred Cyril Ewing，1899－1973）虽然不是一个具有原创力的哲学家，但他对内在关系的理论系统清理与批判对关系理论的发展有相当重要的意义。不过，艾温不是全盘否定绝对唯心论，向着分析哲学和新实在论一边倒，他对风头正盛的外在关系论有严厉的批评。

基于中国学界对艾温不是很熟悉，我们对他略作介绍。他求学于牛津大学，在剑桥大学担任道德科学（Moral Science）教授。他是维特根斯坦哲学的知名批评者，也是邀请卡尔·波普进入剑桥大学的人。在那个分析哲学试图摧毁传统形而上学的时期，他是传统形而上学的辩护者，他提出了一种可以称作"分析观念论"的哲学体系。[①] 他不满意传统观念论的地方在于，传统观念论轻视分析的意义，常常陷入神秘主义之中。

艾温对内在关系理论的批判主要包含三个方面，一是清理了种种纠缠在一起的"内在关系"的含义，并且有针对性地分析每一种内在关系理论，指出不同的内在关系理论中的合理因素和谬误之处；二是对世界的因果关系进行分析，从而对揭示出外在关系的理论缺陷；三是对意识与对象之间的关系的进行澄清，指出意识与对象的关系在一定的意义上可以说是一种内在关系，但

---

① Bernd Goebel（2010）．"A. C. Ewing"．In Bautz，Traugott. *Biographisch－Bibliographisches Kirchenlexikon*（*BBKL*）．Nordhausen：Bautz.

是这种内在关系丝毫不能证明世界是观念的。

一、“内在关系”的十种含义和对意识关系的说明

艾温关系理论的第一个值得关注的内容就是他澄清了“内在关系”和“外在关系”术语的含义。在他以前，这两个术语的使用是完全混乱的，他根据各派对这两个术语的使用，将这两个相对应的术语区分为10种含义。

（1）内在关系是指“落入关系项本性之中（fall within the nature of the related terms）”的关系，否则就是外在关系。这是罗素和麦吉塔吉特曾经使用过的词义。这也是这两个术语字面的含义。艾温认为，在这种定义中，“本性”和“之内”的含义是模糊的。“本性”既可以指某个事物的一切方面、一切特征，也可以指事物的本质性特征。在其宽泛的意义上，如果A是与B相关，那么与B相关是A的一个相关性特征。但是，没有关系项就没有关系，所以离开关系项的单独的关系本身并不能成为事物的相关性特征，只有与关系项相关的关联性才是事物的相关性特征。[①] 例如，A是B的父亲，在广义上“是B的父亲”当然是A的一个特征，但是同样明显的是，“父亲”本身不能成为A的一个特征；同样，A在B和C中间，在广义上，“在B和C之间”是A的一个相关性特征，但是“在……之间”不是A的一个特征。

“之内”是一个隐喻。它通常都是表示一种空间上的关系，它作为一个隐喻去表示别的关系就会造成一些混乱和错误。首先这个词语暗示关系与关系项之间是一种部分与整体的关系。如果

① A. C. Ewing, *Idealism: A Critical Survey*, London: Methuen & Co. Ltd, 1934, p. 119.

将“内在关系”理解为“相关性特征”，而不是单纯的关系本身，那么关系项具有相关性特征，或者某种相关性特征是某个关系项的，但是我们不能据此认为相关性特征与关系项之间的关系是部分与整体的关系，因为相关性特征可以谓述关系项；但是部分不能谓述整体。

如果从狭义的角度将内在关系当作关系项的本质性规定的话，内在关系理论就更加不能成立了。一个关系判断只能断定关系项的所有特征中的一个特征，如果将这一个特征当作了本质性特征的话，那么它就排斥了其他关系判断。这当然是非常武断而且不合理的。

（2）内在关系是指一切关系对于关系项来说都是本质性的。这种观点很多人都使用过，但是他们都没有说明“本质性”的含义。在艾温看来，如果“本质”与“偶性”相对，那么这个观点是荒谬的，因为谁也不会相信某一个特定的现代人会与远古时期的某只猴子之间，或者与五千万里以外的流星之间有某种本质的关系，那种本质性的关系只能是迷信的产物。但是，如果不做出这种区分，绝对论者的主张只是表明有某种关系的关系项与没有关系的关系项之间是不同的。艾温认为，这就是绝对论者泛泛地表达了关系的“本质性”，如果反对者还是从上述“本质”与“偶性”相对的角度去批判绝对主义就不公平。艾温对内在关系的这层含义的批判就转变成为对“关系变化必然引起关系项的变化”的批判，这我们在后面的第（7）点再讨论。

（3）内在关系是指关系可以还原为性质，否则就是外在关系。这种区分的角度主要考虑的是在范畴理论中性质的绝对性范畴与关系的相对性范畴的关系问题。在这个意义上，莱布尼茨等人是内在关系论者，而罗素是外在关系论者。罗素将布拉德雷、鲍桑葵等绝对唯心主义当作这种意义的内在关系论者，那是错误的。艾温非常同意罗素在这个意义上对关系范畴的解释，而这种意义的内在关系论则是现代哲学家一致反对的理论。

（4）内在关系指的是事物的关系使关系项存在于它们的统一体之中。莱尔德曾经明确地阐明过这一点，这也是斯宾诺莎一元论哲学的基本内容之一。布拉德雷曾经批判过这种观点。艾温认为，这种内在关系理论的论证中有两个不适当的跳跃，一是从认定关系项之间有某种统一性，跳跃到认为关系项之间存在本质的统一性；二是认为关系项之间有本质的统一性，跳跃到认为这些关系项是同一个心灵的不同状态或者观念，或者认为它们是同一个事物的不同性质。① 这两个跳跃造成的结果就是将不同事物之间的关系变成了同一个事物的不同性质之间的关系。这当然是不正确的。

某些不同的事物之间虽然存在着因果关系，所以它们确实不能相互分离，也没有绝对独立性，但它们却拥有相对独立的实体。② 这些事物之间的关系与同一个事物的不同性质之间的关系彻底不同，因为颜色和广延之间是直接统一的，而一个事物与另一个事物之间要通过一个中间媒介的关系才能统一起来。这种关系理论强调的相关事物之间存在统一性，但是，这种思想也是空洞的，因为它要表达的“统一性”只是事物通过关系统一起来的统一性。物理世界普遍存在着因果作用关系，所以物理世界③的某种统一性确实是存在的。但是这种思想并不能说明什么，因

---

① A. C. Ewing, *Idealism*: *A Critical Survey*, London: Methuen & Co. Ltd, 1934, p. 124.

② A. C. Ewing, *Idealism*: *A Critical Survey*, London: Methuen & Co. Ltd, 1934, p. 124 – 125.

③ 这是莱尔德举的一个例子，但是它的论述和结论也是艾温认同的。见 A. C. Ewing, *Idealism*: *A Critical Survey*, London: Methuen &Co. Ltd, 1934, p. 125.

为只有极端的多元论者才会否定物理世界的因果统一性。这些极端的多元论当然是荒谬的。

（5）内在关系是指在不同关系之间的关系项是不同的，相反，外在关系是指同一个关系项可以出现在很多关系中。这种观点在布拉德雷的《现象与实在》和鲍桑葵的《逻辑学》中出现过，也是中世纪许多哲学家的一种观点。亚里士多德等人的观点则在这个意义上可以称之为外在关系论。艾温坚决反对这种内在关系理论。在他看来，“3 >2”与“3 >1”两个命题中虽然关系发生了变化，但是 3 没有变，我们不能说“3 >2”与“3 >1”的 3 不是同一个 3。这种观点是所有分析哲学家们一致认可的观点。不过，我们可以补充一点的是，艾温利用这个例证去反对布拉德雷是不确切的，因为布拉德雷不可能不知道数学与逻辑学中各个概念的同一性，只是在他看来这些同一性只是号数上的同一性（numerical identity），这是建立在彻底的抽象的基础上才出现的同一性。在他看来，这些同一性既是纯粹的真，也是纯粹的假。

（6）内在关系就是指关系必须奠基于关系项的本性，内在关系论就是认为一切关系都必须奠基于关系项的本性。这个观点是中世纪哲学家以及布拉德雷、鲍桑葵等人明确阐明过的。艾温承认这种思想有部分的合理性。只要关系存在，它就必须连接一定的关系项，同时它也必须以关系项的本性或者某些特征为先决条件，或者说它预设了一定的类。例如，空间关系就预设了它的关系项的公共的广延，算术关系预设了它的关系项的数量上的确定性，相似关系也预设了它的关系项本身的内容有相似性，因果关系等更是如此。另外，在特定条件下，具体的关系的种和数量也受到了关系项的性质的限制。例如，一般的空间关系虽然不需要考虑事物的大小、形状以及重量，但如果说“书在书架上”，那么书与书架之间的“在……上”的空间关系就预设了书与书架的形状和重量。

但是，艾温认为，如果这些理由不能作为内在关系论的根据。艾温要求将事实因果的决定性与逻辑的决定性区分开来。从事实因果的角度看，关系项的本性是它们之间关系的先决条件，但是，这只能说明关系部分地依靠关系项的性质，关系项的性质只是关系存在的部分条件，所以不能说关系项的本性就决定关系。

(7) 内在关系就是指关系影响它的关系项，关系的变化能够引起关系项的变化。布拉德雷、鲍桑葵是这种观点的代表。艾温认为，正如第 (5) 点强调的那样，对于普遍观念之间的关系的变更并不能使关系项不同，如“4 =2 +2”和“4 =1 +3”中的相等关系的变化并不使其中的任何数发生变化。

很多人认为，这种内在关系论对于具体的关系项成立。艾温认为，摩尔已经清晰地讨论这个问题。在摩尔理论的基础上，艾温进一步讨论了这个问题。在艾温看来，内在关系论者的这种思想中有三个错误。

第一，许多内在关系论者将关系项与关系项的相关性特征混淆起来，将关系变化时相关性特征的变化当成了关系项的变化，这一点艾温在论述第 (1) 点时已经提到了。

第二，很多人认为 A 与 B 有 r 关系，而 C 与 B 没有 r 关系，所以 C 不等于 A，所以有某种关系的事物与没有该关系的事物不同，事物在关系变化的过程中发生了变化。艾温认为这种推理的形式就是三段论中的第二式，这是一种错误的推理，它由于 PeM 和 SeM 得出了 SeP。

第三，内在关系论者认为，所有的实在是一个相互联系的系统 (interconnected system)，从而系统的一个部分变化会使另一个部分发生变化。人们在产生这种观点时通常会伴随着两种观点：一是认为上面的第（6）点自然会导致第（7）点；二是根据自然科学的观念认为世界是一个因果关系的系统。对于“关系奠基于关系项，从而关系的改变会引起关系项的改变”的观点，我们应该区分两种情况，一种情况是关系项的本性构成关系存在的全部条件，一种情况是关系项的本性只是构成关系存在的部分条件。

在关系项构成关系存在的全部条件的情况下，艾温认为，关系的改变肯定会伴随着关系项的改变，虽然不一定所有的关系项都变化，但是肯定至少有一个关系项发生变化。如果两个关系项A和B，它们的性质分别是a和b，a和b是A和B之间拥有r关系的所有条件，那么如果关系r不存在，那么A或者B就不拥有a或者b。[①] 这只是一个假言三段论命题，否定后件必定否定前件的逻辑规律的运用而已。这种关系在数量关系、相似关系和相等关系中体现得最为明显。如原先甲事物与乙事物之间是两倍的大小关系，现在甲事物与乙事物的大小关系变成了三倍关系，那么甲事物或者乙事物的大小肯定发生了变化。

但是，如果关系项的性质只是部分地构成关系存在的条件，那么上述结论就不正确了。因为在这种情况下，上面那个假言三段论就不成立了。关系的存在条件除了关系项的性质外还涉及其他因素，所以关系的变化可能是因为其他因素发生了变化，而不是关系项的性质发生了变化。例如，空间关系就不是完全植根于关系项的本性之中，关系项的本性只是部分地构成关系的条件。

所以，我们不能根据第（6）点就断言世界是一个内在相关

① A. C. Ewing, *Idealism*: *A Critical Survey*, London: Methuen & Co. Ltd, 1934, p. 133.

的系统。关于世界是一个因果关系的系统是否能够证明内在关系理论的问题，我们在后面专门讨论。

（8）内在关系是指我们能够根据关系和其中一个关系项的知识，必然推导出另一个关系项的知识。例如我们知道两个人甲与乙是2倍的高矮关系以及甲是2米高，那么我们就知道乙是1米高。在艾温看来这种观点并不能说明什么，因为我们由此并不能知道乙的其他特征。又如我们知道A事物是蓝的，并且它和B的颜色不同，我们并不能由此知道B是什么颜色。按照内在关系的这种理解，尽管有的关系确实是内在关系，如同一关系，但是我们不能由此说一切关系都是内在关系，因为大部分的关系都不是这样的。当然，艾温并不排除如果我们知道了一个事物的一切知识，并且也知道了它与世界上其他事物的一切关系，那么我们也有获得其他一切事物知识的可能性，但是这并不意味着某一个关系是内在的。

（9）内在关系是指，某个事物A存在，如果另一个事物B也存在，那么B必定存在于与A的关系R之中；如果关系R不存在，B就不能够存在。例如，如果A或者B不发生变化，原来相似的A与B的相似关系就不可能发生变化，A或者B就只能存在于这种相似的关系之中。艾温认为内在关系论者将关系的构成与事物的实存两个不同的问题混淆起来。例如木星上的一块铁A是地球上另一块铁B体积的两倍，这两块铁中如果任何一块不发生变化，那么它们就必定会存在于两倍的大小关系之中，永远不会改变。[①] 但是，内在关系论由此认为两个事物是内在相关的，这是错误的，因为A和B二者对对方的实存事实上都没

---

① A. C. Ewing, *Idealism*: *A Critical Survey*, London: Methuen & Co. Ltd, 1934, p. 135.

有任何影响，它们对双方的体积也不发生影响。内在关系论者的这种主张是受到第（7）和第（8）两种内在关系理论的暗示而形成的。

（10）内在关系是指，关系项在经验上和逻辑上都依赖于它与另一个关系项的关系，反之亦然。[①] 艾温认为，这种观点的出发点是认为实在是一个相互关联的系统，任何从整体中抽象、独立出来的部分事物在逻辑上都是自相矛盾的。从整体来看，这些部分的事物不是简单地并存，我们可以发现它们存在于一定的逻辑关联中。艾温认为这个问题由于涉及因果关系，所以不能像有的哲学家那样轻视这个问题，毕竟它在哲学史上有着很大的影响力，所以只有在经过因果关系仔细分析才能得到具体的答案。所以这种内在关系理论的合理性我们要到关系理论问题中再讨论。

从上面艾温对内在关系理论的分析来看，艾温并不是全盘否定内在关系理论，他认为虽然从某种角度上看内在关系理论有一定的合理性，但是，这种含义的内在关系理论也要有进一步的理论限制，内在论者通常将某一种含义的内在关系泛化、笼统化，从而走向了错误。上面将第（7）种含义进一步发展为第（8）、第（9）和第（10）三种不同的内在关系含义，它们合理性以及合理范围要等到我们讨论完他的因果关系的观点后才能得到具体的结论。从目前来看，艾温是在有条件的情况下接受第（1）和第（4）种含义的内在关系，而对第（2）、第（3）第（5）和第（6）则基本上持否定态度。

在唯心论者对上述内在关系的讨论中，由于许多关系都会涉及意识的作用，所以，它们通常就会认为哲学关系就是意识的关

① A. C. Ewing, *Idealism: A Critical Survey*, London: Methuen & Co. Ltd, 1934, p. 136.

系，从而导致唯心论的观点。为了解决“关系是否是意识的关系”这个问题，就必须解决意识与对象的关系的问题，而这个问题的核心就是分析“知道”这种特殊的意识。

艾温认为，知道的对象只能是命题，命题的所指则是事实，真命题与事实之间的关系就是符合关系。这种关系是不能进一步还原的。这种符合关系从上面所说的第（7）和第（8）两种含义的内在关系说来，是内在关系，因为只要事实是 S 是 P，而命题的判断也是 S 是 P，那么它们之间的符合关系就必然的存在。如果两者中任何一个不发生变化，那么这种关系也会一直存在下去，如果两者中任何一个发生了变化，那么两者之间的符合关系也必然的发生变化，或者不存在了；另外我们根据关系中的任何一个关系项和这种符合关系，就可以知道另一个关系项。

但是，这种知识与事实之间的符合关系的内在性丝毫不能说明这种符合关系是意识的。在艾温看来，“判断 S 是 P”是一个事实，而“S 是 P”是另外一个事实。这两个事实不是同一个事实，前者是主观事实，后者是客观事实，因为可以存在“判断 S 是 P”的事实，同时事实上 S 不是 P，二者并不矛盾；相反我们不做任何判断时，事实上 S 仍然是 P。而“第一个主观事实的内容与第二个事实相符合”，这是第三个事实，因为它明显既不是第一个判断的主观事实，也不第二个绝对性的具体事实，它是一种具有相关性特征的客观事实。任何人在主观判断的内容与客观事实一致时，要否认这种符合关系的事实存在都是不可能的。

意识关系也不能是在第（9）和第（10）种意义上的内在关系。原因很简单，我们知道的大多数的具体客观事实的实存并不依赖于我们的认识和判断，相反我们的认识和判断也可能是错误的，这说明我们的意识并不依赖于事实的客观存在。艾温认为唯心论者将第（7）和第（8）层含义的内在关系与第（9）和第

(10) 层含义的内在含义混淆，从而陷入了唯心论的迷雾。

二、因果关系的内在性和世界的统一性

许多内在关系论者之所以提倡内在关系理论，是因为它们相信宇宙是一个由因果关系连接起来的宇宙，在这个意义上，他们提出上面所讲的第（7）种含义的内在关系理论，并且由此他们得到了第（8）、第（9）和第（10）三种内在关系的观念。他们以此对抗多元论的外在关系理论，因为外在关系理论认为世界上的一切事物只是并列出现，或者按照规则前后相继地产生，这些事物不存在任何内在关系。他们认为世界是一个逻辑的合理系统，事物之间的因果关系是逻辑的前件与后件关系中的一种；每一个事物都与其他事物有着直接或者间接的因果联系，如果撇开整个实在系统，每个事物的本性就是不完全的。他们没有提出他们自己独立的一种因果关系理论，但是他们的内在关系理论在事实上就是以这种因果关系理论和世界观为基础的。所以，在艾温看来，两种不同的因果关系观念的争论是外在关系理论与内在关系理论的争论的焦点，而澄清因果关系的本质就成了解决关系问题的核心。

内在关系理论没有自己独立的完整的因果观，所以，艾温对因果关系的分析是从分析常识的因果观念和罗素的因果观念开始，因为前者的主要主张正是内在关系理论的主张，他称之为因果的“常识因果观”（common - sense view），而后者在外在关系理论中相当具有代表性，他称之为因果的“规则因果观”（regularity view），他将拉姆齐（Ramsey）的因果观也归入到后者。

艾温将常识的因果观念总结为 4 个要点：第一，结果不仅仅是按照一定规则的次序发生在原因之后，它与原因是内在的连接在一起的，与原因之间有着一种连续性，而且依赖于原因中某种

因素。第二，原因不仅可以解释结果是如何发生的，而且也可以解释结果为什么会发生。所以对原因（cause）的追问主要的就是对理由（reason）的追问，这暗示着两个事件有着一种类似推论根据（ground）与推论结果（consequence）之间的逻辑关系，从而原因就是结果的部分理由，根据它，我们可以理解结果的发生。第三，原因是产生或者决定结果的能动因素，这个意义上，我们不能说结果产生或者决定原因。第四，因果性中间包含必然性。①

与之相比，规则的因果观显得更加简单。我们在前面已经介绍过罗素的因果思想了。艾温将罗素的规则因果观总结为“原因是结果得以发生的一组条件”，规则的因果观认为，经验事实的因果关系不包含任何逻辑中的前件与后件的蕴涵关系，两个事件之间不存在任何“连接”，两个事件前后相继出现或者伴随出现，只是因为这是一种规则，而不是因为两个事件的本性中有内在联系。

艾温对因果关系的分析是从规则因果观的批判分析入手的。在当时英国，规则因果观是一种风行一时的观念，它之所以流行，是因为一般人认为规则因果观念有两个优点，即 a. 常识的因果观念存在的巨大困难是它不能令人满意地表明因果事物之间内在的连接究竟是什么；b. 规则的因果观念与经验比较接近。

在艾温看来，规则因果观的两个优势并不存在。关于优势 a，艾温认为，常识观念存在着困难，这并不能证明规则观念正确；常识观念不能表明因果事物之间的连接本性，这并不能说明这种连接是不存在的。关于优势 b，艾温认为，这涉及因果归纳

① A. C. Ewing, *Idealism: A Critical Survey*, London: Methuen & Co. Ltd, 1934, p. 154.

是否属于经验论范围的问题。休谟已经表明，普遍恒常的因果性不能用经验归纳的方法得到完全证明。任何人要坚持规则的因果观，就必须超越经验，利用“自然的齐一性”原理。这是密尔试图利用规则的因果观解决休谟问题找到的一条道路，但是这种“自然齐一性”恰恰是经验所不能证明的。这样罗素等经验主义优势就被削弱了。

艾温认为如下三个理由可以证明规则因果观是错误的：

第一，如果世界的因果关系都是一些恒常规则，那么所有的实践生活就没有意义。艾温将罗素等人的恒常规则理解为一种绝对的决定论，他认为这种恒常的规则就会使人们的生活只是完成了一切规则下自然会完成的事情，而人们的各种自由都是不存在的。

第二，记忆证明规则因果观不成立。如果我们意识到过去的事情，就必须承认过去的事情作为决定性因素影响我们现在回忆它们时的状态，但是，这种过去与现在之间的因果关系显然不是按照恒常规则发生的，因为作为现在状态的记忆不可能总是保持同一。

第三，对于推理的信念也可以说明规则因果观不成立。在“人是有理性的动物，男人是人，所以男人是有理性的动物”这个推理中，我们之所以相信它是正确的，是因为我们对“人”的部分信念与对“理性动物”中某种因素的信念是相同的。这种相同的信念不能由命题清晰地表达出来，但是它肯定存在；否则我们就不可能做出推理，所有推理也都是非理性的了。如果我们根据规则的因果观来作出推理，很明显，那种推理只能是非理性的，也得不到人们的相信，因为它不能给人们的推理任何理由，只是强制要求人们接受。

虽然上述论据都是自我方面的，而不是物理对象的论据，但是这些论据至少说明因果性不仅仅有规则性，说明了规则因果观不能够完全描述因果关系。在感知对象的过程中，我们的知觉是消极的，它表明物理对象与我们的知觉之间有一种作用与被作用的关系，而不仅仅是物理现象与知觉之间出现顺序上的规则性。

另外，即使物理对象本身也表明因果关系中有一种必然的连接，如果没有必然的连接，那么连续的状态就不可能属于同一个事物，而只可能属于众多不同的事物，或者说同一个事物的连续状态就是不可能的。实体与属性的关系也不可能说明这种连续性，因为假如没有这种必然的连接，实体与属性之间就没有必然连接，二者就被分开了，事物的同一性就不存在了。

规则因果观的种种缺陷表明因果关系中存在着必然连接。所以艾温认为，罗素等分析哲学家们关于事实因果关系不包含逻辑关系的观点是错误的，事实的因果关系中的逻辑承接（logical entailment）的因素是客观的。即使我们在有的具体事件的因果关系中看不到其中的逻辑承接时，我们也不应该否认这种逻辑承接性的存在。这可以证明如下：

（1）自然科学论证的有效性说明了因果关系包含了逻辑承接因素。科学论证总是要从一定的原因推论出一定的结果，如果这些推论的原因没有蕴涵着这个结果，这个推论就不可能是有效的。如果在逻辑上结果与原因完全相互独立，那么说原因中蕴涵结果就是完全不可理解的。任何对论证有效性的理解只能表明因果关系包含逻辑承接性的事实。当然，因果关系中的逻辑因素由于它呈现的具体条件与数学和逻辑那样纯粹的先天存在完全不同，但是这并不能表明这些逻辑因素就是不存在的。另一方面，我们也不能说因果关系就是逻辑关系，因为逻辑的承接因素事实上只是因果关系的构成成分之一。这一点是许多泛逻辑主义哲学家没有注意到的。

（2）科学规律的普遍化的事实也说明规则因果观不成立，因果关系包含了逻辑的承接关系。众所周知，任何事件完全相同的条件是几乎不可能重复出现的，如果按照规则因果观，那么科学规律就不可能真正地推广开来。如果因果关系能够推广到预先没有包括的事实中，那也只能是一种纯粹的巧合。利用拉姆齐的概率的规则因果观来改变罗素因果观，也不能从根本上改变规则因果观的这种困境。

根据对规则因果观的分析和批判，艾温提出他对因果关系的理解。第一，虽然规则因果观不是对因果关系的完备的描述，但是作为一种不完备的描述，它仍然可以保留下来，我们应该承认因果观念在其他类似事件中的齐一性；第二，因果关系的事物之间存在着某种难以定义的、但是可以显示出来的关联。这种关联属于前面提到过的第（10）种含义的内在关系。这种内在关系中包含着逻辑的必然承接关系。这一点与常识的因果观中的第一点和第二点——即内在关联和逻辑承接——是一致的。从因果间的这种内在关联来看，原因和结果就是对称的。我们不仅可以从原因推论结果，而且可以从结果推论其原因。第三，常识的因果观念中间的“原因的能动性”观念不仅得不到任何证据支持，而且它也是不必要的。[①] 艾温认为只要承认在因果关系中包含逻辑必然性，常识中的原因能动性的这个因素对于解释事物的因果关系就没有任何用处了。

不过，艾温反对泛逻辑主义者不正当地夸大因果关系中的逻辑因素。激进的泛逻辑主义者将因果关系中的逻辑因素解释为结果包含在原因中，或者原因与结果是同一的。这种观点是荒谬

① A. C. Ewing, *Idealism: A Critical Survey*, London: Methuen & Co. Ltd, 1934, p. 171 - 172.

的，因为它们都否认了变化和因果关系本身，如果像他们所言，结果包含在原因中，那么所有的因果关系都是同时发生的；如果原因与结果相同，那么就不存在事物之间的差异了。①

艾温强调，尽管我们不能明确说出因果观念中必然关联的先在性，但这不能证明这种关联的先在性不存在。他认为，从我们的心灵的许多事情就能够证明这种关联的先在性是存在的。如我们听到别人的侮辱就会生气而不是高兴，一个人知道他的恋人死后就会很伤心而不是愉快。这两个事例中“会生气”和“会伤心”中间的“会”表明因果关系中的一种倾向或者趋势，这种倾向中就体现了这种连接的先在性。任何人即使没有经过知识的训练都会出现这种倾向，人们在这些行为的过程中根本就不知道普遍的原则，事先他们也不知道这种普遍的倾向的正确性。但是，他们都在这种具体的事件中就直觉到了这种具有普遍倾向的合理性。这种先在性（priori）与逻辑和数学的先在性当然不完全相同，它在确定性和清晰性的程度上比不上数学和逻辑，但他们的自明性都是一样的。

根据以上结论，艾温在因果关系上得出了类似绝对主义的结论：因果关系是在第（6）、第（7）和第（9）三种意义上的内在关系，即具体的因果关系必定与它的关系项相适合；只要这两个关系项存在，它们的因果关系就一定存在，如果这两个关系项不发生变化，其间的因果关系就不可能缺失；不可能原因存在，而结果不存在，也不可能结果存在而其原因不存在。②

因为因果关系的普遍性，所以整个宇宙就不可能是一个分裂

---

① A. C. Ewing, *Idealism*: *A Critical Survey*, London: Methuen & Co. Ltd, 1934, p. 172.

② A. C. Ewing, *Idealism*: *A Critical Survey*, London: Methuen & Co. Ltd, 1934, p. 183.

的宇宙，而只能是一个因果关系系统。任何具体事件及其与整个系统的关系都是源于这个系统；任何具体事件的本性和它的关系的本性都是由因果性确定下来的，所以这些具体事物与整个系统的关系都是相同的；每一个具体事件的存在都完全依赖于整个系统。[①] 因为因果性包含逻辑的承接性，这种承接性是先在性的，所以因果关系在上面所述的第（10）中意义上也是内在关系，即因果关系中的一个关系项在实在上和逻辑上都依赖于另一个关系项；对于具有无限能力的理智来说，因果关系在第（8）种意义也是内在关系，即知道因果关系中的一个关系项就可以知道它的另一个关系项。

从这些论点我们也可以进一步推断，宇宙的一切部分之间都有着某种因果关系，这些因果关系或者是直接的，或者是间接的。通常认为，某人桌子上的一本书与美国总统之间有因果关系的观点是荒谬的，但是从因果关系的无数个链条往上追溯，二者之间有着遥远的因果关系。

不过，艾温认为以上内在关系的因果观与非决定论不相冲突，非完全决定论不能否定内在关系的因果观，因为任何事物即使不能完全因果性地被决定，但是它仍然部分地与其他事物发生因果关系，因果关系也会发生作用。这样宇宙的每一个要素的任何方面虽然不是完全被决定下来，但是它仍然与它的系统相关，整个宇宙也还是一个因果性的宇宙。

三、关系内在性不能证明唯心论和绝对一元论

由以上因果关系的讨论，艾温得出这样的结论：“我们所知

---

① A. C. Ewing, *Idealism: A Critical Survey*, London: Methuen & Co. Ltd, 1934, p. 183.

的世界构成一个系统，在这个世界系统中，每一个具体事物都与系统中的其他事物由于逻辑承接关系而连接起来。……这种关系意味着每一个事物就其本身而言都是不完全的，如果将它们与它们所依赖的世界的其他部分分割开来，它们的内部就不会融贯。但是，这并不意味着实在有一个正如一个实体和一个心灵所呈现出来的统一体，也不意味着一切关系都是最后四种意义中的内在关系：很明显，有些关系不是这些含义上的内在关系。我们的以上结论只是基于因果性这种特定关系的考虑，而不是基于一切关系本性的考虑。"①

艾温认为，绝对论的内在关系理论和罗素、詹姆斯等人的外在关系理论各有所长，也各有所短。就绝对论者的内在关系而言，他们注意到了世界的因果性，这种因果观能够很好地与科学和常识相吻合，如牛顿能将树上苹果的落地运动与行星的运动、与万有引力等联系起来，看到它们之间联系的普遍性，这是他们的所长。但是，他们将因果关系的本性推广到了其他一切关系的本性；其次他们中的一些人还认为，因为因果关系，世界中的每一个具体事件都"包含"了其他事件，这样他们就混淆了因果中的逻辑承接性与"包含"关系的区别；再者，他们将因果关系中的直接因果关系与间接因果关系混淆起来，从而认为某一个具体的事情都与其他每一个具体的事情直接相关，他们将"桌子上的书本依赖于宇宙中某些因素的关系"具体化为"桌子上的书本依赖于木星"，这显然是荒谬的。

但是在艾温看来，多元论的理论也有两大缺点：第一，他们没有看到关系和关系项只是一种抽象，而我们的经验本身并没有

① A. C. Ewing, *Idealism: A Critical Survey*, London: Methuen & Co. Ltd, 1934, p. 187.

给予我们这些关系和关系项，给予我们的只是关系和关系项的连续体。在这一点上艾温非常认同布拉德雷的观点。艾温认为，时间关系、空间关系以及实存事物的性质之间的关系都存在于一个连续体之中，逻辑规律之间的关系或者数之间的关系并不以一个连续的连续体为前提，那是因为逻辑和数都是对实存事物的抽象，其本身并不实存。①

第二，多元论者在事物的内在本性和他们的外在关系之间做出了一种刚性的区分。他们很少有人对哪些关系是内在关系，哪些关系是外在关系作出清晰的说明，只是笼统地强调性质与关系之间的区分，关系不依赖于性质的存在，性质也不依赖于关系的存在。事实上，他们和内在关系论者一样都是将一部分关系的性质推广到所有的关系上，从而形成他们武断的结论。他们在反驳内在关系理论的过程中，虽然很多对关系的论述是正确的，但是他们对因果关系的论证的说服力显然不及内在关系论者。

与内在关系论者和外在关系论者不同，艾温认为，在内在关系的某种具体含义上来说，有的关系是外在关系，有的关系是内在关系。在内在关系中，关系项的本性依赖于它的关系，但是这也并不说明关系和关系项的本性就是相同的；在内在关系中因果关系是一种最重要的关系，但是因果关系的内在性并不意味着具体的某个事物与宇宙中任何一个具体事物之间都具有（8）、（9）和（10）三种意义上的内在关系。

艾温使关系问题之争摆脱了“内在关系理论”和“外在关系理论”含糊其词的用法，并且在它的研究视野中罗素和摩尔的观点也得到了充分的重视和批判，而内在关系理论则完全摆脱

---

① A. C. Ewing, *Idealism: A Critical Survey*, London: Methuen & Co. Ltd, 1934, p. 189.

了绝对主义的影响，开创出了一种完全不同于绝对主义的内在理论形式。从而使得拉古那、施韦策和荷兰兹等人的对外在关系理论反省在一种新的理论形式中找到了它们各自的位置。在艾温以后，关系理论逐渐摆脱了世界观之争的状况，逐渐淡出人们的视野。

第七章　“辩证的历史关系论”的提出

在现代汉语中，联系和关系作为名词时，在大多数情况下基本上是同义词，无须区分。关于其具体内涵，我国的教科书是这样表述的：“联系或关系作为哲学范畴，包括一切事物、现象、过程之间及内部诸要素之间的相互影响、相互作用和相互制约。”[①] 在辩证唯物主义中，关系（国内通常翻译为“联系”）范畴是辩证法的两大核心规律之一，它构成了辩证法的重要内容。从哲学教科书如下这样表述我们就可以知道关系在辩证唯物论中地位了：“辩证法是关于世界普遍联系和永恒发展的科学。”[②]“联系的观点和发展的观点是唯物辩证法的总特征，是人们考察事物、分析问题的基本原则。唯物辩证法的基本规律和范畴，归根结底都是从各个方面揭示事物的普遍联系和永恒发展的。”[③] 辩证唯物论中关系理论的几个基本要点。首先，联系是客观的。“联系的客观性是指，联系是事物本身所固有的，不以人的意志为转移。”其次，联系是普遍的。这种联系的普遍性主要是强调世界上一切事物、现象、过程与周围的其他事物、现

---

① 李秀林、王于、李淮春等：《辩证唯物主义与历史唯物主义》，中国人民大学出版社，2004 年，p. 152。

② 李秀林、王于、李淮春等：《辩证唯物主义与历史唯物主义》，中国人民大学出版社，2004 年，p. 151。

③ 李秀林、王于、李淮春等：《辩证唯物主义与历史唯物主义》，中国人民大学出版社，2004 年，p. 151。

象、过程具有联系，他们联系在一起构成世界的总体，同时，这些事物、现象、过程内部的各个部分、要素、环节也具有相互联系。与英美哲学不同，辩证法对事物的联系更强调联系的中介概念。这个将各个事物联系在一起的事物就叫。列宁说：“一切 vermittelt = 都是经过中介，连成一体，通过过渡而联系的。”① 但是教科书中的关系理论与马克思主义的关系理论仍然有巨大的差别。我们需要基于马克思自己对关系的论述重新阐释马克思主义的关系理论，并在此基础上提出我们对关系的新看法。

第一节 西方哲学中关系问题研究的简要总结

到艾温为止，19 世纪末 20 世纪初的关系问题的哲学争论基本告一段落。在 20 世纪 30 年代的英美哲学界，艾温对内在关系和外在关系理论的批评都引起了广泛的共鸣，在他的思想中，绝对主义和分析哲学的关系理论都获得了同样的尊重和公平对待。与拉古那、荷兰兹等哲学家一样，他不是从世界观的角度提出一种普遍的哲学理论，而是对具体的哲学问题进行细致的讨论。30 年代以后的哲学强调具体哲学问题分析，不再热衷于宏大理论的构造。所以艾温的关系理论成了 30 年代以后的哲学家研究关系问题的新的出发点。

但我们不能认为这场争论已经结束。有些派别虽然当时处于弱势地位，但后来又卷土重来。如绝对主义的关系理论，虽然它在 20 世纪之初成了众矢之的，在这场争论过程中处于失势的一方。但在 20 世纪 40、50 年代，它又重新引起了人们的重视，如布兰夏德对分析哲学的外在关系理论则进行了猛烈的抨击，同时

① 列宁：《哲学笔记》，《列宁全集》，第 55 卷，1990 年，p. 85。

积极地捍卫内在关系理论的价值。所以我们不能仅仅根据这一小段历史的情况，认为关系问题就已经基本解决了。我们只能说在这场争论中，关系问题所涉及的各种具体命题和概念在争论中间逐步变得清晰起来。但关系的本性究竟是什么？它究竟是否存在或者以怎样的方式存在？这依然是值得我们深入探讨。本章只能对 19 世纪末 20 世纪初的关系问题的哲学争论作一个暂时性的总结。

一、关系问题之哲学研究的三个阶段

对“实在关系”的“设定活动”是思维的整体倾向性活动，而思维的整体倾向性活动与时代的精神状况密切相关。在不同时代，思维的整体倾向性“设定”活动的强弱和内容是不相同的。在古代希腊时期，“设定性”活动相对较弱，人们不是将任何事物当作“已经存在的”，而是追问事物的存在之为存在是什么。到了近代，设定性活动得到了进一步发展，哲学追问的核心不是存在之为存在，而是各种设定物是如何连接起来的；而到了现代，哲学已经将“一切事物都处于关系之中”这样的命题当作自明的命题。

不同的时代，思维即使对同一个事物之设定，其内容也是不同的。例如，古代哲学中，心灵被设定为一种“实体”，那么心灵与对象之间的关系的认识关系不具有先验的意义；而近代将“心灵”理解为“功能”，那么，心灵与对象之间的关系与事物之间的关系就完全不同，这种关系是超越事物之间的关系，后者要奠基于前者；而现代哲学中，人们将认识活动也理解为事实，它与物理世界相互作用的事实都是事实的不同类型，所以将认识论视为哲学的基础是错误的，物理世界的事实独立于认识的事实而存在。

正由于人们对“设定物”的“设定”活动因时而异，关系问题才呈现出历史性。人们的“设定”活动是时代精神的一部分，关系问题的历史也就反映出人类“精神”的发展史。与人类精神发展的规律一样，关系问题的研究过程也是一个从抽象到具体的过程。按照从抽象到具体的原则，关系理论研究历程有三个阶段。

第一个阶段，关系理论的哲学研究以存在论为核心。在存在论的语境中，经验关系和理性关系的研究都是通过研究关系词的方式进行的。在这种阶段中，还没有“经验关系”和“认识关系”这样的名称，它们是以“实在关系”和“理性关系”的形式出现的。经验关系和理性的关系都可以用关系谓词表达，所以通过对不同类型关系谓词的分析就可以揭示这两种关系的本性。在亚里士多德的哲学中，他不是直接分析认识过程中心灵与对象的关系，而是分析“了解到”“习惯于”“感觉到”等谓词与“更大”“父亲”等谓词有何不同，前面那些词语表达的是理性关系，而后者表达的是实在关系。当然这种分析也存在着问题，在中世纪哲学中，人们仍旧用这种关系的研究方法来研究上帝与人之间的创造性关系，人们就发现这种关系理论研究的方法存在巨大的问题，从而引发了中世纪关系问题的大讨论。

第二个阶段，关系理论的哲学研究以认识论为中心。近代的认识论转向以后，认识关系摆脱了理性关系的存在论限制，成为哲学的重大主题。哲学家们将所有的实在关系转变为经验关系，变成了心灵在各种经验连接过程中的功能问题。在这种语境下，关系理论的哲学讨论摆脱了存在论的限制。在黑格尔的哲学中，关系理论虽然与逻辑学相关，但是，在他的逻辑学中，存在论只涉及直接关系，而间接关系则是本质论研究的内容。近代的关系理论有着两种完全不同的风格，一种是英国哲学心理学中的关系理论，它将亚里士多德的词项直接对应于事物的做法改变成为词项与经验对应，关系词通过经验的环节间接地表达实在对象。在他们的关系理论中，关系是感性的还是知性的，这个问题就显得相当重要。大多数哲学家认为对关系的经验不是简单的感觉，而是心灵活动的结果，所以他们认为关系是主观的；而少数哲学家认为关系是感觉经验的对象，从而力图维护关系的客观性。第二种是德国先验哲学的关系理论。德国哲学家要求对整个范畴理论进行重新理解，他们认为亚里士多德传统的范畴不是最根本的，他们认为真正具有范畴意义的事物应该是先天的，而不是现成存在的。所以他们的关系理论不是针对关系的本性的问题，而是关于各种设定之物怎样实现连接的问题。

第三个阶段，语言中的共相关系得到了前所未有的重视，它摆脱了认识论和存在论的传统，使哲学出现了“语言学的转向”。古代和近代的哲学家大都没有看到语言工具性的一面，大多数哲学家认为语言的分析就是对实在对象或者经验的分析。直到洛采，这种情况才发生基本的改变。洛采提出了命题和语词只具有“有效性”、而非“存在”的思想，而实在事物是存在的，而非“有效的”。这样他将逻辑学与形而上学区分开来，使人们认识到语言是不同于实在的另外一个领域。在这种背景下哲学出现了所谓的“语言学的转向”。在英美哲学中，分析哲学是实现这种“语言学转向”最彻底的哲学流派，所以它非常重视通过语言对本质性的共相的逻辑类型进行研究，从而力图发掘世界的结构关系。他们对实在关系的分析摆脱了亚里士多德传统的关系分析范式。这表现在两个方面：首先，他们彻底更新了语言的形式，他们的分析不是从范畴开始，而是从命题的判断形式开始；其次，他们不是将实在的关系与语言中的关系词的分析直接对应起来，而是完全摆脱存在论和认识论的方法，对语言中的关系词进行纯粹的逻辑学和语义学的分析，然后根据语言与实在的关系，将所得到的关系结论与实在的事实对应起来。不过分析哲学也不能代表全部的19世纪末20世纪初的英美关系理论的全貌。在分析哲学之外，新黑格尔主义哲学和詹姆斯的实用主义哲学对语言与世界的关系有着完全不同于分析哲学的特点，因此，他们所得到的关系理论也完全不同于分析哲学的关系理论。

二、西方哲学界对关系本性的主要分歧

前面几章的讨论已经说明，“内在关系理论”和“外在关系理论”的标签对于我们理解其关系理论的分歧没有太多的意义。一方面，“内在”和“外在”二者的意思本来就是互相关联的，离开了其中的任何一方另一方也就失去了意义。所以如果利用“内在”和“外在”的表面意思来理解关系问题的实质，只可能在毫无意义的语词含义中进行轮转，即使这种轮转进行无数次，我们也无法深入到关系本性中去。如果仅仅是将这场争论理解为内在关系与外在关系的争论，那么其意义是无法与中世纪的关系问题的争论相比较的。另一方面，由于“内在”和“外在”的概念充满歧义，与“内在关系理论”和“外在关系理论”相关联的很多命题也同样充满了歧义，他们基本上都不是在同等意义上去使用“内在”和“外在”这样的概念。所以，比所谓内在关系论与外在关系论的名词称谓上的分歧更为重要的是他们对关系问题的真正分歧。我们认为，通过对19世纪末20世纪初的哲学家们所分析过的问题的初步归纳，他们主要分歧主要是如下。

最重要的问题是：“命题是否可以被分析?”这是绝对主义者所提出的问题，它直接针对的是哲学心理学中的近代经验主义和现代的实证主义哲学。在绝对主义者看来，哲学心理学中的经验主义和实证主义，他们首先将命题划分为众多的不同观念，然

后在这些被分解了的观念之间寻找统一体。他们认为只能找到一种聚合体，统一体是不可能找到的。因此绝对主义者认为命题是不可以分析的。

分析哲学和新实在论哲学认为绝对主义否认分析的做法是自相矛盾的，任何驳斥分析的人自己同时也不可避免的需要进行分析。另外他们认为绝对主义的这种主张就是要我们放弃理智活动，听从神秘主义的召唤；分析哲学和实在论认为命题可以分析的第三个理由是：分析并不像绝对主义所认为的那样只是对命题统一性的纯粹破坏，恰恰相反，它成功地展现出命题统一性的主导性因素和统一性得以形成的构成性因素。分析哲学认为：这种统一性的主导因素是由共相作为函数的常项，而殊相作为变项，共相作为常项本身就包含着一个能够包含变项的空位，殊相只是填充这个空位，二者才可以构成一个统一体。当然分析哲学也同时认为，不可能对任何一个成分进行彻底分析，但是这种不可以完全分析的东西并不是命题，而是命题中的共相和殊相。

作为彻底经验主义者的詹姆斯的态度则是居于命题是可以分析与不可以分析之间的。他认为命题的词项代表一定的经验，而这些不同的经验之间本身就有着某种相通性和相异性，所以命题是可以分析的，分析哲学中的分析在詹姆斯看来是一种纯粹的理智的活动，它只能作为一种替代性和探索性的活动加以使用，不能将它作为追求真理的方法。

我们认为这些争论中，其中一个关键的概念就是“分析”，只有对“分析”这个概念有了明确的把握之后，这个问题的回答才有可能。通过罗素和斯鲍尔丁对“分析”概念的阐释，我们会发现，罗素等坚持的“分析”与布拉德雷批评的近代经验主义和实证主义的“分析”有很大区别，他们所强调的是“逻辑分析”，是一种形式的分析，它并不改变事物的统一性本身。

而在逻辑分析之后，通过逻辑综合就可以呈现这种事物的统一性。但是从施韦策等人的观点中我们发现，“分析”事实上并不是一种发现的方法，因为人类的认识过程并不是按照分析的方式进行和展开的，所谓的“分析”只是对人类认识成果进行整理的方法。

他们争论的第二个问题是：“关系是否可以作为独立的事物而存在?”在命题的讨论中，任何事物都是用词项来表示的。从前人们通常将这样的词项称之为“term”，我们将它翻译为“名相”。所以我们将这个问题表达为“关系是否可以作为独立的名相”。

绝对主义者完全否定有独立的关系的存在。而分析哲学家对这个问题也有一定的分歧。罗素认为“关系是一种独立名相”。而维特根斯坦则根本上否认这种独立的名相。詹姆斯仍然是这两种态度的居间者。他认为关系是感觉经验的要素，但是这种关系不是共相。这个问题的核心涉及人们对“独立”概念的理解。培里从事物或者名相的实存角度重新解释了“独立”一词的含义，他的结论支持了外在关系理论的观点；而拉古那从事物或者名相的内容方面，或者说是“定义”方面对“独立性”进行了驳斥，他的结论则支持了内在关系理论。

如果承认了关系是独立的名相，那么就产生了第三个问题，即：“关系是何种意义上的独立名相?或者说它是共相还是殊相?”

绝对主义者和维特根斯坦认为无须回答这个问题，因为他们认为独立名相是不存在的。詹姆斯认为关系是一种殊相是感觉的对象，而理智认识到的关系只是感性关系的替代品。罗素认为关系是一种共相，它拥有完全不同于殊相的逻辑地位。在罗素的哲学体系中，詹姆斯所说的感性关系，只是关系的“意义”

(sense)。在罗素看来，共相的存在事实上不涉及理智和感性的关系问题，共相在感性中与它的殊相结合起来，关系与关系项在感性现象中同时出现，他将这称作关系的“共现”（compresence）；而在没有关系项的时候，我们谈论关系的共相是没有任何意义的，无论是谈论它的不存在还是谈论它的存在，都是没有任何意义的。摩尔根据他的常识哲学认为，我们不能固定地谈论它的名相，它的存在不是因为它是否是殊相或者共相，而是它作为一种连接的功能在发挥作用。与摩尔的立场类似，另一位当时比较著名的哲学家亚历山大认为关系是存在的，但是关系是一种过程。①

相比较而言，我们认为罗素和摩尔二人的立场的调和相对容易一些，因为二者的分歧只是在对于“共相”一词的理解，如果我们将“共相”定义为“能够对殊相发生作用的存在”，那么二者的差别就可以消除。因为“存在”一词的原有含义中就有“发生作用”的意思，而“共相的存在”就是指它能够对殊相发生作用。亚历山大的观点与詹姆斯的观点也是可以调和的。而相比之下，詹姆斯和罗素之间的矛盾就可以说是不可以调和的了。詹姆斯的立场是反理智主义的，而罗素则是理智主义的突出代表。

接着第二个问题而来的还有第四个问题，即：“独立的关系如何与独立的关系项发生关系?”

在反对关系独立存在的人看来，如布拉德雷认为若独立关系要与关系项连接起来，它就必须要通过第三者，但是这样就会出

① 本书没有介绍亚历山大关系思想是一种遗憾。其关系思想参见 S. Alexander: On Relations; and in Particular the Cognitive Relation, Mind, Vol. 18, No. 83 (Jul., 1912), p. 306 -328.

现古老的关系中的无限后退的谬论。罗素在这个问题上的态度也是不确定的，他原来认为只能通过第三者来实现这种连接，但是这种第三者的连接并不是无益的；再后来他认为：只有在单纯的语言上才可能出现这样的第三者，在现实之中并不可能出现这种无限倒退的问题。而摩尔是从关系的连接功能的角度出发来理解关系，而不是从共相的实体的角度去理解关系，所以在他的关系理论中，关系自身就可以与关系项相连接，而无须第三者，因为关系本身就是要实现这种连接，如果不能实现这种连接，那么它就不是关系。另一位哲学家威尔逊试图通过关系的共相概念与殊相实存之间的逻辑关系来解决这个问题，他认为共相的关系与关系项是通过殊相的关系连接起来的，而殊相的关系与关系项是通过共相的关系连接起来的。他用兜圈子的方式避免了第三者的无限后退问题。在这个问题上詹姆斯认为关系与关系项由于各自的本性就有“导向”对方的倾向，所以关系的经验就自然地过渡为关系项，而关系项也能依据自己的本性直接过渡到关系，二者之间无须第三者。

我们认为摩尔、威尔逊和詹姆斯三人对这个问题的解答之所以都可以避免第三者的无限后退的情况，是因为他们对关系的理解都是从关系的连接功能的角度，而不是从关系的实存性的角度出发的。不过威尔逊更加辩证地看到了关系的连接性功能与它的实存之间的关系。但罗素在与布拉德雷的论战过程中由于捍卫关系的存在，而过分重视了关系作为共相的实存的方面。事实上从他本身应该是可以接受摩尔的做法的，认为关系的本性就是要与殊相结合起来才能一起呈现（compresent）的，但是罗素却没有这么做。

第五个问题，“如果我们能够肯定关系能够发挥它的连接功能，一定的关系适合于一定的关系项，那么是否说明关系奠基于关系项呢?”

绝对主义者尤其布拉德雷，认为关系必须奠基于关系项，关系本身是无法独立的。但在罗素看来，布拉德雷将关系适合于关系项理解为关系没有独立存在，这种观点实质就是将关系还原为关系项的性质。罗素不同意这种观点，他认为关系不依赖于关系项，关系是不能够还原为关系项的性质。

他们的观点都涉及“关系是否奠基于关系项”的命题，而这个命题恰恰是需要充分澄清的。这个命题涉及如下三层含义：(1) 关系是否可以还原为关系项；(2) 关系在与关系项结合的过程中是否限定了关系项的范围，或者相反关系项是否限定了关系的范围；(3) 关系的变更是否同时改变了关系项的性质。

对于 (1)，它是罗素强加给绝对主义的，罗素认为，绝对主义的关系理论就是把关系还原为关系项的性质，事实上从布拉德雷和鲍桑葵等人都明确否认关系可以还原为关系项。对于 (2)，无论绝对主义者，还是罗素等人都承认这个命题的正确性。在这个问题上所有哲学家基本上取得了共识。但是绝对主义认为这个结论昭示着神秘的绝对性实在。而对于 (3)，绝对主义则持绝对肯定的态度，认为任何关系的改变都必然会在某种意义上改变关系项的性质，而詹姆斯和罗素则并不认为所有关系的变化都会引起关系项性质的变化，但同时他们也不能绝对否认某些关系的变化会引起关系项性质的变化。他们都没有对这个命题进行进一步的分析和论证。而真正在这个问题上取得突破的是摩尔，他彻底地澄清了“关系的变化引起关系项的变化”这个命题的确切含义，并且证明了绝对主义将这个命题与内在关系理论联系起来的做法是错误的。后来摩尔的这种分析在艾温哲学中得到了进一步的发展。

最后一个问题是：“某一类关系的特点是否对于一切关系都

是适合的?"

19 世纪末 20 世纪初的哲学家们用概念的方式以普遍性的原则对关系问题进行了深入讨论。但是这种讨论方式涉及关系范围的问题，即哪些词项表达的是关系；以及各种类型的关系的共性和特性是什么。在亚里士多德的哲学中，关系的范围问题非常重要，他圈定了三种类型的语词表达的对象才是关系。如果按照亚里士多德的定义，今天讨论的很多关系事实上都不能说是关系，如"我在上海"中的"在……地方"，在亚里士多德的哲学中，不是关系，而是表示"位置"。

关系范围的迅速扩大则是在斯多葛派哲学中出现的。绝对主义对关系的种类不做任何类型的区分，他们将"ArB"作为一切关系的统一符号，将"实在的关系项与关系处于一种绝对的实在中"这一结论推广到认识关系上，认为对象世界与心灵之间的关系也处于一种绝对的实在之中。

而在分析哲学和新实在论中，认识关系与对象之间的实在关系是从两种不同的角度进行研究的。不仅如此，分析哲学还要求对"爱丁堡在伦敦的北部""5 是大于 2 的""苏格拉底是柏拉图的老师""火是烟的原因""帕里斯爱海伦""汤姆知道某某事情"等这样的命题进行分别考察。例如"火是烟的原因"就只是在形式上与"苏格拉底是柏拉图的老师"相同，但事实上，"火是烟的原因"这个命题只是"如果某个地方在生火，那么这个地方就会冒烟"这样一个命题的缩写；而"汤姆知道某某事情"也是一个主从复合句子构成的，所以它们与"苏格拉底是柏拉图的老师"等命题不属于同一类型。由于冲破了自然语言的限制，分析哲学看到了一些被范畴分析忽略的重要问题，在这方面上分析哲学应该比其他哲学具有更大的合理性。

近代经验主义哲学的基本精神在它们转化为当代的实在论之

后就避免了绝对主义者的批评；而维特根斯坦利用分析哲学的方法得到的却是与绝对主义近似的结论；席勒早年与詹姆斯曾经并肩战斗共同反对绝对主义，而在晚年却也转向了绝对主义立场。这些都说明这场争论尽管在某个具体问题的分析上有了极大的突破，但在“语言中的关系词能否完全表达对象事物之间的真实关系”等基础问题的意见上，各派的分歧是依然存在的。

从他们的争论中来看，他们的最终目的是试图说明他们在“语言中的关系词能否准确表达对象事物之间的真实关系”这一问题的立场，而所谓的外在关系与内在关系之争实际上仅仅只是一种表象。若从这个角度审视，这场争论中各种观点可以分为三种立场。一种立场是：肯定关系词可以表达实在关系。罗素、摩尔和新实在论者是这种立场的捍卫者，这样的立场与近代承担着启蒙使命的经验主义思潮的基本精神是一致的。第二种立场的代表是绝对主义者和维特根斯坦，他们认为语言中的关系词是无法完全表达对象事物之间的真实关系的，语言的功能只能显现出对象之间的关系。这种立场可以说是对近代科学主义的一种反思。它反对完全用理智的方法去探索这个世界，从而为人的玄思留下足够的空间。而在第三种立场看来，上述两种立场都错误地将认识活动（不管是理智的认识活动，还是玄思的认识活动）作为了人类生活的主要活动，而实际上这样的问题只有在人类的实践意义上才有价值，在这个立场上詹姆斯是典型代表。

第二节　马克思对唯物关系论的贡献

教科书很少直接讨论马克思如何在辩证法、本体论、认识论三者合一的意义上理解这些普遍的客观联系，如何将其关系理论与其马克思主义的实践的历史唯物主义结合在一起。马克思当然会承认上述教科书中所叙述的普遍的、客观的关系，但在马克思的观念中，这种普遍的、客观的关系只是作为一种自在状态，如果要对关系进行进一步研究，我们就可以发现，关系可以区分为物与物的关系和“物为我而存在的关系”两大类，而后者在马克思关系理论中占有更重要的地位。

关于自在的关系，由于脱离了人类的意识而独立而存在，任何辩证法家都不可能做出太多的说明。恩格斯从维护唯物主义的角度对这种关系多有捍卫，但这些捍卫多是前提假设性的断言。而马克思却从它可能进展为自为关系的角度上说明了这种关系的对象性和客观性。这种自在关系的客观性，并不是作为脱离意识而存在的、与意识无关的客观性，这种客观性就是对象性，就是对象与对象之间作为互为对象的关系。马克思在《1844 年经济学哲学手稿》中讨论事物作为对象而存在的观点时说：“一个存在物如果在自身之外没有对象，就不是对象性的存在物。一个存在物如果本身不是第三存在物的对象，就没有任何存在物作为自己的对象，就是说，它没有对象性的关系，它的存在就不是对象性的存在。非对象性的存在物是非存在物。”[①] 由于马克思谈论到的关系主要是为我而存在的关系，它在马克思的理论中占中心的地位，这样，关系理论是实践的历史唯物主义中的关系的理论。这种“为我而存在的关系”，与自在关系不同，它不是既定的、一成不变的，而是历史性的、变化发展的。由于关系的历史性和实践性，关系所联系的事物也具有历史性。《关于费尔巴哈的提纲》就谈到，“环境的改变和人的活动或自我改变的一致，

① 马克思：《1844 年经济学哲学手稿》，人民出版社，p. 103 - 104。

只能被看作是并合理地理解为革命的实践。”[①] 在《德意志意识形态》中，马克思和恩格斯进一步讨论了这种自为关系：“凡是有某种关系存在的地方，这种关系都是为我而存在的；动物不对什么东西发生‘关系’，而且根本没有‘关系’；对于动物说来，它对他物的关系不是作为关系存在的。”[②] 也就是说，动物只是被动地适应环境，它虽然也与外物发生自在的关系，但这种关系并未进入意识之中，并不是“自为”的“关系”，动物不可能去发动、创立一种关系；而人在其能动地改造自然的实践过程中，人类的意识越来越发达，逐步具备将自然和关系当作一种对象的意识能力，在这个过程中，自在关系就可以转变为自为的关系，人才与外物发生关系，关系成为“为我而存在的关系”。事实上，马克思对关系的讨论并没有停留在人的自为关系的论述上，进入了人类社会，关系的自为性仍然是一个抽象而笼统的概念，是一个过于重视主体与客体关系的概念。但是在人类社会的生产生活过程中，主体并不直接面对客体，主体是在社会之中，是在与其他主体互动的社会交流、社会交换之中确立自身，而这种主体与其他主体之间的交流和交换活动在人类社会发展过程中也呈现出多种多样的形式，也经过了一种历史的辩证发展历程。这样自为的关系就不再以纯粹的自为性的关系体现出来，任何物与其规定性之间的关系都会因为它的社会意义而发生颠倒。马克思说：“要表现塔糖是重的，我们就要使它和铁发生重量关系。在这种关系中，铁充当一种只表示重而不表示别的东西的物体。”[③]

---

① 马克思、恩格斯：《马克思恩格斯文集》（第 1 卷），人民出版社，2009 年，p. 500。

② 马克思、恩格斯：《德意志意识形态（节选本）》，人民出版社，2018 年，p. 26。

③ 马克思：《资本论》（第 1 卷），人民出版社，2004 年，p. 72。

而在资本主义条件下，它常常凝聚为商品的价值物的形式。从上述马克思对各种关系的论述出发，我们可以认为，马克思的关系理论是一种辩证的关系理论。这种关系理论区别于 19 世纪末 20 世纪初的关系理论的地方主要在于它并不是就简单地断定关系实在还是不实在，是外在还是内在，而是注意到不同关系的不同性质和他们在人类历史实践中的背景。这种关系理论的丰富性是一般关系理论所不能达到的。

第三节 二十世纪中国哲学界的三种关系理论

马克思的关系观念通过教科书编辑们加工整理，以辩证唯物主义的联系理论的形式再一次出现在各国人民面前，这种观念自二十世纪三十年代传入我国，到八十年代，成为我国哲学界的最普遍的、最主流观点。八十年代以后，国门日益开放，外国的科学与哲学思潮涌入中国，这促使国内学术界对物质概念有了反思，中国出现了反对唯物实体论的关系实在论（以罗嘉昌先生观点为代表）。如果算上二十世纪二三十年代金岳霖先生的外在关系论和八十年代进入中国的华人学者唐力权先生的场有论，中国学者已经提出了三种关系理论。这些观点为我们今天思考关系理论提供了基本的准备。

一、金岳霖先生的外在关系论

金岳霖先生（1895 年 – 1984 年）是我国老一辈学贯中西的哲学家，在我国逻辑学和知识论等领域做出了开创性贡献，他的哲学思想已经是学界反复研究的对象。我们知道，金岳霖先生学习哲学最早是从格林等早期黑格尔主义哲学家开始的，后来接触休谟的经验论哲学、罗素的逻辑原子主义哲学和斯鲍尔丁的实在论哲学，晚期再转变到辩证唯物主义哲学的立场上来，这么曲折的哲学历程肯定就意味着他的关系理论也充满着很多的变化。金岳霖先生早期对格林新黑格尔主义的研究，主要集中在格林政治思想上，他对关系理论的研究主要是他接触罗素哲学之后开始的。最早在1928年12月，金岳霖先生就在《哲学评论》上发表了《外在关系》一文，在《知识论》中，金岳霖先生的关系理论就非常细致、成熟了，但这个时期的关系理论主要是受罗素、摩尔的分析哲学和斯鲍尔丁的实在论影响；到了晚年，金岳霖在《罗素的哲学》中就表达了一种非常典型的唯物关系论了。关于金岳霖先生的关系理论，国内著名学者郁振华就有《金岳霖关系理论研究》《金岳霖外在关系学说述评》等论文[①]进行过专题讨论，但这些研究主要聚焦在金岳霖先生《逻辑》一书中的关系思想，过于重视关系的形式化符号表达，没有展现这些符号表达后面的实质性的哲学思想。

与很多同时代西方哲学家对关系的思考不同，金岳霖先生对关系问题的研究并不是为了要用关系理论去取代存在论，在他看来，存在论所重视的主谓判断比较适合性质判断，这与对关系理论重视对两个主词进行判断的情况是两种并列的情况。他强调性质和关系都是谓述的两种类型，不过前者是共相去谓述一个对象，而后者是共相去谓述两个或两个以上的对象。而对关系，他又基于分析哲学的视角认为事实的关系和理论的关系是两类彻底不同的关系，只要发生关系的关系项是事实，那就是“事实关系”，否则就不是“事实关系”，但不论理论关系，还是事实关系，只要他们发生关系了，人们都可以称之为有“关系事实”。

① 郁振华：《金岳霖关系理论研究》，《哲学研究》，1993年第9期；《金岳霖外在关系学说述评》，《华东师范大学学报》，1994年第2期。

我们可以认为，金岳霖对于关系的所有讨论，其论辩的主要对手都是布拉德雷的内在关系论，不仅1928年的《外在关系论》，而且《知识论》，它们对关系的讨论都是以内在关系论的批判都占住了中心位置和主要篇幅。按照金岳霖先生对内在关系论的理解，内在关系论就是强调各种对象进入某种关系之后，会发生一种类似化学反应的变化，进入这种关系之中的对象和没有进入这种关系之中的对象会有所不同。在他看来，事实上的关系当然很多，如位置关系（如“这本书在桌子上”）、化合作用的关系如“氢气与氧气相结合的关系事实”、物理关系（如“雨弄湿了衣服”）、认识关系（如“我知道这支笔”）等等。但是，在这些举例的关系事实中，他认为只有化合关系才是内在关系，其他关系则不是内在关系。他无法正面否定布拉德雷的论证，就从试图从反面去反驳布拉德雷。但是，如前面布拉德雷的章节所言，布拉德雷事实上是从形而上学和存在论角度去论证内在关系论，金岳霖却是从知识论的角度去反驳布拉德雷。他的理由很简单，即如果从知识论出发，根据内在关系论，因为对象的位置关系始终是变化的，认识者与被认识者的关系也是不同的，如果这些关系的不同导致对象变化，那么人类就不可能拥有客观的知识，而事实上，位置关系的变化、认识主体的不同，认识角度的不同等都不会导致我们对对象的认识失去客观性；进一步，如果我们没有这种知识的客观性，那么我们知道的东西就只能是我们所知道的东西，这种知识就是一个自我的循环，知识就没有标准了；再进一步，如果我们只知道我们知道的东西，我们就不可能有知，因为我们只知道处在这种关系中的知识，我们不知道不在这种关系中的知识，但在“我们知道‘我们知道的东西’”的这个表述中，“知道”也作为关系项，具有不同于关系之处，但这种不同于关系的知，是我们不能知道的，所以我们并没有知。①

在金岳霖先生看来，布拉德雷等人之所以犯下将所有关系都当成内在关系的错误，是因为他们不能从模态上区分“可能”的关系与“现实”的关系，将所有关系都当成了现实关系。金岳霖先生认为，关系的“有或无”与关系的“发生与不发生”是完全不同的，知识判断中两个关系项“存在”关系并不表明这两者之间就“发生”关系，只有对象之间发生关系，他们才能互相影响；如果有关系的两个对象之间不发生关系，他们就不会相互改变；两个对象存在关系，跟两个对象之间是否“成功地发生关系”没有任何丝毫关系。② 这一点非常容易理解，我们可以举例说，“秦始皇比汪精卫胖”，秦始皇与汪精卫之间“有”一种能比较胖瘦的关系，但他们两人之间确实没有“发生”任何关系。

金岳霖先生强调他反对布拉德雷的内在关系论，并不是因为他反对世界上存在内在关系这一事实，而是反对布拉德雷将世界上的一切关系都归为内在关系的普遍化思想。金岳霖先生区分了关系和性质，为了应对内在关系的问题，他在关系和性质的区分的基础上使用了摩尔的“关系属性”（relational property）的概念。在他看来，每个对象在进入某种关系的时候当然会获得某种特定的关系属性，但这种特定关系属性会不会影响这个对象原来的性质。如果从关系属性的角度看，某对象在进入某种关系与不进入这种关系两种条件下，当然会拥有两种不同的关系属性，如果从这个角度上看，内在关系当然是普遍的，布拉德雷是正确

① 金岳霖：《外在关系》，《金岳霖文集》（第1卷），甘肃人民出版社，1995年，p. 380－393。

② 金岳霖：《外在关系》，《金岳霖文集》（第1卷），甘肃人民出版社，1995年，p. 384－395。

的，但是，在金岳霖看来，布拉德雷的目的不是强调在进入或退出某种关系时对象的关系属性是否会发生，他的目的是要说明这些关系性质的变化会影响对象本身的性质。关系属性与性质的关系完全不同，性质的变化更定会导致关系属性的变化，而相反则不一定。性质的变化由经验来确定，而关系属性是否变化则主要取决于关系本身，关系的性质不同，关系属性是否发生关系的确认方式也不同。如果关系属性的变化就引起了性质的变化，性质变化也引起关系属性的变化，那么性质和关系属性的区分就没有意义了。在金岳霖看来，布拉德雷的问题就在于没有注意关系属性与性质的区分，布拉德雷一方面将关系属性的变化当成了性质的变化，另一方面，他因为看到了性质变化会引起关系属性的变化，而错误地以为关系属性的变化也会性质的变化。[①] 郁振华先生用金岳霖先生自己发明的独特符号重现了这个论证过程。[②]

从上述反驳布拉德雷的论证看，他的思想资源与分析哲学家摩尔和罗素、美国新实在论斯鲍尔丁等人有密切关系，其中他与摩尔的关系最紧密。他说道：“还有许多人赞成斯氏（指斯鲍尔丁）的目标而不赞成斯氏的理论，不赞成白氏的结论而觉得他的理论不能用斯氏的方法对付，因为斯氏的理论似乎太简单。进一步说恐怕斯氏的理论不但简单而且在理论上说不过去。罗素与Moore都是这一派。罗素的思想似乎没有特长。Moore的思想极有价值。他的思想不容易了解，我也不敢说十分了解，但我读了

① 金岳霖：《外在关系》，《金岳霖文集》（第1卷），甘肃人民出版社，1995年，p. 397－401。

② 参见郁振华：《金岳霖外在关系学说述评》，华东师范大学学报，1994年第2期。

他那篇文章已经有好几次，不免受他的影响，所以在此处说明。”[①]

反驳了布拉德雷的内在关系论的普遍主义观点，金岳霖先生利用上述理论工具对各种关系模式进行了讨论。在他看来，“这本书在桌子上”表达了外在关系，因为书本身的性质与他是否在桌子上的位置关系没有任何关系，书的位置关系并不影响它的颜色、内容、重量等性质。而“氢气与氧气相结合的关系事实”和“雨弄湿了衣服”本质上可以归入一类，因为氢气和氧气结合之后，氢气和氧气的性质由此受到了影响；淋雨也影响了衣服的性质，没有淋雨的衣服是干衣服，淋了雨的衣服是湿衣服。这一类关系可以被看作是内在关系。而对于“我知道这支笔”中的认识关系比较复杂，但金岳霖先生采用了前面那种反对布拉德雷内在关系论的知识论论证，最终认为这支笔本身的性质并不取决于我是否知道了它，这说明它也是外在关系。[②]

金岳霖先生晚年完全接受了辩证唯物主义，他没有对关系理论专门的论述，只是在讨论逻辑学和罗素哲学等问题时顺便提到了关系问题，1965 年出版的《罗素哲学批判》一书体现了金岳霖先生对关系的思考已经从早期对关系本身究竟是内在的还是外在的等问题转向了关系的基础是物质存在的问题。此时的金岳霖先生完全接受了恩格斯在《反杜林论》中对存在的看法，他说道：“存在就是物质运动在时空两个根本形式上的集中表现。”[③]

---

① 金岳霖：《外在关系》，《金岳霖文集》（第 1 卷），甘肃人民出版社，1995 年，p. 387。

② 金岳霖：《外在关系》，《金岳霖文集》（第 1 卷），甘肃人民出版社，1995 年，p. 405 – 407。

③ 金岳霖：《罗素哲学》，《金岳霖文集》（第 4 卷），甘肃人民出版社，1995 年，p. 532。

“客观事物占时空位置，是存在的标志。只要这一条满足，它的存在就没有问题了。”从认识论的角度，金岳霖也继承了辩证唯物主义的观点，坚持认为存在首先是感性的存在。他说道：“可以官感得到，也就成了存在的标志。”① 不过，这种“官感得到”有“直接得到”和“间接得到”两种情况。他说：“看得见摸得着，是占时空位置的充分条件，也是存在的充分条件，但不是必要条件。由于科学的不断发展和深入，研究的对象越来越超出官感的范围。官感得到这一条件虽然充分，然而直接使用这一条件的机会越来越小。我们需要一个补充条件，使得我们能够间接地利用官感得到这一充分的条件。这个补充条件就是科学命题的正确性。”② 与他在早期实在论时期将“存在”与“发生”完全不同范畴不同，早期他会将关系和性质都当成共相，都认为可以用“存在”表述，但他在晚期的辩证唯物论时期明确否定关系和性质都是存在。他说道：“把存在看作性质或关系都有困难。显然，就客观事物说，存在是有或没有性质或关系的先行条件。这一条件不满足，性质或关系都无从谈起。谈不存在的事物的性质，所谈的是悬空的性质；谈不存在的事物的关系，所谈的是没有关系者的关系。”③ 他认为罗素就认为性质和关系是存在，其实这种观点也是他自己早期的观点，他明确地认为这种观点是唯心主义观点。他说：“性质是可以用来下定义的，关系同样。但是，存在是不能用来下定义的：明显得很，如果我们能够用存在

---

① 金岳霖：《外在关系》，《金岳霖文集》（第1卷），甘肃人民出版社，1995年，p. 534 – 535。

② 金岳霖：《罗素哲学》，《金岳霖文集》（第4卷），甘肃人民出版社，1995年，p. 536。

③ 金岳霖：《罗素哲学》，《金岳霖文集》（第4卷），甘肃人民出版社，1995年，p. 537。

下定义，那么按照定义。被下定义的事物就存在了。能够用存在下定义的话，唯心主义者就可以随心所欲地捏造事物了。因此，应该说存在不是性质或关系。有些人总有化存在为性质的倾向。罗素就有。这一倾向是最终会被宗教迷信和各种蒙昧主义利用的。作为辩证唯物主义者，要坚持物质是独立存在的，客观事物是有体的。它的存在是占时空位置的，它的性质与关系是个别与一般相结合的。"① 金岳霖这个时期的关系思想与我们常见的哲学原理教科书中的关系观点几乎没有差别。

金岳霖先生的关系理论是中国人比较早地用中文书写的、并在较早接触西方哲学时候就试图与西方哲学家一比高下的哲学创作，从这个角度看，金岳霖先生追求真理的精神值得我们今天缅怀。但有学者认为，金岳霖先生的关系理论因为既肯定了外在关系，也肯定了内在关系，综合了布拉德雷的内在关系论与分析哲学和实在论的外在关系理论，又克服了他们的各自的片面性，所以，"他为外在关系说奠定了一个全新的理论基础，他的这套说法是对新实在论的几种外在关系理论的批判的总结和创造性的综合，他在这方面的工作，事实上已经把罗素、穆尔等新实在论者远远地甩在后面了。"② 这种评价过于夸张。金岳霖先生关系理论的问题首先在于他过于倚重经验主义的知识论框架，用既定的知识论结论去反驳存在论，这就会由于过于重视指称对象的认知维度，而忽视对象存在中意义维度；关系属性与性质的区分过于绝对，金岳霖先生的关系属性内涵比较空洞，完全是对关系概念的重写，如果要赋予关系属性的内涵，那它与性质的关系还有待

① 金岳霖：《罗素哲学》，《金岳霖文集》（第 4 卷），甘肃人民出版社，1995 年，p. 537 – 538。

② 参见郁振华：《金岳霖外在关系学说述评》，华东师范大学学报，1994 年第 2 期，p. 32。

重新确定，相反金岳霖先生对性质的研究也完全忽略了它的关系性质，他的这种观点似乎与伽利略、洛克等人对第一性质的绝对性观点相似，而金岳霖先生所处的量子力学、相对论的时代对性质的看法格格不入；金岳霖先生对认识对象与认识之间的关系也过于形式化，完全忽略认识的具体机制的意义，既然认识是一种行动，其他物理和化学的过程都会导致内在关系，为什么人类的过程就例外，就一定是外在关系呢？这要让人们从那种知识论的形式化论证相信认识关系是完全外在的关系，这是非常困难的。

二、罗嘉昌先生的关系实在论

罗嘉昌先生（1943 年生）从 1993 年发表《从物理实在观的变革到关系实在论》《哲学动态》[①] 以后一直坚持关系实在论的立场，《从物质实体到关系实在》（1996 年出版）一书是罗嘉昌试图用关系理论重新描绘世界图景的哲学尝试，他系统地梳理了哲学史上物质实体概念的变迁以及它在当代物理学革命条件下的不适应性，他认为只有在关系实在的基础上才能重新理解量子力学和相对论等现代科学的成就。为此，罗嘉昌提出了一种有别于传统存在论的关系存在论和表达关系实在论的“关系的逻辑”。正如范岱年等先生所言，罗嘉昌先生这些观点是一些“很深刻的见解”“很有启发性”。一般的关系逻辑将关系表达为 R（x，y），为了将这种关系逻辑与关系实在论结合起来，罗嘉昌先生将它表达为存有模式 f（x，r）。

罗嘉昌先生认为传统的实体论逻辑是“x 是 p”，或者表述为“f（x）”，其中的“f”就是谓词“p”。比较关系存有模式的

① 胡新和，罗嘉昌：《从物理实在观的变革到关系实在论》，《自然辩证法通讯》，1993 年第 3 期，p. 10－18。

“f（x，r）”和传统的实体逻辑“f（x）”，罗嘉昌认为，前者的显著特点就是引入了关系参量 r，这个 r 是实在的，只是在传统的存在论中被抽象、被遗忘了。他说道：“存有者作为逻辑主词乃是切割、抽象的结果。关系实在论则是要反其道而行之，要寻回被实体本体论所切割、遗忘了的原初关联，也就说，要回溯到前谓词经验，以澄清谓词判断在前谓词经验中的起源。”① 按照罗嘉昌先生的说法，只要采用了他的所谓关系的逻辑的表达，传统形而上学中有关“存在”（或“是”）的地位就被“关系”否定了，即使我们生活中也还可以采用“是”的表述，但它的确切意义必须由关系判断澄清。“在关系的逻辑中，‘是’即使可以有，其本身也已相对化、关系化了。关系实在论借助关系的逻辑刻画了各种性质和个体的生成和退化关系，从而走向了一种共相和殊相的相对相关性理论，走向了一种更为广阔的实在论。”②

罗嘉昌认为只要采用了这种关系实在论，各种现象置于一定的场域的关系之中而得到规定，那么这种现象本身就具有实在性，这奠定了现象的实在性。现象的存在总是在一定关系中的存在，从这个角度来看关系是实在的，现象也是实在的。对各种现象的判断也只有在这些判断中引入了关系的变量参数之后才具有真假的意义，如果离开了一定的关系，那么这些判断本身就无所谓真假，这就是罗嘉昌先生所谓的关系化的真理观，或者真理的相对化。在他看来，这样的关系实在论既可以摆脱非实在论的主观唯心主义问题，也可以摆脱独断论的问题。在传统形而上学中，“这朵花是红的”，这个判断具有真假值，要么为真，要么

① 罗嘉昌：《从物质实体到关系实在》，中国人民大学出版社，2012 年，p. 195。

② 罗嘉昌：《从物质实体到关系实在》，中国人民大学出版社，2012 年，p. 195。

为假。但是在关系实在论中，这句话并没有真假，它必须转化为另外一种形式：P：“这朵花是红的”是真的——对于视力正常的人来说。在这个关系实在论的表述中，“对于视力正常的人来说”是对“真的”的限定，也就说，“这朵花是红的”这句话是相对的真。当然，我们也可以说？ P：“这朵花不是红的”是真的——对于视力不正常的人来说。在这里我们可以看到 P 和？ P 是兼容的，排中律失效了。[①] 这种判断的“真”既不是有人的主观因素决定的，也不是由某一部分独断决定了的。

罗嘉昌先生认为关系实在论的理论框架也解决了辩证逻辑对任意性问题，在他看来，辩证逻辑就是将“这朵花是红的”和“这朵花不是红的”合并起来表述成为“这朵花既是红的，又不是红的”，它忽视了对条件的关注。

罗嘉昌先生认为关系实在论会呈现出一种更为广阔的实在世界。因为某个句子关系的引入，所以句子的真知都是有系统中很多因素的客观形状决定的。以人对事物颜色的判断为例，如“这朵花是红的”，如果没有眼睛视网膜的参与，就可以说根本没有颜色，所以，颜色不是某个对象的特质，而是包含某个对象、观看这个对象的眼睛视网膜、二者之间的介质等因素在内的系统的特质，这个系统中只要某一个因素发生了变化，颜色也会发生变化。类似的，各种感觉判断，评价判断等都是如此，如在价值判断中，“x 是好的”，应当表述为“对 r 来说，x 是好的”。

罗嘉昌先生对关系实在论的思考反映了中国八九十年代学者反思传统教科书物质本体论的努力，但这种理论只是对物理学这种认知科学成果的介绍，它在真理观和价值观上都全面倒向了相

---

① 罗嘉昌：《从物质实体到关系实在》，中国人民大学出版社，2012 年，p. 197。

对主义，普遍的物理学知识和社会的价值共识变得完全没有意义了，在这种观念中，人类在真理和价值上的能动性努力被忽视了，将生理性、物理性关系总体的结论简单地接受为人类普遍共识的命令。与罗嘉昌先生否定人类构建共识能力的情况相比，唐力权所创建的关系理论——即“场有论”——更多强调了活动的意义。

三、唐力权先生的场有论

唐力权先生（1935 年 - 2012 年）是华人世界中非常重视对形而上学实体批判的学者，尽管他早在 1969 年研究怀特海的博士论文《脉络与实在》中早就接触了过程论意义上的关系思想，但这个时候唐力权先生还未形成其独具特色的个人思想，还处在思想的模仿阶段；他在 1974 年发表的《怀德海与〈易经〉的时间观念》体现了他开始从中国哲学的角度来重新思考过程与关系的思想。但是这一些思想因为都是他在美国求学和教学时用英文发表的，这些成果根本没有被当时的国内学界重视。后来，他对中国哲学与怀特海哲学之间的关系进行了一系列的研究，这些研究成果以汉语的形式在台湾辅仁大学的《哲学与文化》上发表，最终于 1989 年以《周易与怀德海之间：场有哲学序论》为书名结集在台湾出版，1990 年以后相关内容也在大陆发表。他到 1993 以后开始频繁到北京、广东、黑龙江、云南等地的高校和科研机构进行学术交流，围绕场有哲学的中西哲学比较的学术主题，与罗嘉昌、宋继杰、毛怡红、吴根友等学者建立了密切的学术联系，担任《场与有——中外哲学比较与融通》（1994 年出版第一辑，目前共出版 6 辑）系列文集的荣誉主编，在全国各地举办了十多届“国际场有哲学学术研究会”。唐力权先生的学说在大陆逐渐产生影响，博士论文《脉络与实在》于 1998 年在大陆地区翻译出版，唐力权先生 2012 年在香港逝世后，他的全集在大陆出版了 7 卷，收录了唐力权先生一生公开发表的所有学术作品。

唐力权先生与罗嘉昌先生的关系思想有一定的关系，尤其在 1993 年以后，双方有很深的学术合作关系，但我们必须强调罗嘉昌先生的关系思想是在未受唐力权先生影响的情况下独立发展而来的，罗嘉昌先生的关系思想主要针对的是大陆地区占主流的物质实体概念，他的关系思想的形成主要受爱因斯坦相对论和波尔、海森堡等人量子力学的物理学思想影响。所以，罗嘉昌的思想是受科学哲学影响很深的、但以一种普遍宇宙论形式表达出来的关系思想，我们将他当作先于唐力权先生的关系理论代表人物，这是一种合理的处理方式。与罗嘉昌先生相比，唐力权先生具有更深厚的哲学根据，这不仅与他受怀特海的过程关系实在论有关，也与他对关系思想的深度耕耘有关，他提出的关系理论从总体上能应对更多哲学难题的挑战，他的关系思想在大陆地区的传播也更晚。所以我们将他的思想当作罗嘉昌先生之后的一种代表。

唐力权先生早期的关系思想完全继承了怀特海的关系思想，认为机体哲学是以内在关系为基础的理论，我们可以认为他这个时期的关系理论是一种脉络的实在论，他是通过对 context 的角度来强调关系的意义。他在 1969 年的《脉络与实在》就是将怀特海思想阐释为脉络实在论的作品，他表达了这样的信念："我们预先设定，宇宙中的一切存在物或因素都是本质地互相关涉的。"① 他和怀特海一样强调，连接性是所有类型的事实的本质，

① 唐力权：《脉络与实在》，《唐力权全集》（第 1 卷），2016 年，中国社会科学出版社，p. 101。

“无一事实是其本身”，而与这种观念相反的、鼓吹有事实独立存在的观念都是困扰欧洲哲学与神学传统的错误概念。不过这个事实（fact）与作为实存（existence）的存在（being），前者是一个有限的活动单位，是一个现实的存有或者试件，而后者不仅包括事实，也包括形式（永恒客体）和各种从事实中抽象出来的终极存在物。作为事实，它是一个存在中的实例，它都会涉及其他存在的概念，连接其他概念并超越其他概念。①

形而上学史当然了解各种经验中的事物存在联系，但是他们认为作为理念的共相是各种事物保持自己独特性存在的重要原因，唐力权继承怀特海的思想对共相做出了一种不同于形而上学的解释。他们都将共相当作“永恒客体”，从内在关系论出发，他们认为这些共相建立在关系本质的基础上。在他们看来，永恒客体的共相如果能够有效，它们一定按照其自身的规定有一定的宇宙地位的共相，这种共相的地位决定了它与其他共相之间具有确定的决定关系或者非决定关系。他们在这个意义上称永恒的共相之间具有内在关系：“由于 A 与其他永恒客体的关系裁定地存在于 A 的本质中，从而它们都是内在的关系。以此我的意思是，这些关系对于 A 是构成性的；因为一个处于内在关系中的存在物一旦不在这些关系中时就不具有任何存在。”②

唐力权继承怀特海的思想，并不认为这种内在关系理论是一种封闭的总体性理论，而认为他们内在关系观念只是坚持事物之间的有机体观念，但宇宙并不是一个确定的总体，而是一种开放的脉络性有机体。宇宙并不是完成了事态，我们关于事件呈现出

① 唐力权：《脉络与实在》，《唐力权全集》（第 1 卷），2016 年，中国社会科学出版社，p. 102。

② 唐力权：《脉络与实在》，《唐力权全集》（第 1 卷），2016 年，中国社会科学出版社，p. 125。

来的动态性脉络知识永远都是有限的，事件都是未完全决定的，每一个事件都与其周围环境有着一定脉络相关性，但这个事件与周围环境的脉络性整体又会有它自身的背景和环境，如此以致无穷，这种意义上，最大的环境是绝对不可能被我们认识。不仅永恒共相之间的关系不可能完全被我们所认识，而且作为实际世界的最大环境也不可能被我们认识，我们只可能去接近这个作为极限的“最大环境”，而不可能达到它。

进入20世纪80年代以后，唐力权先生更多强调怀特海思想与中国易经中的哲学思想的结合，将关系思想提升到了一个更高的层次，他称之为“蕴徼论”，这是对早期思想的脉络、场有等概念的进一步规定。“蕴徼”是唐力权先生从中国哲学角度对场有脉络关系的新规定，他这样来解释“蕴徼”的含义：“‘蕴’有蕴摄、蕴藏、汇聚、结合等意思。‘徼’的原意是边界、引申为可分和分别。一切事物都是相对相关的，相关（有内在的关联）是谓‘蕴’，相对谓之‘徼’。盖有相对则必然有分别，而内在关联则是一种‘蕴’或结合的状态。‘蕴’与‘徼’合言——相关的对立统一——也就是我们所谓的‘蕴徼’或‘场有综合’了。”[①] 在这里我们可以清晰地看到，他不仅仅强调事物之间具有关系，而且对关系还区分为相互蕴涵和相互独立的两种形态，在他看来，之前的形而上学之强调事物之间的独立性，犯下了有“徼”无“蕴”的错误。唐力权先生认为，相比以前的形而上学和内在关系论，“蕴徼”具有三个原则，“蕴徼”的这三个原理将“蕴”和“徼”统一起来，唐力权认为“蕴徼合一”就是“道”。

---

① 唐力权：《蕴徼论》，《唐力权全集》（第3卷），2016年，中国社会科学出版社，p. 191。

“蕴徼”的第一原则是它在现有事物之间关系的“结构性”和可能事物之间关系的“势用”的不可分性，“势用”是一个中国哲学词汇，它表示事物结合的可能性、潜能、趋势、虚机等，“结构”和“势用”都是“蕴”的体现，二者不可分离。唐力权先生以氢原子和氧原子结合产生为例说明二者的不可分性：“譬如氢原子与氧原子结合而成水分子之前，氢原子是一具体的结构状态，氧原子也是一具体的结构状态，水分子的结构潜能也就存在于两个具体结构状态的相对势用之中。如是结构中有势用，势用中有结构，结构与势用的互相涵摄，这就是场有综合的第一个基本原则了。”①

“蕴徼”的第二原则是“蕴”和“徼”前后相续，不断交替，从而形成宇宙的演化历程。所有的事物都是一定的结构潜能在一定事物的功能势用中孕育（这就是“蕴”），并最终得到潜能实现，这种实现就是“断机”活动所产生的效果（这个“断机”就是“徼”），但在这个断机出现之后，它又有新的可能。唐力权先生说道：“氤氲起断机（俗话所谓‘时机成熟’），断机起氤氲（生出新的‘虚机种子’），氤氲再起断机：一蕴一徼，一徼一蕴，这蕴与徼（氤氲与断机）相因相续的造化历程——‘蕴徼’的‘造化/历程义’——也就是场有综合的第二原则了。”②

“蕴徼”的第三原则是内延与外延的统一。唐力权从关系场界定存在的观点出发，认为内延就是“向内场有”，而外延就是“外场有延伸”，他奇怪地认为，水分子的内延就是氢原子与氧

① 唐力权：《蕴徼论》，《唐力权全集》（第3卷），2016年，中国社会科学出版社，p. 191。

② 唐力权：《蕴徼论》，《唐力权全集》（第3卷），2016年，中国社会科学出版社，p. 192。

原子的结合状态，而水分子的外延就是水分子与火分子等其他事物结合状态。而内延和外延之间的关系就是，它们相对定位，互相涵摄。[①] 这就是第三原则。

上述蕴徵论的充分地说明唐力权先生的关系思想依赖中国哲学的资源远远地超出了新黑格尔主义的内在关系论，也超出了怀特海的过程关系哲学，也远远超出了从知识论或者科学哲学发端出来的关系论。但我们上述原则还只是从理论内涵的丰富性上讨论了之前关系理论与唐力权先生理论的差别，现在我们还必须在理论本质的预设上确定唐力权先生场有论的特色。据唐力权先生自己的观点，他与罗嘉昌先生的主要差别在于，罗嘉昌先生的理论预设是关系，即主张关系先于关系者；而唐力权理论的基本预设并不是关系，而是“活动作用”。唐力权认为，“本体就是活动作用自身，一个无对无外、无限地超越，无限地生生不息与开显的活动作用。”[②] 而对于这种“活动作用”与“关系”的关系，唐力权认为，关系是“活动作用自身开显的方式”，他这样说道：“活动作用的开显从形式上来讲就是场有，从本质来讲就是权能，故场有其实是权能场有之省，相对相关乃是活动作用自身所开显的形式。”[③] 从这个角度上看，唐力权先生否定学界将场有论当成关系论的一种特例的观点，在他看来，真实的情况应该反过来，关系论应该是场有论的一个环节，关系是场有论中相关相对状况的一种抽象，这种对抽象出来的关系的重视，虽然表

---

① 唐力权：《蕴徵论》，《唐力权全集》（第3卷），2016年，中国社会科学出版社，p. 193。

② 唐力权：《存有开显、理性道术与哲学神话》，《唐力权全集》（第3卷），2016年，中国社会科学出版社，p. 309。

③ 唐力权：《存有开显、理性道术与哲学神话》，《唐力权全集》（第3卷），2016年，中国社会科学出版社，p. 309。

面上反对传统的实体哲学，事实上它展现了“实体主义”的最显著特征。①

第四节　“辩证的历史关系论”的提出（上）：简单关系的辩证性

关系问题在哲学史上从来就不是一个简单的、琐碎的哲学问题，它看似主要在争论有关简单命题中的关系，但这些争论最后都指向了一种世界观。人们经常谈到的“从存在到关系”的所谓关系主义就是这种世界观的体现。所以，我们对关系的考察不得不超出对简单关系，而转到世界观层面去思考各种关系所组成复杂关系的本性。马克思尽管有一些关于关系的论述，但是这些关系论述只是散见于他在各个时期的手稿，前面我们见到的马克思关系思想只是对其零散思想的初步整理。今天，我们可以在马克思的这些零散论述的基础上，结合 20 世纪初的中外关系理论，提出一种具有世界观意义的新关系理论，即“辩证的历史关系论”。

要清晰阐述“辩证的历史关系论”并不容易，这个工作必须分为两个步骤进行。首先，我们必须阐释关系的辩证性，用他来解释一些简单的关系问题，从而初步回应关系理论在历史上的种种争论；其次，我们可以根据对简单关系的解释，进一步对关系的“关系性”进行说明，从而说明各种关系的关系性本身具有“辩证的历史性”。

要说明简单关系的辩证性，我们应该从各种关系理论反复讨

---

① 唐力权：《存有开显、理性道术与哲学神话》，《唐力权全集》（第 3 卷），2016 年，中国社会科学出版社，p. 310。

论的关系整体性问题入手。在19、20世纪之交关系问题的哲学争论中，几乎所有哲学家都接受了一个理论预设，即“命题是一个整体，它表达的对象也是同一个整体”。这个理论预设是对亚里士多德传统以主谓判断为核心的关系理论的一次重大的变革。这个基于黑格尔辩证法的、最初由新黑格尔主义者提出的“关系整体”概念后来基本上变成了反辩证法的工具。罗素将这种关系的“整体”理解为“事实”（fact），而荷兰兹将它理解为“系统”（system），他们都反对辩证法。今天我们需要重新思考辩证法对关系问题研究的可能启示，这种思考可以从简单关系的重新思考开始。

一、关系的整体性之具体内涵

罗素将命题所表达的“整体”称作为“事实”，其他学者则将它称为“事件”“系统”或者“绝对实在”等。但是在何种意义上“命题”是“事实”的“整体”、“事件”的“整体”、“情况”的整体以及“系统”的整体或“绝对实在”的整体呢？我们认为这是应该加以澄清和解决的首要问题。

这些整体的对象，学者们选择“事件”“事实”等概念来表述。我们认为，“事件”的适应范围最为狭窄，“事件”只能是“发生的”“事实”。如，“张三打了李四”是一个事件，但“苏格拉底比孔子更好辩”是一个“存在”的“事实”，但并不是一个“发生”的“事件”，与此相类，“爱丁堡在伦敦以北”也是一个“存在”的“事实”，就不是一个“事件”。“事实”和“事件”都是命题所直接表达的对象，但很明显前者更适合描述一般关系的性质，而后者则只是前者中的一个小类而已。

关于这些对象的整体性，“系统”“绝对实在”是学者们常常来表达关系整体性的概念。我们认为，“系统”既可以是经验性的、也可以是本质性的，它尽管能描述对象的整体性，但它的重点是描述对象的内部结构及其功能。“系统”是人类理解能力把握到的本质性对象，是一种现实的现成对象，所以，“系统”的应用范围非常窄，它并不描述那些泛泛经验的整体性，也不适合表述精神性对象。比如，“张三比李四高”这个命题所指涉的整体经验就很难被人认为是一个系统，人们也不会认为“自我”是一个系统。

关系的整体经验不仅涉及主题对象，也包含这些对象的边缘域经验，关系的整体经验就是这两部分经验的结合，这些经验不仅仅有主观性经验的因素，也有客观性经验因素，而“绝对实在”正是表达主观与客观相融合在一起的整体经验，从这个角度上看，“绝对实在”是一个比“系统”更适合用来描述关系整体的概念。但是，“绝对实在”的概念，也有其缺点，它无法将边缘域经验的特征具体化，这常常导致人们对它的误解，将问题引向神秘主义方向。“爱丁堡在伦敦以北”尽管涉及了方位系统，但我们并不会认为这个关系后面有什么不可言说之物。

“系统”和“绝对实在”的区别也非常明显。首先，我们可以说“一个系统”，也可以说“多个系统”，它可以和“量”结合起来，但我们一般不会说“一个绝对实在”或者“多个绝对实在”，这说明它是一个单纯的“质”的对象，不能与“量”结合；其次，一个命题涉及一个“系统”和我们所说的一个命题涉及“绝对实在”，二者“涉及”到的范围是截然不同的，并且指涉（reference）的方式也不完全相同的。

我们认为，如果从精确的意义上说，“系统”“绝对实在”都不是描述关系整体性最合适的词汇，怀特海哲学中的“脉络”（context）一词可以用来很好地表达这种边缘域的经验整体，是更优的概念选择。但如果我们放弃“系统”“绝对实在”的精确含义，在泛泛的“整体性”意义上理解它们，将它们当作“脉络”（context）的同类概念，那么，这种整体性的确与关系命题相关，但它们也不是命题所直接表达的对象。如“爱丁堡在伦敦以北”的命题就没有直接表达一个“系统”或者“绝对实在”，但此命题的确涉及某个地理方位系统，必定会有一个整体作为它的背景而存在，从这个意义上说，尽管关系命题可以说间接指涉了“系统”“绝对实在”。由此可见，外在关系论者强调命题表达“事实”或者“情况”，而内在关系论者重视关系命题在表达事实时必然涉及“系统”或者“绝对实在”，这两者并不矛盾，只不过是各自强调的重点不同而已。

各种关系理论对关系“整体”的性质也有两种不同观点，一种观点认为整体是本质性的整体，另一种观点则认为整体是经验性质的整体。前者所说的整体与各种科学判断活动密切相关，认为作为判断它必定包含着一种共相，只有通过本质性的“看”，我们才能认识这样的共相，才能理解包含这种共相的判断，这种判断必须依存于共相所属的整体；而后者则不仅仅包含本质性的“看”，同时亦包含原初的经验，它是由本质性的“看”和原初经验所组成的“所与物”。人们通常说“爱丁堡在伦敦以北”这个命题涉及一个“空间的整体”，这个整体是指本质性的整体。鲍桑葵、拉古那、荷兰兹和艾温的整体观念中包含着这种对整体观念的认识。而罗素认为数量必然涉及数量秩序、位置也会涉及空间秩序，也是基于这样的角度说的。而布拉德雷讨论最多的整体是经验事实的整体。“爱丁堡在伦敦以北”这样的命题所涉及的整体并不是通过“本质性地看”，而是生活经验的“所与”，它着重的并不是罗素等人强调的单纯的空间关系，而是人们对两个城市之间关系的具体经验。如果在“伦敦”的位置上拆除旧的伦敦城，并且同一位置上建立一个新城，改名为

"休顿"，"休顿"也不再是英国首府，确实如罗素等人所说，"爱丁堡在伦敦以北"与"爱丁堡在休顿以北"两个命题所描述的空间位置关系没有任何变化，但对于两个城市的居民而言，这两个命题所意味的经验内容会发生一定的改变。他认为命题要指涉的整体，是指由判断中包含的本质性的"看"和原初的经验共同组成的整体。我们认为，这两者的区别只是认识的客观对象与主观内容之间区别，同一个客观对象可以有不同的主观认识形式和内容，它们二者在人类生活中追求普遍性共识和特殊性意义的过程中都必不可少。

新黑格尔主义者与罗素等外在关系论者的对立并不在于他们是否承认整体的存在，而在于他们对"整体"性质的理解。就本质性的关系整体而言，罗素等人认为：命题即使涉及一个比它表达的事实更大的本质性普遍共相的整体，这个整体也是构成出来的；而新黑格尔主义者认为这个本质性的整体是优先的。就经验性的关系整体而言，罗素等人认为命题本身直接表达了一个事实，这个事实独立于它所指涉的经验整体；而新黑格尔主义认为，命题不能表达一个独立于所有经验的整体，这种独立于所有经验的整体是抽象的结果。对于詹姆斯等彻底经验主义者而言，这两个问题都是理智主义的产物，在人的有限经验生活中，所有的"整体"和"独立性"都不是绝对的。但我们认为这样的观点只能是理智对待不可能解决的问题所采取的最后一种方式，而在理智在没有穷尽各种可能性之前，如果我们依靠这种哲学，那只会导致理智的惰性，所以我们先将其放置与一边。

我们先讨论关系共相所从属的整体是先天的还是构造的问题。罗素等人认为"整体先天论"意味着神秘论，而新黑格尔主义者认为"整体是构造的"的观点意味着机械论，他们都对对方理论有所误解。罗素和新黑格尔主义者关于关系整体的观点并不完全对立。荷兰兹将个别关系看作是本质性整体的“商”，我们将荷兰兹的观点倒过来，可以发现本质性整体是个别关系的“积”。个别关系和本质性整体不可分离，它们是同一个事实的两种不同内容。施韦策和罗素对非对称关系的表述都是正确的，即在不同的情况下，根据我们不同的需要采用不同的逻辑表达形式去表达同一个事实。而如果仅讨论关系和关系所指涉的整体何者绝对先在的问题是没有意义的。罗素认为关系作为一种共相如果不能与殊相结合，那么讨论关系是否存在也是没有意义的；同理，我们可以认为如果没有具体的关系所表达出来的事实，那么讨论这些事实所指涉到的本质性整体，也是没有意义的。如果不存在“爱丁堡在伦敦以北”等等所有这类表示空间位置的事实，那么讨论空间是否存在也是没有意义的。如果这些表示空间位置的事实存在，那么这种本质性的整体也是存在的。

其次，包含关系共相的命题所表达的事实是否可以独立于生活经验的整体？命题可以划分为两类，第一类命题是全部由共相构成的由普遍类名构成的；第二类是由于共相和与原初经验相关的殊相构成的。前者如“2 + 2 = 4”等命题，它们当然是由纯粹的“本质性的看”而获得的。这种“本质性的看”不能够从经验推导出来，它尽管发生于原初经验之后，但并不是原初经验意义上的经验，而是理智对原初经验进行抽象加工的产物，它一旦产生，就具有了不同于原初经验的普遍性，所以，这一类命题所表达的事实独立于生活经验。在关系共相上也是如此，“4 > 2”中的“大于”关系与日常生活经验中的“大于”关系也不同，尽管前者中的关系最初与后者中的关系有关，但它一旦成为抽象共相，就具有了理智的规定性，这些规定性有其他学科背景，与生活经验越来越不相干。“爱丁堡在伦敦以北”类似的第二类命题，其中既包含了共相词汇，也包含了像“爱丁堡”和“伦敦”

这样的殊相词汇。这些词汇所表示的对象在经验中都是有“侧显”的，它们都伴随着边缘域的经验。所以这一类命题不可能像前一类命题那样与原初经验无关，相反它们的完整意义的呈现还需要以原初的经验作为基础。所以，这类命题不能脱离生活经验的整体。布拉德雷在讨论这种经验的总体时充分强调了原初经验因素的作用。但是由于他缺乏“边缘域”和“脉络”等等概念，他过分夸张了边缘域经验的整体性。这使得人们误以为任何一个命题的意义都涉及关于世界的经验。

二、各种类型关系之间的差异并非绝对差异

众所周知，经验关系和本质性的共相关系是两种最常见的简单关系，但我们也应该注意，这种区分并非绝对的区分，二者之间的联系比人们想象的更加紧密。

罗素等人认为，只有用关系共相才能表达关系事实，但根据摩尔和艾温的观点，相关性特征是不同于关系的。我们认为如果根据对这些事物相关性特征以及这些相关性特征的基础性质的表述，同样是可以表达出罗素用关系共相表达出来的事实的。以“爱丁堡在伦敦以北”为例。在罗素的哲学中：如果“f（x，y）”表示“……在……以北”，用“a”表示“爱丁堡”，用“b”表示“伦敦”，那么f（a，b）表示“爱丁堡在伦敦以北”。不过，我们也可通过相关性特征和相关性特征的基础的描述表达这个事实。我们仍然将两个关系项是“爱丁堡”和“伦敦”分别记为“a”和“b”；爱丁堡的相关性特征是“在伦敦以北”，我们记做“f”，伦敦的相关性特征是“在爱丁堡以南”，我们记做“g”；而这两个城市的各自的纬度数据则是它们各自相关性特征的基础，我们将爱丁堡的纬度数据记做“F”，而伦敦的纬度数据记做“G”。“爱丁堡在伦敦以北”的命题同时包含如下

几层含义，即：(1)“爱丁堡是在伦敦以北的”；(2)“爱丁堡是在伦敦以北”等于说“伦敦是在爱丁堡以南的”；(3)“爱丁堡的纬度为a度”，“并且伦敦的纬度为b度”，这两个命题结合起来就意味着“爱丁堡在伦敦以北”。将以上三个含义结合起来，“fa∧(fa≡gb)∧(fa≡(Fa∧Gb))”就表示“爱丁堡在伦敦以北”。这种表达方法避免了罗素哲学中完全外在于两个殊相的关系共相的表达方式。

而经验性关系比本质性关系更加复杂。一般而言，“武二郎比武大郎高”是基于历史上见过武二郎和武大郎的人的实在经验得出来的经验判断，它表达的是经验关系。然而，“武大郎比阿尔卑斯山矮”这个命题不是一个经验判断，因为从事实经验的角度看，“阿尔卑斯山”与“武大郎”之间没有任何关系，布拉德雷由此认为“阿尔卑斯山比武大郎高”中表达的关系完全是抽象关系而并非实在关系。当然，数学和逻辑关系也只能是抽象的不是实在的关系。这种关系的“抽象”和“不实在”并不意味着它是错误的，而只是指这样的经验是从原初的经验的整体中抽取出来，并把它当作一种与原初经验完全无关的事实。

不过，从“武大郎比阿尔卑斯山矮”是抽象的共相关系，而非实在的经验关系；“武二郎比武大郎高”是经验关系，而非共相关系，这意味着关系的经验性与抽象性与他们的关系词并没有关系，只与人们对这些关系词的认识过程有关。很多关系词表达的关系最初都具有经验性内容，但随着认识的发展，这些词就能从经验性内容中独立出来，之后它既可以应用到经验性关系上，也可以应用到共相性的关系上。即使武大郎和武二郎的邻居们见过他们两兄弟，拥有对他们两兄弟高矮的经验，但如果他们没有高矮的共相概念，他们也不一定具有对这种经验关系认识。也就是说，拥有关系对象的原初经验和拥有经验的关系认识，这仍然是两种不同的意识状态，原初经验与关系判断之间的区别是巨大的，但经验判断与共相判断之间的区别远远小于它们与原初经验之间的区别，因为经验性关系与共相关系之间是互相渗透的。

三、若干争议的尝试性解答

根据上述对关系的辩证理解，我们可以对19、20世纪之交各派哲学家所争论的关系问题进行一些尝试性回答。

第一个问题是“关系是否可以还原为关系项的性质”。由上述对关系与关系整体的区分，我们认为关系不能还原成为关系项的性质，但这并不意味着关系不依存于关系项的性质，所以外在关系论者关于关系项无须具有与关系项相适应的性质的看法是错误的。

第二个问题是“关系和它的逆关系是否是同一个关系”。“爱丁堡在伦敦以北”和“伦敦在爱丁堡以南”是否是指同一关系？它们所属的本质性整体是同一的，每一个关系项在两个命题中所具有的相关性特征和相关性基础都是同一的，关系的方向相反，但这种关系的相反方向恰好对应着关系项的相反位置，所以这两个命题表达的是同一个关系事实。但这个事实有着两种不同的主观表达方式，体现两个不同的主观兴趣。我们认为，罗素关于一个事实只有通过一个人工语言的逻辑表达式表达才能消除语言歧义的看法是片面的，一个事实若用多个表达式进行表达也并不影响这些表达式的清晰性，从这个角度来看詹姆斯关于语言的替代性功能的看法是能够成立的。

第三个问题，命题是否可以被分析。关系是否可以独立存在以及关系是否改变关系项？既然语言是表述事实的工具，不同命题可以表达同一个事实，那么虽然命题是可以分析的，但是分析所得到的每一个词项并不直接对应于事实中的要素，这些分析所得到的词项只能作为命题的要素才能表述事实。如果命题可以分析，有人就由此认定“关系独立存在”，那么我们就可以认为“关系独立存在”的含义只是语言中有关系词，而并不意味着现实中有实在的关系。如果我们从命题涉及一个本质性的关系整体（如空间等），那么我们就可以认为共相的关系存在。但是它只有在与殊相结合时才能显示出来。所以如果用殊相的眼光去看待共相的关系的存在就是错误的，共相的存在与殊相的存在不是同一种意义上的“存在”，殊相的存在与它的呈现和实存是同一的，而共相的存在与它的呈现和实存则不是同一的。因为共相与殊相并不是同种意义上的存在，它就不能像殊相一样影响殊相，所以我们认为关系本身是无法改变关系项的，关系项作为殊相是通过另一个殊相的作用而发生变化或凭其自身而发生变化的。

第四个问题：命题中包含的所属格、动词和介词是否都可以构成关系？在洛采的哲学中，所属格、动词和介词都被认为是对关系的表达。在罗素的哲学中，有的时候也这样认为的，在更多的时候他会将动词与介词等区分开来。但是罗素并没有清晰地区分出究竟哪些词项是用来表达关系的。由于罗素认为所有的共相都是函数项的常项，所以他认为没有必要将关系词与表示性质、类的名词等一一区分开来。因为它们在表达式上都是相同的，不同的只是它们所包含的殊相的数量不同而已。我们认为罗素将动词与其他介词区分开来是正确的。动词通常都是一种非常复杂的关系，它们所连接的不一定是殊相，它里面包含有很多种类型。“伦敦在爱丁堡以南”“伦敦是英国首都”，“伦敦比爱丁堡大”，“我看到了伦敦”“我了解伦敦”和“伦敦被希特勒轰炸了”，这些句子包含的关系各不相同。按照亚里士多德所阐释的那样，“伦敦在爱丁堡以南”“伦敦是英国首都”，“伦敦比爱丁堡大”

等是典型的一般关系。而“我看到了伦敦”“我了解伦敦”等命题，虽然它们也是关系，但是那是如亚里士多德所强调的那样是指认识关系。我们现在知道认识中一个事物在另一个事物中呈现出来的映显（reflective）关系，事实上与事物内部对各种信息的组织过程是同步相互伴随的，所以认识关系不是两个实体之间的关系，而是一个组织性的心灵过程与它的内容之间的关系，这种关系也是普遍存在的。莱布尼茨关于微知觉的观点，表达的正是这种普遍关系。而“伦敦被希特勒轰炸了”则是对一连串事实的一种概括，其中肯定包含有因果关系的环节，但是它并不仅仅只是因果关系。回到亚里士多德的哲学中去，这一类动词所表达的事实是“遭受”的事实而并非关系。所以我们认为这种观点是值得接受的。

最后，本质关系与经验关系的二者关系。原初经验并不包含事实经验的全部判断要素，本质关系尽管与原初经验相关，但它更多是想象力和理智能力的结果。一定要匹配本质关系的形式，原初经验才能转型事实经验；事实经验是包含本质性关系，也超越了本质关系的判断。经验是一个静止的意识领域，而是一个不断丰富、不断演变的、由生命整体性的确定方向的意识流领域，经验关系的复杂性既与原初经验有关，但更与本质关系的形式框架有关，不同的本质性的关系与原初经验匹配后进行不同形式的复合，从而催生了各种复杂的经验关系。

第五节　“辩证的历史关系论”的提出（下）：作为世界观的关系论

我国普通哲学原理教科书对关系的讨论总是与辩证法联系在一起，认为“关系”是辩证法的基本规律之一，然而“辩证的历史关系论”认为，关系固然是辩证法的基本规律，但这种规律本身并不是类似罗素所言作为“共相”的关系，也不是金岳霖、罗嘉昌先生所言的作为认知对象的关系，这种关系本身也是辩证的。关系固然在认识中有一席之地，但它本身有其不同于认知的一面，从低于认知的关系，到认知之中能得到清晰表达的关系，再到超出认知之中关系，这其中包含了一种辩证的历史性因素。这种辩证的历史因素并非简单的黑格尔意义上的辩证法完全可以涵盖，它并非一个单纯的意识的自我反思和自我超越，这绝不是一个类似内在关系论者所主张的单纯概念的演绎问题，而是在一定客观历史条件下，必须付出一定艰辛努力的时间煎熬才可以实现的历史性的自我反思和自我超越，是一个客观的历史过程问题。

一、“关系”的辩证性

为了把握关系的实质，我们不得不对基于关系逻辑的形式性进行讨论。关系逻辑本身是形式逻辑发展到关系领域的一种显现，它的特点与形式逻辑基于主谓判断的三段论演绎逻辑一样，都只是对语言中的关系表述形式进行讨论，其核心是要把握住各种语言形式之间的相互关系，它并不涉及语言所涉及的意义和指称。关系逻辑是我们认识关系、表述关系时的重要工具，但它不足以让我们把握关系本身，语言所表述出来的对象关系和意义关系有很多形态，每一种事物与其他事物发生关系的情况各不相同，这些各具特征的关系正是我们语言要表达的主要内容。将生活中各具特色的关系都抹除其内容的差异性，而只重视其形式的方面，这是一种认知强力作用的结果。超越关系的形式性，进入关系的实质性内容，我们就会进入到关系内容的辩证法。

哲学史通常将关系的外在性与内在性、一元性与多元性割裂开来，还将内在关系理论与一元论、将外在关系理论与多元论联系在一起，这些观点都割裂了关系实质与关系内容之间的有机性，通过辩证法的眼光，内容与形式是不可割裂的，内在与外在、一元与多元之间有着非常深刻的、复杂的联系，尽管每一种关系的内在性与外在性之间的联系常常不是显而易见。

以“A 比 B 长”的长短关系为例，这种长短关系通常能够很好地证明外在关系。“A 比 B 长”意味着 A、B 各有一个长度，这两个长度在同一个计量体制之内，这个计量体制本身是脱离 A 和 B 存在，这当然就说明了这个长短关系本身外在于 A、B 的。这种说法有其合理之处，但这种说法只考虑到了该命题的形式方面，这个命题事实上具有其内容性的方面，“A 比 B 长”意味着它的内容已将设定了先决条件“A 能够比 B 长”，只有在 A 和 B 都能够有长度的条件下，“A 比 B 长”才能成立。但“A 和 B 都能够有长度”这个先决条件进一步与 A 和 B 具有特定的外延性质有关系，如果 A 和 B 无特定的外延，那么“A 比 B 长”仍不成立。我们还可以更进一步地考察“A 比 B 长”中的长短关系所给出的长度计量体制，它尽管脱离于 A 和 B 这两个特定的关系项，但是它不能脱离类似 A 和 B 的千千万万的具有广延的物，如果世界上没有广延物的存在，那么长短关系及其所依赖的计量体制就不能存在了。

当然，笔者采用“不能脱离”这个词的模糊性说明了 A、B 与计量体制之间的关系并非一目了然，一方面，我们不能像很多内在关系论者那样认为长短的计量体制依赖于广延事物，似乎长短关系的计量体制是从广延事物的性质中推演出来的；另一方面，我们也不能像外在关系论者那样认为关系就是共相，是一种可能的存在，它不依赖于关系项的性质。事实上，“长短关系”一定与广延事物的“广延性质”有关，这意味着长短关系具有一定的内在性，但在一定的事物广延性质上，可以构造出不同的长短关系的计量体制，并且这些不同的长短关系的计量体制也会影响我们对广延的理解，这意味着长短关系与广延性质之间即使具有内在关系也只是一种可能的内在关系，而不是一种必然的内在关系。如果长短关系与广延性质之间只是一种可能的内在关系，那么“A 比 B 长”命题中的这种特定长短关系与 A 和 B 的特定性质之间的关系就是通过了计量体制、广延普遍性等多种因素中介的间接性的、可能的内在关系了。但我们现在所揭示的内在关系已经不再是布拉德雷等人意义上的内在关系了。正是我们认为关系项和关系之间并不存在一种必然的、现实的内在性关系，而是一种可能的关系，这样，外在关系论对布拉德雷等人有关内在关系论的反驳就有其合理性了。

历史上很多人试图根据关系项与关系之间的外在关系必然导致关系的恶的无穷观点来论证内在关系论，其中的论证漏洞已经被很多学者揭示得非常充分。但我们必须指出，内在关系论的论证方式主要是基于关系项和关系之间的形式性差异，这种形式化的问题是由外在关系论率先提出的，最后内在关系为了反驳外在关系论也犯下了形式化的错误。如果我们具体地考察这些关系的具体内容，那么外在关系论经常举的那些关系例子中，关系要与关系项发生关系，的确是需要多重中介，尽管这种多重中介是否是无穷的，应该视具体每一层关系的内容而定。这种多重中介绝不能像外在关系论那样轻易地否定掉，它事实上正是关系的历史性本质之所在，我们后面将重点讨论这一点。

在上述长短关系的这个最简单例子中，我们可以看到，外在关系是认知过程中最初呈现出来的、第一个层次的关系性质，而内在关系则是认知过程中通过对各种关系先决条件的考察之后得出来的、第二层次的关系性质。内在关系论判断并不否定、也不需要否定外在关系论，它只是让人们对关系的认识不要停留在外在关系的层面上，深化对关系的认识。

如果我们重视关系的内容的差异性，而非形式的统一性，我们就会看到，事实上每一种关系尽管都有不同程度的外在性和内在性，但通常人们需要重视的方面并不完全一样。“A 比 B 长”的例子中，普通人掌握长短关系的外在性就够了，只有数学哲学研究者才需要重视其关系的内在性。而如果换一个例子，如“A 的思想比 B 的思想更深刻”，尽管它的形式和“A 比 B 长”是一致的，都是比较的关系，但思想深度的比较在目的和方法上都不同于长度的比较，人们在这样的比较中需要对“A 的思想”和“B 的思想”的性质和内容有更深的了解，而“思想深度”也没有外在的、公认的比较标准，所以，人们对这个命题中的关系的认识就会更多地引向关系项本身，普通人会更重视这种关系的内在性；但对于很多知识社会学的学者而言，他们可能更关注一些外在的指标，他们可能根据引用率、影响大小等来外在地考虑二人思想深度，所以对这小部分而言，反而是外在性才成为他们重视的内容。这与“A 比 B 长”的情况完全颠倒过来了。这种情况是过分关注形式的内在关系论者和外在关系论者没有注意到的。

关系的辩证性也可以帮助我们来解决所谓事物存在和事物关系之间的问题。很多人将现代哲学的转型理解为从存在到关系，他们认为古代哲学和近代哲学是以存在为中心的实体研究，而现代哲学却转向了对关系为中心的“场”的研究。在我们看来，这个问题需要联系关系的辩证性才能得到解决。我们认为关系理论的研究要突破实证主义的窠臼，他们认为关系是那种实证的关系对象，这正是他们无法解决存在与关系的关系问题的原因。事实上，关系并不只是以肯定的、实证的形式存在，关系也可以以否定的形式存在。在肯定性关系和否定性关系尚未得到人们的清晰认识之前，这样的关系与存在都是毫无实质内容的混沌；而在人们具有清晰的认识之后，正如对存在的知觉和理解总是伴随着对无的知觉和理解一样，对关系的知觉和理解也总是伴随着对否定性关系的知觉和理解。例如，“A 比 B 大”总是与“A 并不小于或等于 B”等值，如果一个人反复讲述“A 比 B 大”，但他不了解“A 并不小于或等于 B”，那么我们就可以判定他并不理解“A 比 B 大”的具体内涵。正如关系与关系的结合、肯定性关系和否定性关系的结合等多种结合，有利于我们把握存在的内涵。以数为例，如果我们理解了“整数 x 大于 3，并且小于 5”我们自然就理解了“整数 x”“是 4”，这是两个关系判断的结合导致出存在判断的例子。我们不应该由此就像某些关系主义者那样认定存在只能以关系的方式存在，存在就是关系的结合点，存在就是关系，这样的观点为了反对存在论就走得太远了。如果我们将这个例子稍微调整一下，“整数 x 大于 3，并且小于 50000”，那么我们就只能将整数 x 理解为一个在 3 和 50000 之间的 49996 个数中的任一可能的数。前面那种确切的现实判断，现在就转变为一种可能的判断。人们或许会说在此基础上可以增加关系，从而缩小 x 的可能范围，从而增加对 x 的精确理解的可能性，这固然是可以的；但我们由此也会发现，随着关系的增多，x 的直接确定性就越来越弱，越来越依赖于间接性，何况我们是否能通过这种间接的方式确定一切事物的性质，仍然是个问题。我们再以“这片树叶是绿色的”为例来说明这个问题，这是一个存在判断，我们当然可以说“这片树叶是黄色和蓝色的结合”，这就变成了一个关系判断了。普通人都能理解前面这个关系判断，但大多数人很难理解后面这种判断，尽管这两个判断之间从真值上等值的，但后者仍然取代不了前者的素朴性。通过这两个例子我们基本上就说明存在与关系不是绝对分割的，但他们之间也绝非很多人所想象的那样是可以互相取代，他们之间的独立性和联系为人类的认识开辟了可能性。

不仅“关系”不能取代“存在”，“存在”甚至以其种种特殊的形式左右着人们对“关系”的理解。我们知道，“存在”从质性的角度上有肯定性存在和否定性存在两种形态，它也不仅有质性的形态，还有量的形态等，同样，我们认为“关系”也有质性的两种样式，“有关系”和“没有关系”事实上都是“关系”的两种样式，“没有关系”作为“关系”的一种变式，它切断了两个事物之间的关系，让其中的某个关系项在其他关系项的背景下作为主体凸显出来，它的独立性和自身统一性被高度重视。“关系”也有其量的方面。只重视关系的“有无”，而不重视关系的“多少”，这就是我们的认识仅仅停留在感性层面的体现，只有对关系的量有了确切的认识，我们对关系才算进入了理性理解的领域。“有巨大的关系”和“有微不足道的关系”毫无疑问都是对“有关系”的进一步认识。外在关系论和内在关系论的许多争论事实上都没有触及“关系量”的层面。当然在具体生活中每个关系究竟如何确定其数量，这是一个具体科学的问题，但是哲学工作者却不能不重视关系的“量”，否则就会陷入很多无谓的纠察之中。这种关系“质”与“量”的相互作用从而导致“关系”本身的变化，这是关系变化的重要动力和表现。

我们对关系内容的重视必然意味着我们承认关系的多样性，但基于关系内容的多样性与很多学者对关系多元性的强调毫不相关。关系多元性是与关系一元性相对立的观念，但这种观念完全建立在关系的形式基础上。我们当然可以在形式上区分简单关系判断中的关系与主从关系命题中的关系、认识关系中的关系，正如“地面是湿的”“因为天下雨，所以地就湿”和“张三知道是因为天下雨，地面才变湿”是三个很不同的判断。但我们仍然应该理解这几种关系之中的联系，“地面是湿的”意味着“之前的地面不是湿的”，可见“地”本身不能是“地就湿”的原因，那么“地就湿”的原因只能来自“非地”，“非地”就是“天”，“湿”就是含有水分，“雨”的本质就是水，“下”就是从天上到下地，所以“地面是湿的”可以从内容上“因为天下雨，所以地就湿”有着密切的内容联系。因为形式上“雨”和“水”并没有同一性，“非地”与“天”之间也没有同一性，如果从单纯的形式联系出发，人们就不可能看到这些不同命题之间的内容联系。同样从形式上看“因为天下雨，所以地就湿”和“张三知道是因为天下雨，地面才变湿”也完全不同，但如果我们考察“知道”的含义，我们就知道如果“因为天下雨，所以地就湿”为假，那么我们就不能认为张三真的知道“是因为天下雨，地面才变湿”。前者对后者关系是否成立起着至关重要的作用。不过，我们并不会由此而否认这些命题之间的多样性，因为每一个命题都并不意味着其他命题是必然的、不言而喻的，他们之间还存在很多其他的可能性。这些命题之间的多样性是那么显而易见，在此不多讨论。在这里，我们已经从内容出发克服了关系哲学史上有关关系一元性和多元性的对立性。

二、“关系”的历史性

随着人类对关系的认识分衍为主观关系和客观关系之后，关系的辩证性就明显地打上了历史的烙印。当然，关系有自我勾连、自我演绎的特性决定的，在意识之外的世界过程就包含了种种关系的勾连、演绎、发生等等特性，这从宇宙论的角度来说也具有历史意义，但这种历史是前历史的，仍然处在混沌之中。这种前历史的关系在历史中的人类看来，是一种基于感性直觉的自然预设。世界的自我演化特性在人类意识出现之后仍然在发生作用，但已经与人类产生了关联。混沌的关系通过人类的认知作为意识内容超越了原来的自在性质，逐步转变为清晰的关系，一部分实在事件的关联在意识中转型为概念之间的自由联系，成了自为的关系，从“发生的关系”中产生出了“存在关系”。整个关系从原来的“自在的”、“发生的”、混沌的关系演变为了自为关系与自在关系之间、“发生的关系”与“存有的关系”之间相互作用的历史性关系，关系辩证性在此历史关系中获得了确定的意义。

人首先生活在历史的关系之中，其后才能对各种关系进行认识。但人在历史之中的生存既有物质需求和为了解决物质需求而进行生活资料生产、生产资料的再生产、社会关系的生产等活动，在此基础上也产生了人类意志、情感、感受、体验的基本场域，他们联合起来构成了关系认知前见，这意味着关系的认知反映了不同历史阶段、不同历史文化形态中人类的生存方式、生存需求。我们对关系历史性的强调，首先要说明关系发生的偶然性。事实中的关系并非像很多哲学所想象的那样处于先定和谐之中，它们受制于历史中的物质条件和文化条件，正是这种关系之“发生”的受动性、有限性决定了它的开放性。在历史视角下，世界上的关系不再能构成一个封闭的、自我逻辑循环的体系。这是从历史的“流变”这个最浅显的层面谈论的“关系的历史性”。

不仅关系的事实具有历史性，有关关系的观念也具有历史性，这些带有历史性特征的关系的观念也塑造着具有历史性的关系事实。每一种关系观念的发生总是有一个前观念的阶段，关系的观念是前观念中的关系直觉提炼和抽象的结果。在众多的关系直觉之中某一类的关系观念得以产生，这与人类生活的历史性处境密切相关。另外，关系以具体内容的方式呈现，还是以抽象形式化的方式呈现，这也反映了不同历史时期人类生活的境况。关系历史性在受动性和境遇性的理解涉及对关系本质结构的一般性理解，开启了对关系理解的哲学之门。

观念的关系与实在的关系也处于一种历史的辩证关系之中。个别人的主观观念关系从一般的意识体验中独立出来，获得一种超越的属性。在这种超越性和受动性的平衡中，获得关系的历史意义，这种关系历史性表达了人类的真正自由本质，这种关系历史性概念体现了关系的存在与关系本质的统一。当然这种关系的历史性概念在不同的历史条件下具有不同的特性，人类的关系有时以物化的形式呈现在人类面前，使关系的历史性呈现为一种关系的非历史性，似乎物化的现实关系是永恒的存在，这样的关系本身也导致关系本身失去了它的具体性的生活内容，其实质就是关系的虚无。物化的关系本身也是观念关系和实在关系的统一。在另外的情况下，观念关系与实在关系以其具体内容融合在一起，构成人类生活的各种现实行动的意义指涉的意蕴系统，它在人类休戚相关的命运共同体的超越性关系中获得自身演进的方向。

人与人之间休戚相关的关系意识与人类命运共同体的历史存在意识相互定义，相互启发，这种关系意识即超越了事关族群生死攸关的敌我关系意识、也超越自然个体的生死，人类命运共同体意识构成所有关系意识的最底层的生存存在论的逻辑。当这种意识消失，各种关系的观念都会虚无化，直至其最终瓦解。从这个角度看，否定“存在”概念的“关系主义”不仅不能正确地看待关系的意义，反而取消关系的意义，关系理论最大的敌人并不是存在论，而是“关系主义”。只有基于人类命运共同体的历史存在意识，我们才能定位我们自身在历史中的位置，才能理解、传承和创造世界的关系。

人类命运共同体的历史存在并非“共同体的存在”，它作为人类的历史存在，绝非静态的抽象同一的存在。一方面，它以人类的继续生存为前提，以战胜人类的自我毁灭为第一要务；另一方面，“继续生存”和“战胜自我毁灭”都以人类的意义感为条件，如果人类失去了其生存的意义，那么它就会失去自我生存的勇气和意志。人类生存意义源于对丰富多彩的自我、千变万化的事物。在这里，人类命运共同体的“历史存在”本身就充满了“一”和“多”的相互渗透、就是一种“包含关系”的同时也“超越关系”的最高辩证法，这种辩证法在日常生活中表现为内在关系和外在关系的并存性以及它们在意识领域中互为背景、互为边缘域、相互渗透的特征。

站在辩证历史的关系理论的立场上，历史上各种关系理论中的一元论、多元论、内在论和多元论都只是一些狭隘的偏见，而用关系论与反对本体论、实体论的观点只能是一种哲学意识形态的口号，所谓“从存在到关系”的口号更多是一种哲学心态的变化，一种宇宙论发展风格的变化，但这对世界的真理而言，它并没有做出更多的贡献。我们可以认为，在关系论真正兴起以后，存在论并不会随之而消失，它会以更新的形态重新活跃在哲学的舞台上。

参考文献

一、论文

[1] William James, Mr. Bradley on Immediate Resemblance [J]. *Mind*, Vol. 2, No. 6 (Apr., 1893), p. 208 -210.

[2] Howard V. Knox, On the Nature of the Notion of Externality [J]. *Mind*, Vol. 6, No. 22 (Apr., 1897), p. 204 -227.

[3] Bertrand Russell, On the Notion of Order, *Mind*, Vol. 10, No. 37, Jan., 1901.

[4] William James, The Thing and Its Relations [J]. *The Journal of Philosophy*, Psychology and Scientific Methods, Vol. 2, No. 2 (Jan., 1905), p. 29 -41.

[5] B. Russell, On the Notion of Order [J]. *Mind*, Vol. 10, No. 37 (Jan., 1901), p. 30 -51.

[6] B. Russell, The Nature of Truth [J]. *Mind*, Vol. 15, No. 60 (Oct., 1906), p. 528 -533.

[7] Bertrand Russell, Mathematical Logic as Based on the Theory of Types [J]. *American Journal of Mathematics*, Vol. 30, No. 3 (July, 1908), p. 222 -262.

[8] F. H. Bradley, Coherence and Contradiction [J]. *Mind*, Vol. 18, No. 72 (Oct., 1909), p. 489 -508.

[9] F. H. Bradley, Coherence and Contradiction [J]. *Mind*,

Vol. 18, No. 72 (Oct. , 1909), p. 489 – 508

[10] B. Russell, Some Explanations in Reply to Mr. Bradley [J]. *Mind*, Vol. 19, No. 75 (July, 1910), p. 373 – 378.

[11] Edwin B. Holt; Walter T. Marvin; W. P. Montague; Ralph Barton Perry; Walter B. Pitkin; Edward Gleason Spaulding, The Program and First Platform of Six Realists[J]. *The Journal of Philosophy, Psychology and Scientific Methods*, Vol. 7, No. 15 (July, 1910), p. 393 – 401.

[12] F. H. Bradley, Reply to Mr. Russell's Explanations, *Mind*, Vol. 20, No. 77(Jan. , 1911), p. 74 – 76.

[13] Theodore De Laguna, The Externality of Relations [J]. *The Philosophical Review*, Vol. 20, No. 6(Nov. , 1911), p. 610 – 621.

[14] H. T. Costello, External Relations and the "Argument from Missouri"[J]. *The Journal of Philosophy, Psychology and Scientific Methods*, Vol. 8, No. 19(Sep. , 1911), p. 505 – 510.

[15] S. Alexander: On Relations; and in Particular the Cognitive Relation, Mind, Vol. 18, No. 83(July, 1912), p. 306 – 328.

[16] Joseph A. Leighton, Truth, Reality, and Relation[J]. *The Philosophical Review*, Vol. 23, No. 1(Jan. , 1914), p. 17 – 26.

[17] A. R. Schweitzer, Some Critical Remarks on Analytical Realism[J]. *The Journal of Philosophy, Psychology and Scientific Methods*, Vol. 11 No. 7 (Mar. , 1914), p. 169 – 183.

[18] G. A. Tawney, Transcendentalism and the Externality of Relations[J]. *The Journal of Philosophy, Psychology and Scientific Methods*, Vol. 11, No. 16 (July, 1914), p. 431 – 436.

[19] Edmund H. Hollands, The Externality of Relations[J]. *The Journal of Philosophy, Psychology and Scientific Methods*, Vol. 11,

No. 17 (Aug. , 1914) ,p. 463 -470.

[20] Oliver Strachey, Mr. Russell and Some Recent Criticisms of His Views[J]. *Mind*, Vol. 24, No. 93 (Jan. , 1915), p. 16 -28.

[21] Henry E. Bliss, On Relations[J]. *The Philosophical Review*, Vol. 24, No. 1 (Jan. , 1915), p. 37 -53.

[22] C. D. Broad, A General Notation for the Logic of Relations [J]. *Mind*, Vol. 27, No. 107 (July, 1918), p. 284 -303.

[23] J. H. Muirhead, How Hegel Came to England[J]. *Mind*, Vol. 36, No. 144 (Oct. ,1927), p. 423 -447.

[24] Charles A. Baylis, Internality and Interdependence[J]. *The Journal of Philosophy*, Vol. 26, No. 14 (July, 1929), p. 373 -379.

[25] Michael B. Foster, The Contradiction of "Appearance and Reality"[J]. *Mind*, Vol. 39, No. 153 (Jan. , 1930), p. 43 -60.

[26] J. Loewenberg, Are Relations Effable? [J]. *The Journal of Philosophy*, Vol. 27, No. 12 (Jun. , 1930), p. 309 -319.

[27] Rubin Gotesky, Three Views of Relations[J]. *The Philosophical Review*, Vol. 39, No. 6 (Nov. , 1930), p. 597 -612 .

[28] Rudolf Kagey, The Meaning of Relations[J]. *The Philosophical Review*, Vol. 42, No. 3 (May, 1933), p. 287 -302.

[29] Ralph W. Church, On Dr. Ewing's Neglect of Bradley's Theory of Internal Relations[J]. *The Journal of Philosophy*, Vol. 32, No. 10 (May, 1935), p. 264 -273.

[30] Ralph W. Church, Bradley on Relations [J]. *The Philosophical Review*, Vol. 46, No. 3 (May, 1937), p. 314 -321.

[31] Alden O. Weber, Gestalttheorie and the Theory of Relations [J]. *The Journal of Philosophy*, Vol. 35, No. 22(Oct. , 1938), p. 589 -606.

[32] Frederick L. Will, Internal Relations and the Principle of I-dentity[J]. *The Philosophical Review*, Vol. 49, No. 5(Sep., 1940), p. 497 - 514.

[33] Ralph B. Winn, The Nature of Relations [J]. *The Philosophical Review*, Vol. 50, No. 1(Jan., 1941), p. 20 - 35.

[34] Ralph W. Church: Bradley's Theory of Relations and the Law of Identity [J]. *The Philosophical Review*, Vol. 51, No. 1, Jan., 1942, p. 26 - 46.

[35] Paul N. Siegel, In Defense of Bradley[J]. *College English*, Vol. 9, No. 5(Feb., 1948), p. 250 - 256.

[36] Gustav Bergmann, The Problem of Relations in Classical Psychology [J]. *The Philosophical Quarterly*, Vol. 2, No. 7 (Apr., 1952), p. 140 - 152.

[37] N. G. Kulkarni, Bradley's Anti - Relational Argument [J]. *The Philosophical Quarterly*, Vol. 7, No. 27 (Apr., 1957), p. 97 - 108.

[38] Bertrand Russell, Logic and Ontology [J]. *The Journal of Philosophy*, Vol. 54, No. 9(Apr., 1957), p. 225 - 230.

[39] C. A. Campbell: Bradley's Anti - Relational Argument - A Reply to Mr. Kulkarni [J]. *The Philosophical Quarterly*, Vol. 8, No. 30, Jan., 1958, p. 54 - 62.

[40] Irving M. Copi, Objects, Properties, and Relations in the "Tractatus" [J]. *Mind*, Vol. 67, No. 266 (Apr., 1958). p. 145 - 165.

[41] Hector - Neri Castaneda, Leibniz's 1686 Views on Individual Substances, Existence, and Relations[J]. *The Journal of Philosophy*, (Nov., 1975), p. 687 - 690.

[42]F. B. D. Agostino, Leibniz on Compossibility and Relational Predicates, *The Philosophical Quarterly*, Vol. 26, No. 103(Apr., 1976), p. 125 - 138.

[43]Marian C. Madden, Edward H. Madden, William James and the problem of Relations[J]. *Transactions of the Charles S. Peirce Society*, Fall1978, Vol. 14, Issue 4, p. 227 - 246.

[44]David Wong: Leibniz's Theory of Relations, *Philosophical Review*, Vol. 89, No. 2 (Apr., 1980), p. 241 - 256.

[45]Robert Giuffrida: Chauncey Wright and the Problem of Relations[J]. *Transactions of the Charles S. Peirce Society*, Fall1980, Vol. 16, Issue 4, p. 293 - 308.

[46]Marilyn McCord Adams: Relations, Inherence and Subsistence: or, Was Ockham a Nestorian in Christology? [J] *Noûs*, Vol. 16, No. 1 (Mar., 1982), p. 62 - 75

[47]Howard Burdick: What Was Leibniz's Problem about Relation? [J]. *Synthese*, Vol. 88, No. 1 (July 1991), p. 293 - 308.

[48]Richard Gaskin, Bradly's Regress, The Copula and the Unity of the Proposition[J]. *The Philosophical Quarterly*, Vol. 45, No. 179 (Apr., 1995), p. 161 - 180.

[49]Roy Whelden: The Origins and Use of the Theory of Relations: Peirce, DeMorgen and Music Analysis[J]. *Transactions of the Charles S. Peirce Society*, Winter2000, Vol. 36 Issue 1, p. 49 - 73.

[50]Ari Maunu: Leibnizian Soft Reduction of Extrinsic Denominations and Relations[J]. *Synthese*, Vol. 139, No. 1(Mar. 2004), p. 143 - 164.

[51]Alexius Meinong: Hume - Studien II. Zur Relationstheorie" in *Sitzungsberichte der philosophisch - historischen Klasse der Kaiserli-*

chen Akademie der Wissenschaften in Wien, Band101, Wien, 573 –752.

[52] J. Weiberg, *Concept of Relation*: *Some Observations on its History*, in *Abstraction*, *Relation*, *and Induction*: *Three Essays in the History of Thought*[C]. Madison and Milwaukee, 1965.

[53]张家龙. 亚里士多德的关系理论探究[J]. 哲学研究. 1996(1).

[54]陈启伟. 重议罗素对布拉德雷否定关系的批评[A]. 陈波. 分析哲学:回顾与反省[M]. 成都:四川教育出版社,2001.

[55]龚艳,何浩平. 关系理论的概念与分类——迈农“观念性关系”与胡塞尔“心理性关系”的比较研究[J]. 南京大学学报,2020(4).

[56]倪梁康. 意向性理论的现象学视角与心理学视角——对胡塞尔与迈农之间关系的思想史重审[J]. 广西大学学报(哲学社会科学版),2014(2).

[57]胡新和,罗嘉昌. 从物理实在观的变革到关系实在论[J]. 自然辩证法通讯,1993(3).

[58]郁振华. 金岳霖关系理论研究[J]. 哲学研究,1993(9).

[59]郁振华. 金岳霖外在关系学说述评[J]. 华东师范大学学报,1994(2).

二、英文原著

[1]Barnes, Jonathan, *the complete works of Aristotle* [M]. Princeton, Princeton University Press, 1995.

[2]E Zeller. , The Stoic, *Epicurean*, *and Sceptic*[M]. London, Longmans Green, 1892,

[3] H. vonArnim, ed. *stoicorum Veterum Fragmenta* [M]. V2. Leipzig,1903 -1905.

[4]R. D. Hick,*Stoic and Epicurean*[M]. New York, Longman's Green &co. ,1910.

[5] Mark G. Henninger, Relations: Medieval Theories 1250 - 1325,Oxford,Clarendon Press,1989.

[6] Leibniz: *Philosophical Papers and Letters* [M]. Dordrecht,1969

[7]Leibniz:*The Leibniz - Clarke Correspondence* [M]. Manchester,1956.

[8]Leibniz: *Logical Papers*[M]. New York,1966.

[9]Chauncey Wright, *Philosophical Discussion*[M]. New York: Burt Franklin,1971.

[10]Hermann Lotze,*Lotze's System of Philosophy*(*Part* 1):*Logic* [M]. Transl. by B. Bosanquet, Vol. 2, Oxford, 1888.

[11]Hermann Lotze,*Metaphysic*[M], Transl. by B. Bosanquet, Oxford, 1884.

[12] Hermann Lotze, *Outlines of Metaphysic* [M]. Transl. by G. T. Ladd,Boston,1884.

[13]F. H. Bradley: *Appearance and Reality*[M]. Oxford, 1955.

[14]F. H. Bradley: *Collected Essays*[M]. Oxford, 1935.

[15] Bertrand Russell, *Principles of Mathematics* [M]. Cambridge: At the University Press. 1903.

[16]Bertrand Russell,*An Outline of Philosophy*[M]. London: George Allen and Unwin. 1927.

[17]G. E. Moore:*Philosophical Studies*[M]. Routledge and Kegan Paul Ltd,1922.

[18] William James: *Essays in Radical Empiricism* [M]. New York: Longmans, Green and Co. 1922.

[19] A. C. Ewing, *The Idealist Tradition* [M]. Illinois: The Free Press, 1957.

[20] A. C. Ewing, *Idealism: A Critical Survey* [M]. London: Methuen & Co. Ltd, 1934.

[21] J. C. Wilson, *Statement and Inference* [M]. Oxford: The Clarendon Press, 1926.

三、中文原著与译著

[1]泰勒．从开端到柏拉图[M]．中国人民大学出版社,2003.

[2]柏拉图．柏拉图全集,第 1 卷[M]．北京:人民出版社,2002.

[3]柏拉图．柏拉图全集,第 2 卷[M]．北京:人民出版社,2003.

[4]亚里士多德．范畴篇 解释篇[M]．北京:商务印书馆,1959.

[5]亚里士多德．工具论[M]．广州:广东人民出版社,1984.

[6]亚里士多德．工具论[M]．北京中国人民大学出版社,1984.

[7]汪子嵩. 希腊哲学史,第 3 卷[M]．北京:人民出版社,2003.

[8]亚里士多德．物理学[M]．北京:商务印书馆,1982.

[9]亚里士多德．形而上学[M]．北京:商务印书馆,1959. 第一版.

[10]奥古斯丁．论三位一体[M]．上海:上海人民出版

社,2005.

[11]莱布尼茨．莱布尼茨与克拉克通信集[M]．北京:商务印书馆,1996.

[12]莱布尼茨．人类理解新论[M]．北京:商务印书馆,1982.

[13]洛克．人类理解论[M]．北京:商务印书馆,1959.

[14]休谟．人性论[M]．北京:商务印书馆 1980.

[15]康德．纯粹理性批判[M]．北京:人民出版社,2004.

[16]黑格尔．逻辑学·哲学全书·第一部分[M]．北京:人民出版社,2002.

[17]黑格尔．精神现象学[M]．北京:商务印书馆,1958.

[18]布拉德雷．逻辑原理[M]．北京:商务印书馆,1959.

[19]张世英主编．新黑格尔主义论著选辑,上卷[M]．北京:商务印书馆,1997.

[20]弗雷格．算术基础[M]．北京:商务印书馆,1998.

[21]罗素．我们关于外间世界的知识[M]．上海译文出版社,1990.

[22]罗素．逻辑与知识——1901 - 1950 年论文集[M]．北京:商务印书馆,1996.

[23]罗素．我的哲学的发展[M]．北京:商务印书馆,1982.

[24]罗素．数理逻辑导论[M]．北京:商务印书馆,1982.

[25]罗素．对莱布尼茨哲学的批评性解释[M]．北京:商务印书馆,2000,第 1 版

[26]罗素．哲学问题[M]．北京:商务印书馆,1999.

[27]罗素．我的哲学的发展[M]．北京:商务印书馆,1982.

[28]维特根斯坦．维特根斯坦全集(第 1 卷),河北教育出版社 2003.

[29]怀特海．过程与实在[M]．中国城市出版社,2003.

[30]霍尔特等．新实在论——哲学研究合作论文集[M],北京:商务印书馆,1980.

[31]詹姆斯．彻底的经验主义[M]．上海:上海人民出版社,1965.

[32]詹姆斯．心理学原理[M]．中国城市出版社,2010.

[33]詹姆斯．彻底的经验主义[M]．上海:上海人民出版社,1965.

[34]詹姆斯．多元的宇宙[M]．北京:商务印书馆,1999.

[35]胡塞尔．经验与判断[M]．北京:三联书店,1999.

[36]海德格尔．存在与时间[M]．北京:三联书店,2000.

[37]海德格尔．现象学之基本问题[M]．上海:上海译文出版社,2008.

[38]海德格尔．演讲与论文集[M]．北京:三联书店,2005.

[39]海德格尔．走向语言之途[M]．北京:商务印书馆,2004.

[40]涅尔．逻辑学的发展[M]．北京:商务印书馆,1985.

[41]范明生．晚期希腊哲学和基督教神学——东西方文化的汇合[M]．上海:上海人民出版社,1993.

[42]王来法．前期斯多亚学派研究[M]．杭州:浙江大学出版社,2004.

[43]尚新建．美国世俗化的宗教与威廉·詹姆斯的彻底经验主义[M]．上海:上海人民出版社,2001.

[44]李秀林,王于,李淮春.辩证唯物主义与历史唯物主义[M]．北京:中国人民大学出版社,2004.

[45]列宁.列宁全集(第55卷)[M]．北京:人民出版社,1990.

[46]马克思. 1844 年经济学哲学手稿[M]. 北京:人民出版社,2014.

[47]马克思,恩格斯. 马克思恩格斯文集(第 1 卷)[M]. 北京:人民出版社,2009.

[48]马克思,恩格斯. 德意志意识形态(节选本)[M]. 北京:人民出版社,2018.

[49]马克思. 资本论(第 1 卷)[M]. 北京:人民出版社,2004.

[50]金岳霖. 金岳霖文集(第 1 卷)[M]. 兰州:甘肃人民出版社,1995.

[51]金岳霖. 金岳霖文集(第 3 卷)[M]. 兰州:甘肃人民出版社,1995.

[52]金岳霖. 金岳霖文集(第 4 卷)[M]. 兰州:甘肃人民出版社,1995.

[53]张东荪. 认识论[M]. 上海:世界书局,1934.

[54]罗嘉昌. 从物质实体到关系实在[M]. 北京:中国人民大学出版社,2012.

[55]唐力权. 唐力权全集,第 1 卷[M]. 北京:中国社会科学出版社,2016.

[56]唐力权. 唐力权全集,第 2 卷[M]. 北京:中国社会科学出版社,2016.

[57]唐力权. 唐力权全集,第 3 卷[M]. 北京:中国社会科学出版社,2016.

后　记

本书的构思最早是为了回应我国哲学界曾经非常流行的“从存在到关系”“从物质实体到关系实在”的轻率观念，但它是否达到了目的，这很难有定论。但是，如果它能让今天的学者们重新思考“存在”与“关系”的关系，反思那些流行于各种普通哲学书籍中的、貌似借助二十世纪初物理学研究进展而提出的相对主义观念，那么我对自己的工作就很满意了。

这个书稿的完成离不开我的导师刘放桐老师的帮助。刘老师在我求学和工作过程中提供了很多学术训练的机会，给予我无数具体而微的指导，打开了我的科研视野，提升了我的科研素养，让我逐渐醒悟到哲学科研的实质，塑造了我科研的价值观。

在写作本书的过程中，我受到孙玉良、朱彦明、唐杰、韦海波、何兵等朋友的帮助和鼓励，感谢他们，尽管现在不常联系，但我相信我们心里一直都在挂念着对方。在这几年书稿的修改过程中，承蒙罗如春、陈晓华、周骅、左稀等老师的鼓励和工作上的支持，这项工作才得以完成。在本书出版过程中，陈代湘老师也提供了大量支持。我的妻子张劲女士近年为家庭付出了很多，为我书稿的完成争取了更多的时间。在此书出版之际，衷心感谢各位师友、亲人的支持。

当然，哲学上任何一项研究都有继续展开的可能性，本书对二十世纪相关研究的梳理事实上并不完全，我们并未探讨柏格森、怀特海、马赫、亚历山大和新康德主义哲学家；很多哲学家的关系思想事实上可能比本书所介绍的更加复杂，如维特根斯坦在其生前未出版手稿中经常讨论关系问题，但本书并未进行介绍；我自己对关系的理解也还有大量值得进一步展开讨论之处。这些问题都值得我在未来的工作中花大力气去研究，欢迎读者指出本书中的其他种种问题。

罗伯中

2021 年 4 月 15 日

图书在版编目（CIP）数据

关系的哲学本性 / 罗伯中著. -- 湘潭 : 湘潭大学出版社, 2021.9
ISBN 978-7-5687-0630-8

Ⅰ. ①关… Ⅱ. ①罗… Ⅲ. ①哲学理论 Ⅳ. ① B0

中国版本图书馆 CIP 数据核字 (2021) 第 185131 号

关系的哲学本性

GUANXI DE ZHEXUE BENXING

罗伯中 著

责任编辑： 王正杰
封面设计： 李　平
出版发行： 湘潭大学出版社
社　　址： 湖南省湘潭大学工程训练大楼
电　　话： 0731-58298960 0731-58298966（传真）
邮　　编： 411105
网　　址： http://press.xtu.edu.cn/
印　　刷： 广东虎彩云印刷有限公司
经　　销： 湖南省新华书店
开　　本： 880 mm×1230 mm 1/32
印　　张： 9.75
字　　数： 276 千字
版　　次： 2021 年 9 月第 1 版
印　　次： 2021 年 9 月第 1 次印刷
书　　号： ISBN 978-7-5687-0630-8
定　　价： 49.00 元